MÁS DULCE QUE LA MIEL

365 devociones para cada día

BroadStreet
ESPAÑOL

BroadStreet Publishing Group, LLC.
Savage, Minnesota, USA
Broadstreetpublishing.com

MÁS DULCE QUE LA MIEL

ISBN: 978-1-4245-6962-5 (piel símil)

e-ISBN: 978-1-4245-6963-2 (libro electrónico)

Devociones escritas por Julie Adair.

Diseño y portada por Garborg Design Works | garborgdesign.com

Traducción, adaptación del diseño y corrección en español por LM Editorial Services | lmeditorial.com | lydia@lmeditorial.com con la colaboración de Belmonte Traductores (traducción) y produccioneditorial.com (tipografía)

Impreso en China / Printed in China

25 26 27 28 29 * 6 5 4 3 2 1

¡Qué dulces son
a mi paladar tus palabras!
Son más dulces que la miel.
Tus mandamientos me
dan entendimiento;
¡con razón detesto cada
camino falso de la vida!

Salmos 119:103-104

Introducción

La recompensa inmediata de la miel es su sabor dulce, pero la miel también tiene beneficios increíbles para la salud. De modo similar, la Palabra de Dios tiene ventajas tanto instantáneas como duraderas. La sabiduría que se encuentra en sus páginas requiere pasar tiempo buscando y meditando, pero el verdadero entendimiento se produce a través de la oración y una relación cercana e íntima con Dios.

Recibe ánimo mientras saboreas las escrituras, las meditaciones y las oraciones en este devocionario. Dios ha mostrado amor y gracia sin medida, y su bondad inmerecida se revela a través de sus misericordias que son nuevas cada mañana. Prueba la bondad de sus palabras de vida que son tanto dulces como fuertes, y aliméntate de la riqueza de su sabiduría y compasión.

Panal de miel son las
palabras amables:
endulzan la vida
y dan salud al cuerpo.

PROVERBIOS 16:24 NVI

Por encima de todo

Pero que se alegren todos los que en ti se refugian;
que canten alegres alabanzas por siempre.
Cúbrelos con tu protección, para que todos los que aman
tu nombre estén llenos de alegría.
Salmos 5:11

Seguramente estás comenzando este nuevo año con metas nuevas en mente. Este año es un nuevo comienzo para que puedas perseguir cosas buenas, ya sean físicas, financieras o relacionales. Aunque ya tengas pensadas todas tus metas, sería bueno que coloques la siguiente en lo más alto de la lista: buscar a Cristo por encima de todo. Tu relación con Él es lo más importante que puedes perseguir este año.

La Palabra nos dice que, cuando nos refugiamos en Dios, nos alegramos. Aquellos cuyos corazones están escondidos en Dios están llenos de alegre alabanza. Cuando amamos las cosas de Cristo, la vida es abundante y llena de paz. ¿Qué podría ser mejor? Seguramente requerirá sacrificar algunas cosas que en otra situación buscaríamos, así como negarnos a otros deseos. No será en vano. Deberíamos poner la mirada en buscar la bondad de Dios, y en esa búsqueda encontraremos plenitud de gozo.

Dios, este nuevo año es tuyo, y mis planes se quedan cortos al compararlos con lo que tú tienes para mí. Ayúdame a buscarte a ti primero sabiendo que, si al final de este año lo que tengo es una relación profunda contigo, habré tenido éxito.

Tesoros escondidos

He guardado tu palabra en mi corazón,
para no pecar contra ti.
Salmos 119:11

La vida está llena de cosas, y hay épocas en las que solo tendrás tiempo para una página de este devocionario. Que esa página enfoque tus pensamientos en Dios mientras tomas tu café. Aunque estés adoptando la mentalidad de «algo es mejor que nada» en más de un área de tu vida, no hagas recortes en tu caminar con Dios.

La Escritura es poderosa, y te influye particularmente cuando meditas en ella a lo largo del día. ¿Alguna vez das vueltas a una canción que no puedes sacarte de la mente? Esa es la idea. Da vueltas a un versículo en la mañana. Repásalo mientras te preparas para tu día. Repásalo en tu descanso para almorzar. Saboréalo y pregúntate: «¿Qué me dice esto de Dios?» o «¿Qué me dice esto de cómo Dios me ve?». Cuando la Palabra está en tu mente, influye en el modo en que vives cada día y, como consecuencia, en tu vida.

Espíritu Santo, ayúdame a pasar tiempo en tu Palabra para que ésta gobierne mi mente. De todas las cosas en las que podría pensar, sé que tu Palabra es la más importante porque me da vida.

SUSTENTO

Sostenme conforme a tu promesa y viviré;
no defraudes mis esperanzas.
SALMOS 119:116 NVI

¿Qué es lo que nos da fuerzas para continuar en el día a día? ¿Podría ser una siesta a mediodía, una taza de té en la tarde, o un paseo que activa nuestro cuerpo? Sea cual sea el método, todos tenemos cosas que ayudan a sostenernos en días largos. Más allá del cansancio del mediodía, nuestras almas también necesitan sustento y, nos demos cuenta o no, constantemente buscamos cosas que nos llenen, satisfagan nuestra hambre y nos den razones para levantarnos e ir a trabajar día tras día.

Dios promete sostenernos, y el ánimo que produce en nuestra alma nos da vida y esperanza cuando las demás cosas se quedan cortas. Debemos tener en cuenta el estado de nuestro corazón en este momento. ¿A qué nos estamos entregando en busca de satisfacción? ¿Qué estamos persiguiendo para intentar calmar nuestro dolor? Amigo, solamente en Cristo es que nuestras esperanzas no serán defraudadas. Podemos dejar a un lado todo lo demás y encontrar paz en Él.

Dios, me arrepiento de perseguir cosas creadas que me dan energía solo por un breve periodo de tiempo. Sé muy bien que al final me decepcionarán. Ayúdame a buscarte a ti cuando vea que me estoy desviando hacia apoyos falsos.

Preciosa herencia

Tú, Señor, eres mi herencia y mi copa;
eres tú quien ha afirmado mi porción.
Bellos lugares me han tocado;
¡preciosa herencia me ha correspondido!
Salmos 16:5-6 NVI

Tal vez despertaste esta mañana pensando en todas las cosas que no están bien en tu vida: tus finanzas, tu matrimonio, tu trabajo o tu salud. Hay infinidad de cosas en la vida que podríamos categorizar como «problemas», pero hoy es un día para reconocer la bondad de Dios.

Independientemente de cuáles sean tus circunstancias hoy, has sido escogido por Dios para ser parte de su familia y, por lo tanto, eres bendecido. Tienes una preciosa herencia en Cristo, y aunque aún no hayas recibido todas sus bendiciones, comienza en este día a reconocer su bondad. ¿Reclamarás alivio del dolor y la inseguridad, como los israelitas en el desierto, o escogerás a Cristo como tu porción, la fuente de todo lo que necesitarás en la vida? Su gracia es suficiente (2 Corintios 12:9) y su bondad te persigue (Salmos 23:6). Que ese conocimiento te dé paz.

Jesús, es una necedad por mi parte quejarme cuando pienso en todas las maneras en las que me has bendecido y me has dado la esperanza de una preciosa herencia. Haz que mi corazón descanse hoy en el contentamiento.

Verdaderamente bueno

Tú eres bueno y haces únicamente el bien;
enséñame tus decretos.
Salmos 119:68

¿Quién de entre nosotros se dejaría guiar a sabiendas por falsos maestros o engañadores que dicen querer lo mejor para nosotros? Todos los días nos enfrentamos a los engaños de este mundo, y muchas veces nos dejamos guiar por lo que parece bueno pero en realidad quiere destruirnos. El materialismo, el consumismo y los *influencers* que hacen énfasis en lo placentero en lugar de en obedecer a Cristo… todo eso son estrategias del enemigo para alejar nuestros corazones de la fuerte de todo lo bueno.

¿Cómo debemos combatir estos dulces engaños si no es poniendo nuestra mente en todo lo bueno y verdadero? El libro completo de Salmos nos dice que Dios es bueno y hace únicamente el bien; ¿no deberíamos buscar a Dios y aprender de Él? Aceptemos hoy el reto de observar qué cosas aparentemente buenas nos están influenciando a nivel personal. ¿Cómo se comparan con la verdad de la Escritura?

Dios, perdóname por dejarme llevar por cosas que parecen buenas y suenan bien pero en realidad están vacías. Sé que esas cosas me dejarán dolido. Ayúdame a llenarme de la verdad de tu Palabra para que no sea tentado a seguir cosas menos importantes.

Victoria en Cristo

«Por tu causa nos matan cada día;
nos tratan como a ovejas en el matadero».
Romanos 8:36-37

Lo más probable es que hoy todos estemos siendo atacados. Independientemente de que seamos conscientes o no de las fuerzas espirituales que quieren impedirnos caminar con Dios, éstas son reales y están presentes. La escritura nos dice que nosotros, los que pertenecemos a Dios, somos como ovejas que son llevadas al matadero todos los días. En otras palabras, somos atacados constantemente a causa de nuestra relación con Jesús. Lo que Satanás quiere es hacernos dudar en lugar de confiar, destruir nuestras relaciones y llevarnos a la falsa creencia de que lo mejor es que nosotros tomemos el control.

Sin embargo, cuando nos damos cuenta de eso tenemos el poder. La victoria es nuestra cuando somos conscientes del ataque, hablamos en contra nuestro enemigo, y entonces podemos declarar nuestra victoria sobre él en el nombre de Jesús. En este día, recuerda que no hay literalmente nada que pueda separarte del amor de Jesús. Está atento a tu enemigo pero camina en la victoria que es tuya por medio de Cristo.

Gracias, Espíritu Santo, por el poder que me corresponde para pelear contra el enemigo. Gracias por los recordatorios de la batalla que enfrento, pero también de que la victoria es mía porque soy tu hijo.

Para jactarse

Pero los que desean jactarse, que lo hagan solamente en esto: en conocerme verdaderamente y entender que yo soy el Señor quien demuestra amor inagotable y trae justicia y rectitud a la tierra, y que me deleito en estas cosas. ¡Yo, el Señor, he hablado!

Jeremías 9:23-24

Estamos orgullosos de nuestras fortalezas. Ya sea nuestra belleza, talento o inteligencia, nos enorgullecemos de las cosas que se nos dan bien. Sin embargo, la capacidad de conocer y entender las cosas de Dios es mucho mejor que cualquier cosa material que tengamos. Y ¿en qué quiere Dios, que es todopoderoso y lo sabe todo, que nos jactemos?

Dios, en su humildad gloriosa, desea que las cosas de las que presumimos sean cosas que el mundo pensaría que son débiles y aburridas. Podemos proclamar con orgullo el amor que no se cansa, la misericordia que llega a los que no la merecen, y el triunfo de lo correcto cuando lo correcto es terriblemente difícil. La próxima vez que sintamos la necesidad de justificarnos compartiendo nuestras cualidades positivas, recordemos las cosas que Cristo considera dignas de que nos jactemos.

Dios, tú me recuerdas que las cosas que el mundo piensa que son agradables no son importantes para ti. Que el amor, la misericordia, la justicia y la rectitud sean las cosas que atesoro y en las que me jacto.

VALENTÍA

Pero tú, oh SEÑOR, eres un escudo que me rodea;
eres mi gloria, el que sostiene mi cabeza en alto.
SALMOS 3:3

De niño o de joven, la valentía puede parecer algo necesario para lograr grandes hazañas, como por ejemplo salvar a alguien de ahogarse. Sin embargo, a medida que crecemos aprendemos que la valentía es más necesaria cuando las presiones de la vida aumentan, las dificultades llaman a la puerta, o la carga del dolor hace que se nos desalentemos. No solo necesitamos valentía en los momentos decisivos de la vida que pueden marcar un antes y un después. La necesitaremos en las mañanas después de haber discutido con nuestro cónyuge, cuando nuestro hijo utilice las palabras como cuchillos, el día que nos despidan del trabajo, o cuando nuestra depresión acecha.

En esos días es vital recordar cuál es la fuente de nuestra fortaleza. Es importante que no cerremos la puerta que nos separa del mundo sin antes levantar la vista al cielo. En esos días debemos apropiarnos de la maravillosa valentía que nos ofrece nuestro Dios. Podemos levantar la cabeza porque nuestra ayuda está en camino incluso antes de que oremos.

Jesús, la vida es dulce cuando confío en ti. Sé que estás conmigo sean cuales sean mis dificultades, y que eres la fuente de mi valentía y mi alegría. Ayúdame a buscarte hoy.

Fuimos hechos justos

Gracias a tu amor inagotable, puedo entrar en tu casa; adoraré en tu templo con la más profunda reverencia.
Salmos 5:7

Nadie es perfecto; todos tenemos nuestros fallos y pecados secretos. Es fácil ver la maldad de aquellos que viven vidas malvadas, se jactan del pecado o disfrutan haciendo el mal. Cuando nos comparamos con quienes son abiertamente inmorales, tendemos a sentir que nosotros lo estamos haciendo bastante bien. La realidad es que el pecado es pecado, y nadie es justo por sus propios méritos. Sin embargo, cuánta gracia hemos recibido quienes hemos confiado en Jesús; por cuanto hemos sido cubiertos por la sangre de Cristo, el Padre nos ve como justos y nos recibe como si no hubiéramos hecho nada mal.

Todos podemos dar gracias a Jesús por su gracia abundante. Merecíamos la muerte, pero Dios en su misericordia nos llevó a su casa. Hoy, cuando veamos la depravación del mundo a nuestro alrededor y seamos tentados a pensar que somos virtuosos, recuerda que solamente por la dulce gracia de Cristo podemos acercarnos a Dios.

Oh Señor, estás lleno de gracia. Gracias por cubrirme de justicia cuando merecía la muerte. Quiero vivir el día de hoy con un espíritu agradecido.

Amor verdadero

Que tu amor inagotable nos rodee, Señor,
porque solo en ti está nuestra esperanza.
Salmos 33:22

Las películas de amor y las comedias románticas nos han dado por mucho tiempo una definición de amor a la que las personas suelen aferrarse en su búsqueda del mismo. El amor está dispuesto a perseguirnos por el aeropuerto para detener nuestro vuelo. El amor dejará a un lado sueños y anhelos para cumplir los nuestros. Rechazará relaciones familiares para perseguir a un verdadero amor. Pocas veces vemos un despliegue de amor que vaya más allá de la atracción y la búsqueda iniciales.

Eso nos hace malinterpretar el amor verdadero, pero es el momento de dejar las cosas claras. El amor verdadero es más callado pero no por ello menos extraordinario. El amor verdadero es fiel. El amor verdadero sigue estando ahí a pesar de las deficiencias. El amor verdadero ve lo mejor y lo peor y decide aceptar ambas cosas. El amor verdadero siempre deja espacio para los errores, el crecimiento y los contratiempos; siempre espera lo mejor. El amor verdadero es Cristo.

Jesús, gracias por demostrar el amor verdadero: un amor que no falla, es eterno, es siempre paciente y siempre optimista. Perdóname por suponer que el amor es solo ruidoso y atrevido. Ayúdame a ver la belleza de tu amor silencioso y fiel.

DIGNO DE CONFIANZA

Todo lo que él hace es justo y verdadero;
sus mandamientos son dignos de confianza.
SALMOS 111:7 RVC

En nuestro mundo, tal vez hoy más que nunca, la duda está por todas partes. Sospechamos de todo y de todos; el recelo va siempre antes de pensar bien de alguien. No es de extrañar, por lo tanto, que también titubeemos en nuestra visión de la Palabra de Dios y su llamado para nosotros como creyentes.

Sin embargo, la Escritura no podría ser más clara acerca de la veracidad de Dios y de su Palabra. Imagina conocer a alguien que siempre hizo lo que era correcto y bueno, trajo consuelo en medio de las pruebas, encontró lo bueno en cada situación y cumplió todas y cada una de sus promesas. Ese es nuestro Dios. Él es completamente bueno y su Palabra es completamente veraz. ¿Te está pidiendo que hagas algo que te causa incertidumbre? ¿Te ha llamado a actuar pero has dudado de si Él estará contigo? No dudes más, amigo.

Dios, gracias porque puedo confiar plenamente en ti. Perdóname por dudar de tu Palabra. Ayúdame a aprender a depender de tu bondad para que me guíe día a día. No permitas que me demore en obedecer tus mandamientos.

Gracia en todas las temporadas

Postrado estoy en el polvo;
dame vida conforme a tu palabra.
Salmos 119:25 NVI

La vida puede ser pesada. Los momentos difíciles están garantizados para los seguidores de Cristo (Juan 16:33). Tenemos días en los que sentimos que nuestra alma es arrastrada por el polvo; días en los que parece que no podemos llenar los pulmones de aire. Esos días, semanas o meses pueden continuar hasta que hayamos perdido toda esperanza. No es fácil decirlo o escucharlo, pero es vital entender que esos momentos son una forma de gracia.

Cuando la vida es simple, agradable o sencilla tendemos a pensar que han sido nuestras propias capacidades las que hicieron que las cosas se asienten. Se nos olvida que no somos más que humo y que toda nuestra existencia depende de la misericordia del Creador. Sin embargo, cuando las cargas comienzan a acumularse y nuestras espaldas y corazones se quiebran bajo esa presión, entonces recordamos quién nos sostiene. Si hoy la vida te pesa, clama como hizo el salmista pidiendo vida conforme a su Palabra. Él promete fortalecernos.

Oh Señor, gracias porque todas las temporadas de la vida están llenas de tu gracia. Dame fuerzas para el día de hoy mientras sigo poniendo mi confianza en ti.

Una vida de devoción

Su divino poder, al darnos el conocimiento de aquel que nos llamó por su propia gloria y excelencia, nos ha concedido todas las cosas que necesitamos para vivir con devoción.
2 Pedro 1:3 NVI

Tal vez hoy te levantaste sin sentirte preparado para el día. Los niños durmieron mal, adelantaron la fecha límite de tu proyecto, y la cafetera no funciona. Lo único que quieres es regresar a la cama y darle al botón de resetear, pero la vida espera. ¿Cómo vas a responder? Es tentador pensar que en esos días Dios entiende nuestra angustia y seguramente tolerará que tengamos una actitud lejos de ser ideal.

Pero en el fondo sabemos que no. Pedro nos dice que el poder divino de Dios nos ha dado *todo* lo que necesitamos para vivir una vida de devoción. No se refiere solo a los días en los que dormimos lo suficiente y tomamos café, sino tal vez concretamente a los días en los que todo parece salir mal. Por su bondad hemos sido llamados, no apretando los dientes y con las esperanzas puestas en que se acabe este día horrible. Más bien, hemos sido llamados a vivir una vida de humildad, paciencia, abnegación y alegría. Así vivió Jesús. Toma un momento para pedir la gracia de Dios que te permita vivir una vida de devoción hoy.

Dios, ayúdame hoy a escoger el gozo. Tú me has dado todas las cosas que necesito no solo para sobrevivir a este día, sino también para hacer que sea dulce y beneficioso. Que así sea conforme a tu gracia.

REFUGIO

Prueben y vean que el SEÑOR es bueno;
¡qué alegría para los que se refugian en él!
SALMOS 34:8

¿En qué te refugias? Todos tenemos algo. Tal vez para ti sea una buena sesión de entrenamiento para quemar el estrés del día, o el momento en la noche en el que los niños por fin se han ido a la cama, o los elogios que recibes por redes sociales. Un refugio es un lugar seguro; un lugar al que corremos para escondernos de los problemas de la vida. Sin embargo, ¿qué ocurre cuando aquello con lo que contamos para ser un refugio no está disponible?

La escritura nos dice que probemos y veamos (que experimentemos con nuestros sentidos y con todo nuestro ser) que el Señor es bueno. Él es un buen lugar para escondernos cuando las cosas se ponen difíciles. Su refugio nos ofrece paz para nuestra mente y gozo para nuestro corazón. No depende de que las cosas salgan de determinada manera, ni nos puede ser arrebatado cuando el día da un giro inesperado. Debemos examinar nuestros corazones hoy y asegurarnos de que nos estamos escondiendo en la certeza de Cristo.

Dios, reconozco que dependo de cosas creadas para aliviar mi estrés y darme gozo. Sé que el gozo verdadero y duradero solo se encuentra en ti. Ayúdame a aferrarme hoy a eso.

SIEMPRE FIEL

El SEÑOR, el SEÑOR, Dios compasivo y clemente, lento para la ira y abundante en misericordia y verdad; que guarda misericordia a millares, el que perdona la iniquidad, la transgresión y el pecado.
ÉXODO 34:6-7 NBLA

Cierra tus ojos por un momento y piensa en este último mes. Considera los días difíciles y los días buenos y piensa en ellos a la luz de la fidelidad de Dios. ¿Qué te llama la atención? ¿Destaca para ti su fidelidad de maneras extraordinarias y ruidosas como cuando separó las aguas del Mar Rojo? ¿O a duras penas puedes vislumbrarla como una luz que entra por la rendija de una puerta?

Hemos oído que la fidelidad de Dios es asombrosa y abundante. Eso no siempre significa que sea llamativa y audaz. A veces es la fuerza silenciosa pero firme que nos sostiene en una temporada de oscuridad. Puede que ni siquiera seamos conscientes de ella hasta después, pero la realidad es que nunca nos abandona. Gracias, Dios, por tu fidelidad abundante y siempre presente en nuestras vidas.

Señor, gracias por las maneras en que demostraste que eres fiel en mi vida. Perdóname por las veces que no soy capaz de reconocerlo. Ayúdame a estar más atento a las maneras en que me muestras tu fidelidad y tu amor.

Libertad

Caminaré en libertad,
porque me he dedicado a tus mandamientos.
Salmos 119:45

Cuando era adolescente, Ester no podía esperar al día en el que viviría sola y pudiera dictar sus propias reglas. Anhelaba la libertad de hacer sus propios planes y perseguir sus sueños. Cuando tenía veintidós años, estaba por fin independizada y saboreando la libertad que tanto había anhelado. No pasó mucho tiempo, sin embargo, hasta que se dio cuenta de que su vida independiente no le producía la satisfacción que había supuesto que produciría. Sus acciones tenían consecuencias, y comenzó a entender que lo que necesitaba no era libertad de las normas o de la autoridad.

Ester comenzó a apreciar la Escritura, que nos da indicaciones sobre la mejor manera de vivir. Vio sabiduría detrás de las instrucciones de Dios: cómo le protegían, le daban consejos para las situaciones difíciles, y hablaban de la misericordia de Dios que siempre le ayudaba incluso cuando cometía errores. Se dio cuenta de que la libertad no era independencia y establecer sus propias reglas; era rendirse a Cristo y descubrir la soberanía llena de paz que gobernaba su vida.

Dios, a veces desearía hacer las cosas a mi manera. Gracias por recordarme que la libertad está en mi obediencia a tu Palabra, la cual me habla de que quieres lo mejor para mí.

Banquete para el alma

Tú me satisfaces más que un suculento banquete;
te alabaré con cánticos de alegría.
Salmos 63:5

Es asombroso comer bien después de un día de trabajo duro. Nuestros cuerpos necesitan el alimento y trabajan mejor cuando son alimentados regularmente con buena comida rica en nutrientes. De modo similar, nuestras almas no fueron hechas para ayunar por largos periodos de tiempo; necesitamos alimentarnos regularmente de la fuente de vida: Jesús. Igual que un banquete en la celebración más lujosa que ofrece todas las cosas buenas que quisiéramos comer, Jesús alivia los dolores del hambre que experimentan nuestras almas al vivir en este mundo.

Constantemente buscamos maneras de saciar nuestros anhelos de más, pero el mundo creado nunca fue diseñado para saciar nuestra sed. ¿Qué cosas estás persiguiendo para llenarte? Asegúrate de alimentar regularmente tu alma pasando tiempo en la Palabra y en oración con tu Padre celestial. Estarás satisfecho.

Jesús, gracias por satisfacer mis anhelos con tu presencia y tu gozo. Perdóname por buscar otras cosas para llenar el vacío en mi corazón, y ayúdame a perseguirte solo a ti.

Digno de confianza

Aparta mis ojos de cosas inútiles
y dame vida mediante tu palabra.
Salmos 119:37

Dios nos hizo para poder apreciar el arte en sus diversas formas: cuadros, cinematografía, arte callejero o fotografía. Es un privilegio poder disfrutar de cosas hermosas que nos producen deleite, pero con la naturaleza pecaminosa con la que todos nacemos es demasiado fácil que la apreciación se convierta en una obsesión, o permitir que nuestros ojos disfruten de cosas que nos tentarán a pecar.

La escritura nos dice que pidamos ayuda para apartar los ojos de las cosas que no tienen valor; Dios sabía que nuestra tendencia sería enfocarnos en cosas que, aunque no sean malas de por sí, podrían volverse demasiado importantes e impedirnos ver y buscar cosas buenas. ¿Cuánto tiempo le dedicas a la mejor inversión: la Palabra de Dios? Examina tu corazón y tu tiempo hoy, y asegúrate de estar meditando en lo que le hará bien a tu corazón.

Dios, necesito ayuda para apartar los ojos de las cosas que no fomentan mi relación contigo. Perdóname y ayúdame a pensar en cosas puras y agradables.

SIN VERGÜENZA

A los reyes les hablaré de tu ley,
y no me avergonzaré.
SALMOS 119:46

Lili se dio cuenta de que, cuando hablaba de temas espirituales con sus amigos o sus hijos, a menudo lo hacía en voz baja. ¿Y si alguien lo escuchaba y se ofendía o la señalaba por juzgar y contradecía sus creencias? ¿Y si no sabía qué responder? Cuanto más estudiaba la Escritura, más seguridad sentía Lili para hablar de Cristo con valentía. No le importaba ser ridiculizada, y esperaba que alguien la escuchara y le preguntara acerca de sus creencias. El Espíritu vivía en ella y la empoderó para hablar de su fe.

El mundo moderno nos hace tener miedo a hablar de Cristo, pero ¿por qué temer? ¡Nosotros tenemos la verdad! Pídele al Espíritu que te dé la valentía necesaria para hablar con seguridad y sin vergüenza siempre que tengas la oportunidad de hablar de la dulzura de conocer a Cristo.

Dios, mi tendencia natural es callarme cuando se trata de ti, ¡pero de ninguna manera me avergüenzo de conocerte! Dame la valentía de compartir con osadía, sabiendo que no seré avergonzado por hablar de la verdad.

Bienvenido a casa

No escondas de mí tu rostro; no rechaces, en tu enojo,
a este siervo tuyo, porque tú has sido mi ayuda.
No me desampares ni me abandones,
Dios de mi salvación.

Salmos 27:9 NVI

¿Alguna vez alguien dejó de hablarte? Cuando los amigos o familiares se enojan porque los hemos herido pueden ignorarnos o no querer vernos, dejándonos de hablar cuando queremos conexión y reconciliación. Tal vez tú has sido el que se ha negado a restaurar una relación alguna vez en tu vida. Cuando hemos pecado contra Dios, es natural pensar que Él responderá con la misma ira que hemos recibido de otras personas. Esperamos que nos ignore y nos deje de hablar cuando pedimos reconciliación.

Sin embargo, ¡cuánta misericordia hay cuando nos acercamos a su trono de gracia! En lugar de ira encontramos amor. En lugar de ignorarnos, Dios nos abre sus brazos. En lugar de abandonar nuestra amistad, Él se goza por poder restaurar nuestra relación. La misericordia de Dios está esperando a que regresemos. No nos demoremos.

Oh Dios, ¡cuán misericordioso y bueno eres! Gracias por no cansarte de darme la bienvenida una y otra vez. Ayúdame a caminar en justicia hoy y siempre.

Correr de regreso a Dios

Consideré el rumbo de mi vida y decidí volver a tus leyes. Me apresuraré sin demora a obedecer tus mandatos.
Salmos 119:59-60

Imagina que estuvieras de escalada en las Montañas Rocosas. El sendero serpenteante era hermoso, y te inundó el asombro cuando lo transitabas; sin embargo, repentinamente te diste cuenta de que ya no estabas en el sendero. En algún punto del viaje debiste haber hecho un giro incorrecto, y ahora estás perdido. Seguro que no dudarías en regresar atrás para encontrar el sendero de nuevo. No te dirías a ti mismo: «Ya he llegado hasta aquí, así que avanzaré un poco más antes de dar media vuelta».

Ahora piensa en tu vida espiritual. Cuando te das cuenta de que no estás caminando en rectitud, ¿qué tan rápido te vuelves al Señor? Muchas veces la vergüenza, el orgullo o tus deseos pecaminosos te impiden arrepentirte y regresar corriendo a Dios. ¡Pero te esperan muchos peligros si no te alejas rápidamente de tu pecado! Igual que la oscuridad puede llegar e impedirte regresar a un lugar seguro en el sendero de una montaña, también puedes ponerte a ti mismo en peligro cuando dudas en regresar a Dios.

Dios, perdóname por dudar en arrepentirme y regresar a tus caminos. Sé que no me recibirás con un castigo; gracias por tu misericordia.

Gobernado por la bondad

El Señor es bueno con todos;
desborda compasión sobre toda su creación.
Salmos 145:9

¿Cuáles son las implicaciones de los atributos divinos de Dios en tu vida hoy? Tal vez tengas un conocimiento básico de la bondad de Dios, pero ¿afecta tu modo de vivir? La naturaleza de Dios hace que sea bueno con toda la humanidad. Él es paciente y no quiere que nadie perezca; espera que todos se arrepientan (2 Pedro 3:9). Entonces, ¿cómo cambia este conocimiento tu modo de vivir en el presente?

Es de esperar que la consciencia de la bondad de Dios haga que se levante en ti un espíritu de humildad; es de esperar que te inspire a mostrar a otros la misma bondad que tú mismo recibiste. Puede que te permita ver el cuerpo de Cristo y también a aquellos cuyos corazones están lejos de Dios con el mismo nivel de compasión, provocando tu bondad hacia quienes que te aman y también quienes te persiguen. Es de esperar que te haga arrepentirte de tu pecado y regresar a Dios con gozo, con la seguridad de que Él te recibirá como si nunca hubieras pecado.

Oh Dios, haz que tu bondad me cambie desde dentro hacia afuera. Quiero vivir no solo con el conocimiento, sino también con un corazón gobernado por tu bondad.

LA FUENTE DE GOZO

Entonces tanto los cantores como los flautistas, dirán:
«En ti están todas mis fuentes de gozo».
SALMOS 87:7 NBLA

Cualquiera de nosotros podría decirle a otra persona que la vida es una sucesión de altibajos. Los altos más altos y los bajos más bajos se entretejen para formar el desordenado tapiz de la vida. Como seguidores de Cristo, es importante que veamos cada momento, ya sea maravilloso o trágico, como una oportunidad para alabar a Dios por ser nuestra fuente de gozo. ¿Aceptas hoy el lugar en el que Dios te ha colocado, permitiendo que moldee tu carácter y tu historia conforme a su voluntad? ¿O estás esperando a que las cosas cambien, mejoren o lleguen a ser como la hierba verde del vecino que parece tener una vida perfecta?

En este día, te reto a que analices cómo estás viendo tu vida y te preguntes: «¿Estoy conectado a la fuente de mi gozo?». Arrepiéntete por anhelar una utopía terrenal, y acepta tu situación actual. Acepta el hecho de que Jesús es suficiente para ti incluso cuando nada más lo es.

Jesús, si eres todo lo que tengo, lo tengo todo. Gracias por ser mi fuente de gozo en todas las temporadas de la vida. Tú eres suficiente para todas mis necesidades.

Derechos versus promesas

Mantengamos firme la esperanza que profesamos, porque fiel es el que hizo la promesa.

Hebreos 10:23 NVI

Gloria estaba molesta. La noche de descanso que anhelaba se escapó de entre sus manos sin razón aparente. Ella servía en el ministerio, sacrificándose para traer a otros a la familia de la fe, y ni siquiera podía dormir una noche del tirón. Estaba molesta con Dios; ¿dónde estaban sus bendiciones? Estuvo todo el día enojada, pero el Espíritu no la dejaba estar tranquila con sus quejas. Finalmente se dio cuenta de que se estaba aferrando a un buen descanso como si fuera algo que le correspondía. Lo había convertido en un derecho aunque nunca nadie se lo había prometido.

En ese momento se arrepintió y comenzó a contar las cosas que Dios sí le había prometido: el amor de Dios que nadie puede arrebatarnos (Romanos 8:38-39), vida abundante (con o sin un buen descanso; Juan 10:10), el cuidado del Padre (1 Pedro 5:7), un propósito en la vida que se cumplirá conforme a su voluntad (Efesios 2:10) y que todas las promesas de Dios a su pueblo son un rotundo «¡sí!» en Cristo (2 Corintios 1:20). ¿A qué cosas te estás aferrando que nunca fueron prometidas?

Dios, sé que puedo confiar en tus promesas porque eres fiel. Ayúdame a aferrarme a ellas en lugar de aferrarme a las cosas que he llegado a pensar que me corresponden.

EL FUNDAMENTO DEL ENTENDIMIENTO

Antes de que nacieran las montañas,
antes de que dieras vida a la tierra y al mundo,
desde el principio y hasta el fin, tú eres Dios.
SALMOS 90:2

¿En qué has basado el entendimiento que tu corazón tiene de Dios? El modo en que percibes a Dios impactará tu vida (para bien o para mal) y tu manera de vivirla. Sabemos cómo es Dios por lo que dice la Escritura, porque el Espíritu vive en nosotros y porque el cuerpo de Cristo nos ayuda a entender su carácter. Sin embargo, ¿en qué está basado realmente tu entendimiento de Dios?

Es demasiado fácil comprender a Dios a través de las lentes de nuestra experiencia humana, permitiendo que esas lentes definan a Dios por nosotros. Esto podría hacer que lo consideremos alguien que no nos da cosas buenas, que nos ama sobre la base de lo que hacemos o que no es digno de confianza. Todas estas ideas son falsas según la Escritura y nos conducirán a un entendimiento de Dios que no es digno de Él. En este día, revisa el fundamento de tu comprensión de Dios.

Dios, perdóname por crear un dios en mi mente que no está basado en la verdad de tu Palabra. En lugar de eso, he basado mi fe en mis experiencias humanas limitadas. Ayúdame a conocerte bien.

Bondad soberana

Sabemos que Dios hace que todas las cosas cooperen para el bien de quienes lo aman y son llamados según el propósito que él tiene para ellos.

Romanos 8:28

La vida está llena de conflicto. Desde el nacimiento, nuestras historias se escriben sobre la base de si superamos los conflictos o nos postramos y nos quebramos ante ellos. Tal vez hoy te encuentres en una batalla y luchas para ver las bendiciones que saldrán de ella, pero como creyentes debemos tener fe en que no hay batalla que enfrentemos que no producirá algo bueno.

¿Crees firmemente en la soberanía y la bondad de Dios? ¿Das la talla cuando ocurre el conflicto, esperando con anticipación la manera en que Dios mostrará su bondad? ¿O evitas los problemas a toda costa y entras en pánico cuando éstos te encuentran? Recuerda lo siguiente: si le perteneces a Dios, no puedes perder. Independientemente de cuál sea tu batalla, ganarás de seguro si estás del lado de Dios.

Dios, gracias porque todas las tentaciones que he experimentado son comunes al ser humano (1 Corintios 10:13). Tú conocías mis batallas antes de crear todo, y sabías las bendiciones que surgirían de ellas según tu bondad soberana. Ayúdame a confiar en eso hoy.

La debilidad de la determinación

El que los llama es fiel
y así lo hará.
1 Tesalonicenses 5:24 NVI

Todos hemos decidido hacer que ciertas cosas ocurran en nuestras vidas. Tal vez en tu caso es decidir crear una vida que sea diferente a la que tuviste cuando eras pequeño. Quizá es poder ponerte cierta talla de ropa o llegar a lo más alto en tu empresa. La determinación puede ser una característica noble, pero hay ciertas cosas que nunca podremos alcanzar tan solo con determinación. La santidad es una de ellas. No podemos decidir dejar a un lado nuestra naturaleza pecaminosa ni proponernos alcanzar la perfección. Solo alcanzaremos la santificación por medio de la obra constante del Espíritu Santo en nuestras vidas y nuestra disposición a oír y obedecer (Filipenses 2:13).

¿Qué estás decidido a ver ocurrir en tu vida? Si has estado intentando en tus propias fuerzas agradar a Dios, vencer un pecado recurrente o ser libre de alguna adicción, solo conseguirás estar agotado, derrotado y listo para rendirte. Clama a tu Dios que es fiel; Él te ayudará.

Dios, gracias porque no me has dejado solo en el camino a la santidad. Eres fiel, y necesito tu ayuda.

Caos

Podemos hacer nuestros planes,
pero el Señor determina nuestros pasos.
Proverbios 16:9

Lo único que queremos en la vida es navegar tranquilos sentados en el asiento del piloto y con Jesús de copiloto. «Iremos juntos, Señor, pero yo daré las órdenes». Tal vez no lo decimos en voz alta o ni siquiera lo pensamos de modo consciente, pero la verdad es que a veces desearíamos que Jesús no cambiara o influenciara nuestras estrategias.

Hay un problema, sin embargo. Jesús nos ama demasiado como para dejarnos invertir en planes que beneficiarán a nuestro yo egoísta, individualista y pecaminoso. Puede parecer duro, pero déjame explicarme. Jesús permite el caos en nuestras vidas para que no alimentemos nuestro ego, haciendo planes y alcanzando metas que nos harán pensar: «Yo conseguí esto». Sabe que solamente dependeremos de Él si despertamos de la alucinación de que podemos hacer las cosas solos. Son su gran amor y su misericordia los que ponen nuestra vida patas arriba. La próxima vez que todo empiece a desmoronarse, dale gracias a Jesús por ser el piloto.

Jesús, sé que es tu misericordia la que me hace perder el control de muchas situaciones. Gracias por estar en el trono, manejando soberanamente todas las cosas en mi vida que creía que podía manejar yo solo.

GOZO FIEL

Esto lo hacemos al fijar la mirada en Jesús, el campeón que inicia y perfecciona nuestra fe. Debido al gozo que le esperaba, Jesús soportó la cruz, sin importarle la vergüenza que esta representaba. Ahora está sentado en el lugar de honor, junto al trono de Dios.

HEBREOS 12:2

Jesús sabía lo que era sufrir en la vida. Fue fiel en medio de todas las cosas que enfrentó a lo largo de su ministerio hasta su muerte en la cruz. La vida para Él, igual que para nosotros, no fue un arcoíris y mariposas; fue un reto. Tuvo que lidiar con personas que lo menospreciaban y no creían en su bondad. Al final lo mataron por ser el mejor.

En medio de todo eso, Jesús no perdió de vista la promesa que el Padre le había hecho: que sus ovejas serían rescatadas como resultado de su vida y su muerte. Nos mostró cómo vivir una vida de constancia y gozo en medio de la dificultad. Deberíamos pasar un tiempo hoy haciendo esta oración por nuestras propias vidas.

Dios, quiero ser constante y tener gozo. No quiero ser arrastrado por la vida sino mantenerme firme, fuerte y gozoso en medio de la monotonía, la falta de sueño, los días grises y un trabajo exigente. No quiero vivir una vida de derrota. Dirige mi corazón a la constancia de Cristo y enséñame a tenerlo todo por gozo.

SIEMPRE FIEL

Pues tu reino es un reino eterno; gobiernas de generación en generación. El SEÑOR siempre cumple sus promesas; es bondadoso en todo lo que hace.

SALMOS 145:13

El hecho de que Dios es fiel descansa completamente en su inmutabilidad. Si Dios no puede cambiar, el concepto de su fidelidad está totalmente asegurado y se puede confiar plenamente en Él. Si Dios no puede cambiar, todas las promesas que ha hecho son ciertas. Si Dios no puede cambiar, podemos vivir con la tranquilidad de saber que Él nunca apartará su amor de nosotros. Si Dios no puede cambiar, sabemos que su bondad seguirá extendiéndose a aquellos que lo aman y caminan en rectitud.

Dios es fiel a sí mismo y a su Palabra. Esto debiera alentar nuestros corazones hoy a confiar en la Palabra de Dios. Hay muy pocas cosas en este mundo que son verdad, aunque nos hagan pensar lo contrario. ¡Pero la Palabra de Dios *es* verdad! Llenemos hoy nuestros corazones y nuestras mentes con la verdad para poder discernir las mentiras del enemigo y mantenernos firmes en el conocimiento de la fidelidad perfecta de Dios.

Señor, saber que ninguna promesa que has hecho fallará consuela mi corazón. Puedo confiar plenamente en tu Palabra y estar confiado al utilizarla como arma cuando me enfrento a las fuerzas espirituales de oscuridad.

31 DE ENERO

Satisfecho por lo sagrado

Porque soy recto, te veré; cuando despierte,
te veré cara a cara y quedaré satisfecho.
Salmos 17:15

Fuimos creados para anhelar un Salvador, Aquel que llena el vacío en nuestras almas y detiene el dolor de nuestros corazones. La vida humana consiste en intentar llenar el vacío interior, y eso no deja de ser cierto después de conocer a Jesús. Por desgracia, nuestros corazones siguen tendiendo a buscar la satisfacción en otras cosas, y estar satisfechos en Cristo es una batalla constante.

Podemos saber qué cosas estamos utilizando para llenarnos haciendo la siguiente pregunta: «¿Qué es sagrado para mí?». Cuando nos resulte difícil renunciar a esas cosas, sabemos que no estamos buscando nuestra satisfacción en Jesús. Lo que suele pasar es que muchas otras cosas nublan nuestros puntos de vista. Los «me gusta» en redes sociales, el comportamiento adecuado de nuestro hijo, vestir bien o la necesidad de tener muchas posesiones pueden ser algunas de nuestras cosas «sagradas». Cuando comenzamos a renunciar a esas cosas, nos damos cuenta de que entonces sí podemos ver a Jesús. Y, cuando vemos a Jesús, ninguna otra cosa será suficiente.

Dios, perdóname por nublar mi visión de ti con cosas creadas. Sé que nunca me llenarán verdaderamente. Ayúdame a estar dispuesto a dejar a un lado las cosas que he hecho sagradas para poder perseguir el único propósito verdaderamente sagrado.

Febrero

En cuanto a Dios,
Su camino es perfecto;
Acrisolada es la palabra
del Señor;
Él es escudo a todos
los que a Él se acogen.

Salmos 18:30 NBLA

Recibir gracia para dar gracia

Que Dios tenga misericordia y nos bendiga;
que su rostro nos sonría con favor. Que se conozcan tus caminos en toda la tierra y tu poder salvador entre los pueblos por todas partes.

Salmos 67:1-2

La gracia de Dios abunda para aquellos que le pertenecemos. La manifestación de su gracia en nuestras vidas no es solo para que podamos decir que nos sonríe con favor, sino también para que su salvación sea mostrada al mundo. Es fácil aceptar su bendición, pero puede ser más difícil aceptar su llamado a bendecir a otros. Si realmente creemos que Dios nos ha mostrado su gracia, entonces también nosotros mostraremos esa gracia a las personas que Él pone en nuestras vidas.

¿Es eso una realidad en tu vida hoy? ¿Disfrutas de las bendiciones de Dios sin preguntarle cómo puedes ser una bendición para los demás mostrando su gracia a aquellos que tienes cerca? Impárteles la misma gracia que has recibido, ya sea a tu cónyuge, tus compañeros de trabajo, hijos, vecinos o incluso desconocidos. Mientras disfrutas de sus bendiciones bendice también al mundo que te rodea, para «que se conozcan tus caminos en toda la tierra y tu poder salvador entre los pueblos por todas partes».

Dios, gracias por escogerme para ser receptor de tu gracia. No permitas que me asiente cómodamente en tu favor sino que sea movido a la acción para mostrar a quienes me rodean la bendición de conocer a Cristo.

Gozo en lugar de condenación

Ten piedad de mí, oh Dios, conforme a Tu misericordia; conforme a lo inmenso de Tu compasión, borra mis transgresiones. Lávame por completo de mi maldad, y límpiame de mi pecado.

SALMOS 51:1-2 NBLA

¿Alguna vez caíste en la trampa de sentirte condenado por tus pecados? Para aquellos de nosotros que hemos recibido salvación, la condenación es solo una tentación de nuestro enemigo el diablo. ¡Sabemos que no hay condenación para aquellos que están en Cristo Jesús (Romanos 8:1)!

Es necesario que reconozcamos cuando nos rebelamos contra Dios para poder recibir misericordia, pero Dios desea que vivamos con gozo por la salvación que Él compró para nosotros (Salmos 51:12). Pasar los días con el corazón cargado con el peso de nuestro pecado o la culpabilidad que hace sombra sobre nuestros buenos momentos con Dios es una estrategia de Satanás.
Si el diablo te está tentando para que vivas lleno de culpabilidad, aférrate a la misericordia que te ofrece Cristo y deja que el gozo vuelva a gobernar tu corazón.

No merezco tu perdón, pero estoy muy agradecido de que me hayas limpiado. Ayúdame a vivir con un corazón abierto a tu misericordia y tu gozo, rechazando la carga de la condenación.

3 DE FEBRERO

Demasiado bueno para no compartirlo

Ellos proclamarán con entusiasmo
la memoria de Tu mucha bondad,
y cantarán con gozo de Tu justicia.
Salmos 145:7 NBLA

Aquí tienes un reto para el día de hoy: cuéntale la historia de la bondad de Dios en tu vida a alguien cercano. La Escritura nos dice que declaremos la bondad de Dios y que cantemos de su justicia. ¿Has hecho eso recientemente? Es muy fácil caer en la trampa de caminar arduamente por la monotonía de la vida diaria sin tomar tiempo de reconocer la bondad de Dios en nuestros días más comunes y corrientes.

¿En qué ves su bondad hoy? ¿Tuviste un ratito de silencio antes de que despertaran los niños? ¿Hizo un día de sol después de varios días de tormenta? ¿Has recibido recientemente una respuesta a tus oraciones? ¿Pudiste pasar tiempo con un amigo que te animó? Las señales de la bondad de Dios nos rodean en el día a día; ¿estás abierto a verlas y declararlas? No permitas que pase este día sin aprovechar la oportunidad para hablar abiertamente de la abundante bondad de Dios, como escribió el salmista.

Jesús, vale la pena compartir tu bondad con los demás. Perdóname por dejarme llevar por la rutina de mi día a día hasta el punto de no tomarme el tiempo de reconocerte y alabarte por tus bendiciones y tu bondad abundante. Ayúdame a ver cómo declaras hoy tu amor por mí.

Rescatado pero no librado

Él es mi Dios amoroso, mi amparo, mi más alto escondite,
mi libertador, mi escudo, en quien me refugio.
Él es quien pone los pueblos a mis pies.
SALMOS 144:2 NVI

Luisa se quedaba en la casa con sus tres hijos pequeños. Sus días eran largos, cansados y llenos hasta arriba de discusiones, disciplina y el sentimiento constante de que estaba perdiendo el control. Amaba a sus hijos, pero estos años de su infancia comenzaron a ser más frustrantes que agradables. Anhelaba ser rescatada y tener una ocupación más pacífica que quedarse en casa con los niños. El rumbo que estaba tomando todo era un poco decepcionante.

Cuando leyó que Dios es nuestro amparo y nuestro libertador, pensó que eso sería una realidad en su vida si encontraba una niñera; sin embargo, Dios le reveló que ser su amparo no tenía por qué significar que la iba a sacar de la batalla. Significaba encontrar la paz de Dios en medio del desorden de la vida en la casa. Luisa solo tenía que asegurarse de estar buscando la forma de entrar diariamente en la presencia de Dios para poder estar lista para enfrentar los retos del día.

Dios, a menudo pienso que ser rescatado por ti significa ser aliviado de los retos que enfrento. Sé que siempre estás presente y que puedo encontrar seguridad en ti en medio de la tormenta.

AMOR QUE NO FALLA

Tu amor inagotable es mejor que la vida misma;
¡cuánto te alabo!
SALMOS 63:3

Piensa en esto por un momento: el amor de Dios por nosotros no falla. Es difícil entenderlo porque nuestras mentes están limitadas por los confines de nuestra lógica imperfecta y nuestras experiencias humanas. En nuestra vida nunca hemos recibido de otra persona un amor que no haya fallado. El amor humano crece y mengua; se bloquea cuando es herido y se aparta cuando no se siente seguro. Por mucho que amemos a otra persona o seamos amados por ella, ese amor es imperfecto.

El amor del Señor por nosotros contrasta con eso. Su amor no se inmuta ni siquiera cuando es rechazado. Él se entrega por completo todos los días incluso cuando nosotros nos entregamos a otros amores. Él no deja de amarnos cuando lo ignoramos. Él no busca otro amor cuando estamos distraídos. Nos ama a cada uno de nosotros infinitamente y perfectamente siempre. ¡Tenemos que soltar las cosas menos importantes y abrir nuestros corazones hoy a ese amor! Alábalo por su amor que es mejor que cualquier otra cosa que pudiéramos perseguir.

Dios, gracias por perseguirme incluso cuando estoy enfocado en otras cosas. Tu amor va mucho más allá de lo que puedo entender, pero ayúdame a comprender la profundidad de tu amor por mí.

LLAMADO Y PERSEVERANCIA

Avanzo hasta llegar al final de la carrera para recibir el premio celestial al cual Dios nos llama por medio de Cristo Jesús.

FILIPENSES 3:14

¿Puedes poner un ejemplo de algo a lo que Dios te ha llamado pero que has batallado por cumplir últimamente? Podría ser un trabajo, un amigo al que ministrar o incluso pasar tiempo en la Palabra habitualmente. Enumera las razones por las que estás batallando. Esto podría ser más difícil de lo que esperabas porque no sientes que tienes las herramientas, careces de los recursos, o tal vez estás cansado.

Es normal encontrarse con obstáculos cuando estamos cumpliendo el llamado del Señor para nuestras vidas, ¡e incluso deberíamos esperarlo! Pero si Dios realmente te ha llamado a eso, ¡entonces sabes que Él te ha colocado en ese camino y nada podrá detener lo que Él va a hacer! «Dios hará que esto suceda, porque aquel que los llama es fiel» (1 Tesalonicenses 5:24). *Él* lo hará. No tiene tanto que ver con tus habilidades como con su fidelidad hacia ti. Pídele que te empodere y te dé valentía para continuar con su llamado para tu vida.

Señor, gracias porque tu llamado no depende de mí para cumplirse. Tú eres fiel y digno de confianza, y yo decido perseverar por el poder de tu Espíritu para recibir el premio al cual tú me has llamado.

Atesorar la palabra

Yo he escogido seguirte fielmente;
y tengo presentes tus sentencias.
Salmos 119:30 RVC

Para poder atesorar la Palabra de Dios hay dos cosas que el creyente debe hacer: primero, eliminar las cosas del día a día a las que hemos dado más valor que a la Palabra; y, segundo, poner la Biblia en todas partes. Quiero explicar esto. En primer lugar, identifica las cosas en tu vida que se han vuelto más importantes que la Palabra de Dios. Esto se puede hacer con el uso del tiempo: aclara cuáles con las cosas que normalmente tienen más prioridad que pasar tiempo en la Palabra. Una vez hayas identificado estas distracciones, elimínalas. La Escritura dice que si tu ojo te hace tropezar, debes sacarlo (Mateo 18:9). En otras palabras, trata como un enemigo cualquier cosa que te impida construir una relación con Cristo.

Ahora será más fácil llevar a cabo el segundo paso: pon la Biblia en todas partes. Escribe versículos de la Escritura en tarjetas y ponlas en el auto, en el refrigerador o en el baño. Ten la Biblia a mano. Léela lo primero en la mañana antes de agarrar tu teléfono. Para aprender a atesorar la Palabra, debes tratarla como lo más importante de tu vida.

Dios, soy culpable de atesorar otras cosas por encima de tu Palabra. He escogido el camino de la verdad pero no he atesorado tu Palabra en mi corazón. ¡Perdóname y ayúdame!

Restauración

Luego de que ustedes hayan sufrido un poco de tiempo, Dios mismo, el Dios de toda gracia que los llamó a su gloria eterna en Cristo, los restaurará y los hará fuertes, firmes y estables.

1 Pedro 5:10 NVI

Saber que Dios mismo nos restaurará hace que el sufrimiento sea un poco más tolerable. Imagina a Dios caminando a nuestro lado, atravesando con nosotros las dificultades, y cuando el tiempo es perfecto, sacándonos personalmente de las aguas profundas. Dios no deja que otro haga su trabajo; Él está implicado personalmente en el proceso.

Sea lo que sea que estemos enfrentando hoy, necesitamos esos momentos para reconocer la presencia de Dios. Él no está ajeno a nuestro dolor; camina a nuestro lado y está listo para restaurarnos a una vida abundante en Él por medio de su gracia. La gloria eterna con Cristo está llegando, pero por ahora Él va con nosotros en el camino.

Jesús, gracias por prometer restaurarme, hacerme fuerte, firme y estable personalmente. No tengo que cargar mi dolor yo solo (Salmos 56:8), y mi restauración viene del Dios del universo. Gracias por conocerme tan íntimamente.

Espera

Espera con paciencia al Señor; sé valiente y esforzado;
sí, espera al Señor con paciencia.
Salmos 27:14

A nadie le gusta esperar, porque esperar nos hace chocar con nuestra falta de paciencia. Va en contra de nuestro deseo natural de conseguir lo que queremos cuando lo queremos, y nos muestra la falta del control que tenemos sobre nuestras propias vidas. Aunque normalmente no podemos cambiar nuestras circunstancias para hacer más corto el periodo de espera, podemos seguir buscando al Señor mientras esperamos.

¿Estás en una temporada de espera? Puede ser difícil despertar cada día sin aquello que deseas, pero no te decepcionarás si sigues acudiendo a Dios día tras día mientras esperas que tu sueño se cumpla. Esperar nunca es lo único que hace un creyente. Despierta cada mañana y actúa sobre la base del conocimiento que tienes de la gracia de Dios para ti porque le perteneces. Levántate y alábalo por su bondad para ti en este día. Despierta y busca lo que hay en su corazón para las personas que te rodean. No serás decepcionado.

Señor, gracias porque mientras espero tengo esperanza en la promesa de cosas buenas. Ayúdame a buscarte y a no enfocarme tanto en esperar lo que está por llegar que me pierda los regalos de hoy.

Gracia en el dolor

Ciertamente el bien y la misericordia me seguirán todos los días de mi vida, y en la casa del Señor moraré por largos días.

Salmos 23:6 NBLA

¿Dónde puedes ver hoy la gracia de Dios en tu día? Algunos días todo parece ir mal al mismo tiempo; tu hijo se rompe el dedo, pinchas un neumático del auto de camino al médico, y no recibes el ascenso que esperabas. La vida tiende a acumular sus problemas y soltarlos todos al mismo tiempo. Nuestra naturaleza pecaminosa quiere dejar que eso nos consuma.

Sin embargo, no tenemos por qué dejar que las malas noticias nos consuman. Cuando llegue un torrente de problemas a la vez, podemos encontrar la gracia de Dios entretejida entre el dolor. ¿Qué cosas buenas podemos ver y alabar a Dios por ellas cuando la vida nos está tratando mal? Si mantenemos la mirada fija en la gracia que Dios promete, está garantizado que sobrevolaremos la niebla de la desesperación que tiende a envolvernos en esos días difíciles. Esa gracia de Dios nos sigue toda nuestra vida. El Salmo 23 es un canto precioso sobre la asombrosa promesa que Dios nos ha hecho.

Señor, eres realmente bueno conmigo incluso cuando todo parece ir mal. No permitas que las dificultades me consuman, sino ayúdame a cambiar mi perspectiva para ver la gracia que hay en cada situación.

NO MÁS ESFUERZOS

«Y nunca más me acordaré de sus pecados y maldades».
Y puesto que estos han sido perdonados,
ya no hace falta ofrecer otro sacrificio por el pecado.
HEBREOS 10:17-18 NVI

¿Vives tu vida basado en que has sido perdonado? ¿O se caracteriza tu vida por esforzarte para ser perfecto, pagando siempre el precio de tus pecados? Amigo, recuerda hoy que ya has sido hecho perfecto; ningún esfuerzo que puedas hacer por alcanzar la perfección y la santidad tendrá éxito porque la santidad de Cristo ya descansa en ti. No tienes que pagar el precio de tu pecado; en realidad, castigarte a ti mismo por tus fracasos e intentar hacer las paces con Dios por tu cuenta está mal ante los ojos de Dios. ¡Ya lo hicieron por ti!

La obra para pagar por tus pecados ya está terminada. Puedes acercarte a Dios con confianza sabiendo que Él ya no ve tus errores; lo único que ve es tu justificación por medio de Cristo Jesús. Por lo tanto, amigo, deberías seguir adelante con la seguridad total de que Dios es fiel y sabiendo que ya te ha aceptado.

Oh Señor, cuánta gracia has mostrado al cubrirme con la santidad de Cristo. Ayúdame a descansar en el conocimiento de que he sido aceptado en tu familia no por algo que haya hecho, sino solo por tu gracia sublime.

NO HAY VERGÜENZA EN LA RESTAURACIÓN

En vez de su vergüenza, mi pueblo recibirá doble porción; en vez de deshonra, se regocijará en su herencia; y así en su tierra recibirá doble herencia y su alegría será eterna.

ISAÍAS 61:7 NVI

Puede ser difícil ver a otras personas que están más avanzadas en su camino con Cristo, sabiendo que ya han conquistado pecados con los que tú todavía estás lidiando a diario. Puede que estés preguntándole al Señor: «¿Cuándo será mi turno? ¿Cuándo estaré libre de estas batallas?». Tal vez te sientas avergonzado o tengas miedo a que los demás te vean como alguien inferior, como alguien que aún tiene mucho que aprender en su camino con Cristo.

Satanás quiere que sientas vergüenza por tus batallas, pero quiero reafirmarte que, si el Señor está haciendo una obra en tu vida, no tienes por qué avergonzarte de ello. No tienes por qué avergonzarte si el Señor está trayendo restauración a tu vida, aunque esté tardando más de lo que esperabas. Dios te ha sacado de la oscuridad a su luz admirable y ya no eres esclavo como antes. No compares tu camino con el de otra persona; ¡Dios se llevará tu vergüenza y la reemplazará por el gozo de tu herencia!

Dios, que tu gozo descanse sobre mí. Dame un entendimiento completo de tu tierno amor y anímame en mi caminar hacia la restauración. ¡No dejes que me avergüence de la obra que estás haciendo en mi vida!

Oposición y gracia

El Señor nos ha rechazado, pero no será para siempre.
Nos hace sufrir, pero también muestra compasión,
porque es muy grande su amor.
Lamentaciones 3:31-32 NVI

¿Alguna vez has sentido la oposición de Dios hacia algo en tu vida? Se muestra de muchas formas: a veces es tan suave como una palabra de un amigo cercano; otras veces es tan agresiva como el fuego cuando esperabas agua fresca. Puede parecer dura o injustificada, pero en realidad nace de su amor por ti. Dios está tan lleno de gracia que se opondrá a ti cuando vayas en contra de su voluntad; es por tu propio bien. Él quiere tu corazón y no se conformará con menos.

Tal vez has estado justificando algo: una relación, una adicción o un espíritu de queja. Dios está demasiado lleno de gracia como para permitir que continúes por ese camino. En su amor por ti, hará que la tormenta arrecie. No ignores su megáfono; ¡despierta! Tu dolor podría ser perfectamente una señal de que algo en tu vida tiene que cambiar. Examina hoy tu corazón para asegurarte de que estás caminando en rectitud.

Señor, estoy agradecido porque me amas demasiado como para permitirme perseguir cosas que no son buenas para mí. Ayúdame a ser sensible a tu Espíritu para que pueda confesar rápidamente y regresar a ti cuando no esté caminando en rectitud.

PRÁCTICA, PRÁCTICA, PRÁCTICA

Esto es lo que me ha tocado:
poner en práctica tus mandamientos.
SALMOS 119:56 RVC

Seguro que todos hemos visto en nuestra vida los efectos de la práctica. Practica un instrumento y tendrás éxito en la competición de bandas. Practica un segundo idioma y podrás hablarlo incluso años más tarde. Practica conceptos de álgebra de la secundaria y podrás usarlos en los problemas reales del día a día. Sin embargo, no practicar implica que será más difícil cuando intentes volver a hacerlo. «Practícalo o piérdelo», como se suele decir.

Este concepto también se puede aplicar a nuestra relación con Jesús. Si pasamos meses llenando nuestros pensamientos y nuestro tiempo con cosas que no son de Dios, después no recordaremos cómo deleitarnos en el Señor. Si vamos tras el mundo, cuando intentemos encontrar de nuevo nuestra satisfacción en Cristo nos costará hacerlo. Sin embargo, si practicamos constantemente, apartando un tiempo cada día para enfocar nuestros corazones y nuestras mentes en Jesús, tendremos un espíritu satisfecho en nuestro interior.

Señor, ayúdame a ser constante cuando se trata de entregarte mi corazón. Pasar tiempo en tu Palabra y en oración no me dejará decepcionado.

VALOR

Tus enseñanzas son más valiosas para mí
que millones en oro y plata.
SALMOS 119:72

La mayoría de nosotros dudaría en decirle al Señor las palabras de Salmos 119:72 con sinceridad y convicción. Es una afirmación muy importante, y si miramos con sinceridad nuestras vidas, seguramente este versículo no las reflejará bien del todo.

Si somos sinceros, las cosas en las que invertimos tiempo y esfuerzo nos muestran lo que valoramos en la vida. Muchos de nosotros diríamos que lo que gobierna nuestra vida es alguna versión del sueño americano. Queremos cosas buenas; tal vez no seamos demasiado exigentes pero sí queremos cosas bonitas, una vida fácil y seguridad. Queremos estabilidad financiera, proveer para nuestras familias y no vivir con el temor de acabar en la calle. Aunque todas esas cosas son buenas, si son lo que más valoramos en la vida estaremos comprometiendo el evangelio para conseguir estabilidad. En ese caso, la advertencia de Mateo sería cierta para nosotros: «¿qué beneficio obtienes si ganas el mundo entero pero pierdes tu propia alma?» (Mateo 16:26).

Señor, ayúdame a darle a tu Palabra el valor que merece en mi vida. No quiero hacer concesiones, sino mantenerte a ti en primer lugar.

Dudar de la bondad de Dios

En verdad, ¡cuán bueno es Dios con Israel,
con los de corazón puro!
Salmos 73:1 NVI

El Salmo 73 habla de un hijo de Dios que estaba pensando neciamente y no entendía por qué el Señor permitía que ciertas cosas buenas les sucedieran a los malvados mientras él mismo sufría por vivir rectamente. Se enojó con Dios por ello. No fue hasta que entró en el santuario de Dios que «[entendió] el destino de los perversos» (v. 17). Y, aunque había sido necio y dudó de Dios, siguió hablando sobre la misericordia de Dios que permanecería con él, aconsejándolo y honrándolo.

¿Cuántas veces hemos actuado de la misma manera? Vemos a personas caminando en maldad pero teniendo éxito en la vida, al menos en un sentido mundano, y cuestionamos la bondad y la soberanía de Dios. ¿Olvidamos que nuestro Dios es un Dios de justicia, y que «el Señor cuida el sendero de los justos, pero la senda de los malos lleva a la destrucción» (Salmos 1:6)? A pesar de eso, nuestro Señor continúa recibiéndonos con brazos abiertos, independientemente de nuestras dudas.

Señor, estás lleno de misericordia. Perdóname por dudar de tu bondad, tu soberanía y tu justicia. Gracias por tratarme con bondad y ayudarme a confiar en ti.

FAVOR

Supliqué Tu favor con todo mi corazón;
ten piedad de mí conforme a Tu promesa.
SALMOS 119:58 NBLA

Quizá ser popular no es lo tuyo, pero probablemente puedas admitir que deseas caerles bien a los demás. La Escritura dice que Jesús, cuando era pequeño, crecía en favor ante Dios y ante los hombres (Lucas 2:52), así que sabemos que no es malo ser agradable a los demás.

Sin embargo, es una buena práctica preguntarte regularmente de quién estás buscando favor. ¿Buscas la aprobación de los hombres, esperando ser admirado y honrado en tu lugar de trabajo, con la familia o por amigos? ¿Estás dedicando tu tiempo a hacer cosas que sabes que te harán quedar bien para poder encajar o ser considerado digno de cierto grupo de personas? ¿O puedes decir sinceramente que buscas el favor del Señor con todo tu corazón, buscas crecer en justicia y sin preocuparte por cómo te ve el mundo? De vez en cuando, vale la pena comprobar el estado del corazón.

Dios, perdóname por buscar mejorar la manera en que la gente me ve mientras no busco tu favor y crecer en justicia. Ayúdame a buscarte a ti primero.

Un corazón misericordioso

Pero tú, oh Señor, eres Dios de compasión y misericordia, lento para enojarte y lleno de amor inagotable y fidelidad.
Salmos 86:15

Rita estaba teniendo problemas con su compañera de cuarto. Sus hábitos, preferencias y valores estaban volviéndose notablemente diferentes. A Rita le costaba mucho tratar a su compañera de cuarto con el más básico respeto. Sabía que las circunstancias hacían imposible encontrar una nueva compañera de cuarto en ese momento, pero algo tenía que cambiar. Pensó en cómo respondía Jesús a las personas que desconfiaban de Él y lo maltrataban. Él era humilde, amable, y actuaba con verdad independientemente de las acciones de los demás.

Rita entendió que Dios le había dado la oportunidad de amar a su compañera de cuarto a pesar de sus diferencias mientras estuvieran juntas. Oraba para que la compasión de Dios llenara su corazón, para poder mostrar misericordia en lugar de condena, y tener ojos para ver a su amiga con un amor sincero, tal como Jesús la veía a ella. Quizá hay alguien en tu vida a quien necesites ver con los ojos de Jesús. Pídele que te dé un corazón de compasión para esa persona.

Jesús, gracias por verme con amor y misericordia, incluso en mis errores. Ayúdame a mostrar ese mismo tipo de amor a las personas en mi vida a las que no consideraría dignas.

RECIBE ÁNIMO

Confirma tu promesa a este siervo,
para que seas temido.
SALMOS 119:38 NVI

A veces necesitamos un poco de confirmación del amor de Dios por nosotros. La vida es difícil, y es fácil desanimarse cuando perseveramos en circunstancias desafiantes pero no sentimos la mano de Dios en nuestros esfuerzos. Sin embargo, es una verdad sencilla que el Señor se complace en confirmar su amor por nosotros, así como las promesas que ha hecho. Le encanta animarnos en nuestro camino.

Nuestro desafío hoy es pedirle a Dios que confirme nuevamente las cosas de las que ha hablado: una promesa de su Palabra, su llamado en nuestras vidas, y podemos pedirle una palabra de aliento que llene de gracia nuestros corazones. Podemos ser específicos en nuestras peticiones y, por lo tanto, ser testigos de cómo Él es fiel. Una y otra vez sus santos han pedido una palabra de Dios, y una y otra vez Él ha hablado. Hazlo hoy y recibe ánimo para continuar en tu búsqueda de Dios.

Dios, a mi corazón le vendría bien algo de aliento. Te pido que hables a través de tu Palabra o de un amigo y confirmes nuevamente tu fidelidad para que mi fe siga creciendo.

Esperanza contra esperanza

Aun cuando no había motivos para tener esperanza, Abraham siguió teniendo esperanza porque había creído en que llegaría a ser el padre de muchas naciones. Pues Dios le había dicho: «Esa es la cantidad de descendientes que tendrás».

Romanos 4:18

Dios nos ha dado innumerables promesas en su Palabra. Las cosas de las que habló a su pueblo durante generaciones siguen siendo verdaderas para nosotros en el presente. Son el fundamento de nuestra esperanza, que no se basa en nada que este mundo pueda ofrecer sino en la naturaleza eterna de un Dios fiel y bueno. Nuestra tendencia es olvidar todas las razones para esperar cuando nuestros placeres terrenales nos han decepcionado; sin embargo, Dios nos recuerda con misericordia que no todo está perdido conforme a sus promesas.

Haz esta oración adaptada de Romanos 4, colocando tu propio nombre en los versículos que hablan de Abraham. Recuerda que, incluso cuando las cosas parecen sombrías en tu vida, Dios sigue obrando y puede de cumplir lo que te ha prometido. Esperanza contra esperanza.

Contra la esperanza, con esperanza creo. No vacilo en incredulidad ante la promesa de Dios, sino que soy fortalecido en mi fe y doy la gloria a Dios, porque estoy completamente convencido de que eres capaz de cumplir lo que has prometido.

Ira santa

Me pongo furioso con los perversos,
porque rechazan tus enseñanzas.
Salmos 119:53

A lo largo de los Salmos encontramos descripciones de emociones crudas, plenamente sentidas y plenamente aceptadas. Esto incluye pasajes donde se describe la ira. Uno podría esperar que esa ira fuera dirigida hacia enemigos o personas que han herido personalmente al autor, pero su ira se dirige hacia aquellos que no siguen a Dios y que andan en caminos de maldad. Podemos suponer que esto no lo conducía a atacarlos, sino a sentir una ira santa porque el mal persiste en este mundo, alejando a las personas de la verdad y del potencial de una vida santa.

¿Cómo respondemos a aquellos que no caminan en justicia? Si somos sinceros, ¿podemos decir que sentimos ira justa cuando vemos que se ignoran las instrucciones de Dios? O en nuestro propio pecado, ¿envidiamos a veces a los malvados, tratando de que nuestras vidas se parezcan a las suyas mientras afirmamos amar a Dios? ¿Nuestro amor por la Escritura nos lleva a abandonar todo lo que no tiene en cuenta a Dios?

Dios, soy culpable de afirmar amar tu Palabra mientras envidio las vidas de aquellos que no te siguen. Perdona mi hipocresía y ayúdame a caminar en pureza de corazón y mente.

Bondad en la pérdida

El Señor es justo en todo lo que hace;
está lleno de bondad.
Salmos 145:17

Liliana recientemente había roto con su novio. Estaba confundida, pues estaba segura de que se casaría con ese hombre. Se sentía herida, rechazada y no se sentía amada. Juntos habían buscado al Señor y estaban avanzando. Ahora todo había terminado de repente. Como con todas las heridas, sanar toma tiempo. Algo que Liliana comprendió que ayudaba más que cualquier otra cosa era agradecer al Señor por quitar de su vida eso que ella había estado tan convencida de que era su destino. Llegó a ver que el Señor es bueno y justo en todos sus caminos, y que si algo era arrancado de su vida cuando menos lo esperaba, podía estar agradecida de que Dios, en su bondad, habría considerado apropiado quitárselo.

¿Cómo respondemos cuando algo nos es arrebatado, ya sea una relación, una oportunidad o una esperanza? Aunque el duelo por la pérdida tiene su tiempo (Eclesiastés 3:4), también llega el momento de agradecer al Señor por elegir cosas mejores de las que habríamos elegido para nosotros mismos.

Señor, gracias por ser lo suficientemente bueno como para quitarme cosas. Aunque no siempre entiendo el porqué, ayúdame a comprender tu bondad y a aceptarla con alegría.

Extranjeros en la tierra

No soy más que un extranjero en la tierra.
¡No escondas de mí tus mandatos!
Salmos 119:19

Si alguna vez has vivido en otro país o en una cultura diferente a la tuya, entenderás cuán importante es aprender sobre la manera adecuada de convivir con personas tan diferentes a ti. Los errores culturales son reales, y pueden ser embarazosos o incluso alarmantes. Estudiar la cultura y la gente con la que convives te ayuda a saber cómo interactuar de manera aceptable desde el punto de vista cultural.

Como seguidores de Cristo no somos ciudadanos de este mundo, sino del reino de los cielos. Como tales, el mundo no es nuestro hogar, y necesitamos estar informados sobre la manera correcta de vivir aquí entre personas que son diferentes a nosotros. Así como una guía cultural ayuda a las personas que viven en otro país, la Palabra de Dios nos ayuda a entender cómo vivir en un mundo que no es nuestro verdadero hogar. Podemos tomar un tiempo hoy para fundamentarnos en las instrucciones que ofrece la Escritura, ¡para que estemos preparados para enfrentar todo lo que encontraremos en este mundo como extranjeros!

Dios, ayúdame a recordar que este mundo no es mi hogar definitivo. No estoy destinado a encajar en este mundo, sino a vivir según tu Palabra. Permíteme aferrarme firmemente a tus instrucciones.

Llamados por Dios

Pero los exhorto a temer al Señor y a servirle fielmente y de todo corazón, recordando los grandes beneficios que él ha hecho en favor de ustedes.

1 Samuel 12:24 NVI

Es muy fácil justificar un mal día. Si nos despertamos con un cielo nublado cuando queríamos sol, el día comienza mal. Cuando las hormonas están actuando con fuerza, cedemos al mal humor. Si surge lo inesperado, afirmamos que la vida adulta es demasiado desafiante y nos permitimos ver nuestra serie favorita en Netflix para aliviar el dolor.

Sin embargo, ¿y si, en lugar de rendirnos ante cada mal día, creemos que hemos sido llamados por Dios mismo? ¿Qué tal si permitimos que esa energía nos impulse hacia una vida responsable y confiable día a día? La bondad de Dios hacia nosotros no depende de que hagamos las cosas bien, y nuestra fidelidad a Él tampoco tiene que depender de tener un buen día. Podemos ser fieles independientemente de si las cosas van según nuestro plan. ¡Podemos decidir hoy recordar quién nos llamó y vivir con convicción en ese llamado!

Dios, ayúdame por el poder del Espíritu a caminar con constancia hoy. Que mi lealtad hacia ti no esté determinada por mi comodidad, sino por la convicción de que tú, el Dios del universo, ¡me has llamado!

Enfocados en la verdad

Aunque los príncipes se sienten y hablen contra mí,
tu siervo medita en Tus estatutos.
Salmos 119:23 NBLA

¿Has soportado especulaciones y acusaciones? ¿Se han burlado de ti por tu estilo de vida, tus decisiones o tu fe? Puede ser muy difícil escuchar a la gente hablar mal de ti.

En esos momentos, ¿qué aprobación buscas? ¿Te defiendes y justificas tus decisiones, esperando limpiar tu nombre para que te vean de manera positiva? ¿Crees lo que dicen, adoptando sus definiciones de quién eres? ¿O, como el salmista, recurres a la verdad de la Escritura y llenas tu mente con lo que es bueno y correcto? Cuando te acusan injustamente, se burlan de ti o te intimidan, es vital acudir directamente a la Palabra para poder corregir tus pensamientos con la verdad de lo que Dios dice sobre ti. No permitas que te socaven con mentiras; afiánzate en lo que sabes que es verdad.

Señor, gracias por tu Palabra que me recuerda quién soy cuando otros intentan definirme de manera errónea. Ayúdame a llenar rápidamente mi mente con la verdad y no quedarme con nada que vaya en contra de lo que tú dices sobre mí.

No me falta nada

Cuando abres tu mano, sacias el hambre
y la sed de todo ser viviente.
Salmos 145:16

Sofía comenzaba a darse cuenta de que solía llenar su tiempo y sus pensamientos con cualquier cosa. Era básicamente una demostración de su falta de fe en Dios para satisfacer sus deseos. Compraba ropa nueva, pasaba todo su tiempo con amigos los fines de semana, y abría sus aplicaciones de redes sociales en cualquier momento libre que tenía. Todo apuntaba a una incredulidad en la capacidad de Dios para ser todo lo que ella necesitaba. No confiaba en que Jesús fuera más que suficiente, que no le faltaba nada en Él.

¿Qué dice sobre nosotros el modo en que pasamos nuestro tiempo y empleamos nuestros recursos? ¿Demuestra satisfacción en Dios y su cuidado de nosotros, o muestra que no confiamos en que Él puede ser todo lo que necesitamos? Observemos hoy cómo pasamos el tiempo y con qué llenamos nuestras mentes. Si nos damos tiempo para agradecer a Dios por su provisión y su cuidado, ¿cambia nuestra mentalidad? Pasar tiempo hoy reconociendo su bondad y fidelidad nos recordará que Él es nuestro Pastor y todo lo que necesitamos (Salmos 23:1).

Señor, perdóname por llenar mis pensamientos y mi tiempo con cosas en lugar de permitirme reflexionar sobre la suficiencia de Cristo. Ayúdame a creer que tú eres lo mejor.

Aceptar lo desconocido

Cuando tenga miedo, en ti pondré mi confianza.
Salmos 56:3

A veces parece que Dios no quiere que vayamos a lo seguro en la vida. Muchos de nosotros amamos nuestra comodidad, y hacemos todo lo posible por mantenernos en aguas tranquilas cerca de la costa, metafóricamente hablando. Evitamos las cosas que causan dolor. Nos aferramos a un plan bien trazado. Pero a Dios no le interesa tanto nuestra seguridad y comodidad como a nosotros. Él nos llama a situaciones desconocidas, donde el futuro es incierto y tenemos que depender de Él para que sea la lámpara en nuestro camino. Cambia nuestros planes y nos conduce a circunstancias que a veces son dolorosas pero que nos hacen depender totalmente de Él.

Ten por seguro esto, amigo. Esa situación aterradora y desconocida a la que Dios te ha llevado es mucho más segura que el camino tranquilo y claramente marcado de tu propia elección. Acepta las cosas difíciles que Él ha planeado, sabiendo que traerán bondad y recompensa si lo sigues. ¡Vale la pena confiar en Él!

Señor, ayúdame a confiar en ti cuando tengo miedo. Esas situaciones desafiantes que no habría elegido por mí mismo traerán bondad a mi vida y gloria a ti, así que ayúdame a confiar en tu Espíritu y a aceptar completamente cada momento.

Digno de alabanza

Concéntrense en todo lo que es verdadero, todo lo honorable, todo lo justo, todo lo puro, todo lo bello y todo lo admirable. Piensen en cosas excelentes y dignas de alabanza.
FILIPENSES 4:8

Las noticias son un recordatorio diario de todo lo que está mal en el mundo. Es cierto que estamos viviendo tiempos en los que la ilegalidad abunda, se ignoran o se burlan las instrucciones de Dios, y el creyente parece ser el enemigo. Sin embargo, necesitamos recordar que, independientemente de cuál sea la situación actual en el mundo, siempre estamos viviendo en medio de la gracia de Dios. Nada en el mundo puede cambiar el hecho de que tenemos una herencia en la era venidera.

Por lo tanto, pongamos nuestra mente en lo que es bueno, verdadero y digno de alabanza a Dios por su gracia que nos sostiene. Estamos muy agradecidos por su amor que nunca se cansa y por la promesa de la eternidad en gloria con los santos. No tenemos por qué hundirnos por todo lo que está mal en el mundo; podemos dirigir nuestros ojos a Jesús diariamente y reconocer todo lo que es digno de alabanza en Él.

Señor, qué consuelo saber que, independientemente de las circunstancias presentes, mi futuro está asegurado. Ayúdame a mantener mi enfoque en ti y en la promesa de gloria, llenando mi mente con todo lo que es verdadero y digno de alabanza.

Marzo

Lo hizo cabalgar sobre
las alturas de la tierra
y lo alimentó con el fruto
de los campos.
Lo nutrió con miel de la
peña, y con aceite que hizo
brotar de la más dura roca.

Deuteronomio 32:13 NVI

Consejos

Bendeciré al Señor, quien me aconseja;
aun de noche mi corazón se instruye.
Salmos 16:7 NVI

Todos sabemos que nuestros corazones no son los maestros más confiables. Emociones y deseos erróneos ejercen influencia sobre nosotros y el mundo nos dice que sigamos nuestros corazones, pero eso nos conduce muchas veces al pecado. Sin embargo, Dios es el creador del corazón, y también tiene buenos propósitos para él. En los Salmos, David habla a menudo de que su corazón lo aconseja o le instruye. ¿Por qué permitiría David que su corazón lo instruyera? El Señor habla a través de nuestros corazones al guiar nuestras conciencias y llamarnos de regreso a la rectitud cuando nos estamos acercando al pecado.

Dios nos instruye en la manera correcta de vivir a través de la Palabra y de nuestra conciencia. ¡Por eso lo alabamos! Alabemos a Dios porque no nos abandona a que descifremos la vida por nuestra cuenta ni nos deja caminar en pecado sin recordarnos lo que es justo y bueno. Alabemos a Dios porque nos ha dado su Palabra, que es viva y eficaz y habla a nuestro espíritu.

Dios, qué bueno eres al darnos tu Palabra y al hablar a nuestros corazones cuando necesitamos oírte. Que nunca dé eso por sentado. ¡Que yo, a igual David, bendiga al Señor que me aconseja!

El regalo de la aflicción

Me convino que me hayas castigado,
porque así pude aprender tus estatutos.
Salmos 119:71 RVC

Algunos de nosotros despertamos esta mañana ante un día relativamente normal. Tenemos nuestros desafíos como todos los días, pero la vida es en cierto modo estable. Otros despertaron esta mañana con su mundo desmoronándose. Se encontraron de frente con la pérdida. La desilusión ha destrozado sus almas. Para ellos, la batalla es exponencialmente más difícil de lo que hubieran elegido para sí mismos. Cada uno de nosotros puede reflexionar sobre sus pruebas de dos maneras: podemos verlas como aflicciones que hacen que nuestros corazones crezcan en amargura, o podemos verlas como regalos que hacen que nuestras almas crezcan en madurez.

¿En qué momentos pudiste ver que la aflicción demostró ser algo bueno? ¿Qué has aprendido sobre Dios a través de desafíos que podrías haber pasado por alto? En este día, sea tu batalla grande o pequeña, agradece al Señor por ella, lamenta si es necesario, y decide que no te perderás lo que Dios ha designado para que aprendas.

Señor, tú sabes mucho mejor que yo cómo moldear mi corazón. Ayúdame a ver mis pruebas hoy a la luz de tu gracia, para que no deje de parecerme más a Jesús cada día.

Carretera cortada

Espero en el Señor; en Él espera mi alma,
y en Su palabra tengo mi esperanza.
Salmos 130:5 NBLA

Imagina que estás de viaje por carretera con tu familia. Un destino emocionante los espera y no aguantan las ganas de llegar. El viaje debería durar unas doce horas, pero después de una hora de haber salido está claro que no será un viaje directo. Desvíos, paradas de tráfico y problemas con el motor causan una demora tras otra.

Así es como se siente la vida a veces, ¿no es cierto? Lo que debería ser directo y fácil resulta ser una demora o un desvío tras otro. Cuando la frustración comienza a surgir en nuestros corazones, nuestra capacidad para la paciencia depende de nuestra habilidad para creer en los propósitos de Dios. Él está obrando para crear algo bueno para nosotros en medio de cada interrupción al llevarnos por «el camino largo». Hoy podemos agradecer por las demoras que experimentamos a diario. Podemos agradecerle por cambiar nuestras rutas. Todavía no sabemos la misericordia que nos está mostrando en nuestro viaje.

Señor, ayúdame por el poder de tu Espíritu a ser paciente y creer que estás en control incluso cuando las cosas no van como parece que deberían. Sé que eres bueno.

Defensor

Pues tú bendices a los justos, oh Señor;
los rodeas con tu escudo de amor.
Salmos 5:12

Piensa por un momento en la palabra *defensor*. Un defensor, según el diccionario, es «aquel que aboga por la causa de otro»; como verbo, es «interceder a favor de». Jesús intercede a nuestro favor ante el Padre; Él llegó al extremo completo al defender nuestra causa para borrar la ira divina de Dios de su pueblo y dirigir a en cambio hacia sí mismo. ¡Qué gracia tan asombrosa!

Piensa en cómo puedes ser un defensor para los que te rodean. ¿Estás buscando oportunidades para defender a tus hermanos y hermanas? ¿Buscas rodearlos de favor, interceder por su causa y bendecirlos? Las personas muchas veces están demasiado absortas en sus propias opiniones y causas como para defender las de los demás. Pregúntale al Señor cómo puedes honrar y ser un defensor para alguien necesitado hoy.

Señor, tú me defendiste cuando estaba en pecado, llegando al extremo de tomar el castigo que merecía sobre ti mismo. Ayúdame, Espíritu, a tratar a los demás de la misma manera, bendiciendo y honrando a otros en lugar de defenderme a mí mismo.

AYUDA SIEMPRE SEGURA

Dios es nuestro refugio y nuestra fortaleza,
nuestra segura ayuda en momentos de angustia. Por eso,
no temeremos aunque se desmorone la tierra
y las montañas se hundan en el fondo del mar.

SALMOS 46:1-2 NVI

Dios es una ayuda siempre segura en tiempos de angustia. ¿No te consuela eso? No servimos a un Dios que se queda al margen y observa nuestro dolor; Él interactúa, acude en nuestra ayuda, nos consuela y nos da fuerzas. Podemos orar este versículo sobre nosotros mismos hoy, añadiendo las cosas en nuestras propias vidas con las que Dios nos está ayudando:

Por eso, no temeremos...

- aunque nuestras relaciones con nuestras familias estén en dificultades, o
- aunque esperemos con incertidumbre sobre el futuro, o
- aunque no sepamos cómo compartir nuestra fe con otros, o
- aunque el dolor de la pérdida tiña nuestros días.

En todas las circunstancias, la presencia de Dios es nuestro bien. Que esta verdad traiga confianza en Cristo y libertad para confiar en Él implícitamente.

Jesús, estoy muy agradecido por tu presencia conmigo en medio de mis circunstancias. Ayúdame a no temer, porque tú estás conmigo.

Ningún bien fuera de Dios

Yo dije al Señor: «Tú eres mi Señor;
ningún bien tengo fuera de Ti».
Salmos 16:2 NBLA

Una oración para ti hoy:

La fidelidad del Señor te rodea. A lo largo de tu día, que Dios te muestre todas las pequeñas cosas que hace, para que recuerdes su pasión constante y eterna por tu corazón. Que tu intimidad con Dios crezca poderosamente mientras caminas por fe en su voluntad para ti. Por ese gran amor, que camines sin miedo ni vacilación, sino con gran deleite en los brazos de un Dios que todo lo puede.

Que tu obediencia supere las debilidades de tu humanidad. Que no busques deleite en otras fuentes. Que te conformes con Cristo, el supremo deleite y alegría. Que descanses seguro en el conocimiento de que eres amado por Dios profundamente y sinceramente. Que Él sea tu bondad y tu luz, y que sin Él no tengas absolutamente nada.

Oh Señor, ayúdame a saber en lo más profundo de mi ser que tú eres mi fuente de bien y de toda alegría. Permíteme caminar con confianza porque soy rescatado por gracia y guardado por amor.

Nuestra perspectiva de la Palabra

Me alegré en tus leyes
tanto como en las riquezas.
Salmos 119:14

El salmista habla repetidamente de la Palabra de Dios como aquello en lo que se deleita, confía, valora y se alegra. La estudia porque sabe que da vida. Encuentra consuelo en ella. Se apresura a obedecerla. ¡Qué dedicación a la Palabra de Dios! ¿Cómo se compara eso con tu propia visión de la Palabra? ¿Ves los decretos de Dios como algo rico y digno de buscar? ¿Es algo que anhelas estudiar y meditar porque entiendes el bien que proviene de ello? ¿O la Palabra te parece más como una serie de reglas que te impiden vivir como elegirías?

Nuestra opinión sobre la Palabra de Dios tiñe toda nuestra forma de vivir, y la perspectiva equivocada nos hará perdernos las bendiciones de la obediencia y de conocer realmente a Dios. Necesitamos preguntarnos hoy cómo vemos la Palabra. ¿Es la verdad, la cual nos hemos dedicado a seguir plenamente?

Señor, ayúdame a ver tu Palabra como realmente es: un tesoro que vale la pena seguir con todo mi corazón. Que te busque a ti y descubra que todas tus promesas son verdaderas.

Amor fiel

¡El fiel amor del Señor nunca se acaba!
Sus misericordias jamás terminan. Grande es su fidelidad;
sus misericordias son nuevas cada mañana.
Lamentaciones 3:22-23

Si has tenido algún tipo de interacción humana en tu vida, entenderás la irregularidad con la que las personas se aman entre sí. Pueden ser mejores amigos en un momento y peores enemigos al siguiente. Adoras a tus hijos, pero te están volviendo loco y solo quieres estar solo. Tu compañero de trabajo te trata con amabilidad un día, y al siguiente todo lo que haces le parece mal. La humanidad es voluble; y nuestro amor, por lo tanto, es caprichoso.

Imagina si Dios nos amara de la misma manera. Si su amor se basara en nuestra capacidad de amar con constancia, estaríamos perdidos. Sin embargo, su amor es constante, inquebrantable, y no depende en absoluto de nuestra propensión a hacer las cosas bien. Podemos agradecerle por ese amor hoy y pedirle que nos capacite para demostrar ese mismo amor a quienes están en nuestras vidas.

Dios, soy todo menos confiable, pero estoy muy agradecido de que tu fidelidad no dependa de mí. Gracias por tu amor persistente y fiel que nunca cambia a pesar de mis inconsistencias. Enséñame a amar como lo haces tú.

Gracia abundante

Y Dios puede hacer que toda gracia abunde para ustedes, a fin de que teniendo siempre todo lo suficiente en todas las cosas, abunden para toda buena obra.

2 Corintios 9:8 NBLA

Estás rebosando de gracia, amigo. Dios nunca te deja en necesidad. Tienes todo lo que necesitas a tu disposición para ti en todo momento y para todas tus necesidades. ¡Qué regalo! ¿Qué necesidades tienes hoy? Pídele al Señor que su gracia desbordante sea suficiente en tu vida. ¿Te sientes cargado, abrumado o ansioso? Pídele al Señor que te sostenga para cada buena obra que tiene planeada para ti hoy.

Lo increíble acerca de nuestro Dios es que no se queda mirando mientras luchamos; Él está cerca de los quebrantados de corazón, hace que la gracia abunde cuando sea necesaria, nos fortalece y nos da todo lo que necesitamos. Acepta esa verdad para ti hoy y mantente firme en ella.

Dios, gracias por no ser mísero con tu gracia. Gracias porque no tengo que ganármela. Gracias porque provees para todas mis necesidades cada día. Ayúdame a permanecer firme en tu gracia.

10 DE MARZO

ALABA TODO EL TIEMPO

¡Grande es el Señor! ¡Es el más digno de alabanza!
A él hay que temer por sobre todos los dioses.
SALMOS 96:4

Mila despertó con un cántico de alabanza en su corazón. Sabía que era un recordatorio agradable de la necesidad de mirar al Señor ese día, de darle gloria en las cosas ordinarias de su día. Lo que no sabía era que su día daría un giro inesperado. Por un tiempo, en medio de la confusión, el dolor repentino y la conmoción de lo imprevisto, olvidó la actitud de adoración que tenía cuando despertó esa mañana. Pero el Señor misericordiosamente le trajo de nuevo a la mente la alabanza que había estado en sus labios cuando todo estaba tranquilo y en paz.

El Señor es grande; por lo tanto, es digno de nuestra alabanza en todo momento. ¿Cuántas veces alabamos al Señor cuando todo está bien, pero rápidamente olvidamos adorarlo cuando las cosas toman un giro para peor? ¿Podemos, como Job, decir con integridad y alegría: «El Señor me dio lo que tenía, y el Señor me lo ha quitado. ¡Alabado sea el nombre del Señor!» (Job 1:21)?

Señor, tú eres digno de alabanza todo el tiempo y en toda circunstancia. Perdóname por alabarte solamente cuando las cosas van bien, pero abandonar mi adoración cuando surgen desafíos. Dame un espíritu de adoración sin importar lo que me depare este día.

CONSTANTE

No me rechaces en el tiempo de la vejez;
no me desampares cuando me falten las fuerzas.
SALMOS 71:9 NBLA

Quizá eres joven y capaz; la vejez parece estar a una vida de distancia. O tal vez te estás acercando a tus años de ancianidad y sientes que tu cuerpo está cambiando. Independientemente de cuál sea tu edad actual, llegará un momento en la vida en el que te sentirás menos capaz de lo que eras antes: la fuerza de la juventud se desvanece, tal vez arrebatada prematuramente por enfermedad o lesión. Nuestros cuerpos terrenales son recordatorios perpetuos de la fragilidad de la condición humana y de nuestra dependencia de un Dios que no se ve limitado por las restricciones humanas.

Es hermoso saber que el carácter de nuestro Dios es constante y nunca cambiará aunque nosotros lo hagamos. Él no se debilita con el tiempo. No será menos capaz dentro de cien años de lo que es hoy. Su fidelidad para guiar, proteger y cuidar a sus hijos nunca fallará porque Él es inmutable. Alábalo hoy por su constancia.

Dios, qué consuelo es saber que, incluso cuando mi cuerpo y mi mente se debilitan, tu fuerza sigue siendo la misma. Gracias por amarme, no porque yo sea capaz, sino porque tú eres bueno.

LA NATURALEZA DE LA PALABRA

Tu palabra, SEÑOR, es eterna
y está firme en los cielos.
SALMOS 119:89 NVI

Aquí está uno de los milagros de la Palabra de Dios: nada puede estropearla, cambiarla o hacer que alguna parte de ella sea falsa. El Salmo 119 dice que está firme (asentada) en el cielo. Fuera del tiempo, lejos de los efectos de la decadencia y apartada de los poderes de la oscuridad, las palabras del Señor están seguras y son inmutables. ¡Y aun así, están disponibles para nosotros! ¿Acaso hay algo igual en la vida?

Es fácil dar por sentada la Escritura porque está fácilmente disponible para nosotros; sin embargo, es algo que debe ser valorado y tratado con respeto. En ella se encuentran las palabras del Dios eterno. ¿Estamos todos preparados para darle el honor que se merece?

Dios, la naturaleza de tu Palabra es muy diferente a cualquier otra cosa en mi vida. Gracias por preservarla a lo largo de los siglos para que tu verdad pueda hablar a todas las generaciones. Ayúdame, por el poder de tu Espíritu, a honrarla, buscarla y obedecerla a través de todos los altibajos de la vida.

Buscar lo bueno

El corazón me dice: «¡Busca su rostro!».
Y yo, Señor, tu rostro busco.
Salmos 27:8 NVI

Todos pasamos por momentos difíciles de vez en cuando. Los desafíos, estados de ánimo y días nublados se combinan para sacar nuestras almas de la alegría del Señor y sumirlas en espirales de introspección. Empezamos a ver solamente lo que está mal en nuestras vidas presentes. En esos momentos, es vital que hagamos lo que es bueno para nosotros: necesitamos buscar al Señor. Cuando buscamos su rostro, el peso de nuestros problemas actuales se desvanece y se atenúa. Veremos correctamente las cosas grandes como grandes y las pequeñas como pequeñas.

¡Nos gozamos en el día de hoy! No deseamos que el Señor nos hubiera llamado a algo que no es nuestro llamado; aceptamos nuestro llamado con sus alegrías y dolores, y vivimos sin lamentar nada. Seguir a Cristo es lo más importante que podemos hacer.

Jesús, tú enfrentaste cada tentación que ahora enfrento yo, así que comprendes los sentimientos de letargo y el deseo de cosas que no me corresponden. En esos momentos, por favor ayúdame a aferrarme a la alegría que ofreces cuando busco tu rostro.

El regalo del entendimiento

Tus manos me hicieron y me formaron.
Dame entendimiento para aprender tus mandamientos.
SALMOS 119:73 NVI

¿Qué cosas te apasionan? ¿Qué impulsa tu deseo de aprender, de crecer en entendimiento? ¿Qué te emociona descubrir más y profundizar? La capacidad de aprender y buscar conocimiento son dones de Dios; su creación es descubrible, ¡y fuimos hechos para descubrirla! Pero, ¿qué nos dice la Biblia sobre el aprendizaje? El salmista pide entendimiento no para perseguir las cosas que le interesaban, sino para poder aprender los mandamientos de Dios.

Si bien nuestras pasiones son ciertamente dones, siempre es importante regresar a la razón fundamental por la que el Señor nos dio la capacidad de aprender. Él es un Dios que podemos conocer. Es descubrible. Su Palabra contiene promesas, revelaciones, ideas que ningún hombre podría concebir. La Escritura está llena de buenos mandamientos a los que podemos dedicarnos y descubrir. Debemos asegurarnos de que nuestras pasiones no eclipsen la alegría de buscar entender la Palabra.

Dios, gracias por darme una mente para explorar, descubrir y aprender sobre tu creación. Gracias por el don de la pasión y encontrar placer en el aprendizaje.

El lugar perfecto

El Señor desea tener piedad de ustedes, y por eso se levantará para tener compasión de ustedes. Porque el Señor es un Dios de justicia; ¡Cuán bienaventurados son todos los que en Él esperan!

Isaías 30:18 NBLA

¿Alguna vez has deseado que tu vida fuera diferente? En esta era de las redes sociales y las vidas «Insta-perfectas», es demasiado fácil comparar tu vida con la de otra persona. Es tentador ver lo bueno y lo hermoso de su existencia pero no ver el dolor que sufre o las batallas que libra. El teléfono y la computadora son como ver la hierba más verde en las vidas de los demás, y deja al lector insatisfecho y sintiendo que Dios ha bendecido a otros más que a ti.

Cuando Satanás te tiente con este punto de vista, recuerda lo siguiente: Dios te tiene donde estás porque es bueno. Él anhela ser generoso contigo. Dios te llevó a ese lugar en este momento porque es soberano, bueno y misericordioso, y tiene tus mejores intereses en mente. Eso no significa que la alegría y la felicidad inunden cada momento de cada día, pero sí significa que puedes confiar en que este día y todo lo que contiene es lo mejor para ti.

Dios, ayúdame a aceptar que este momento de mi vida es perfecto porque es lo que sabes que necesito. Tú eres digno de confianza y bueno.

Afligido por la fidelidad

Yo sé, Señor, que Tus juicios son justos,
y que en Tu fidelidad me has afligido.
Salmos 119:75 NVI

La vida puede ser muy decepcionante. Planeas y anticipas cosas buenas que se desmoronan en los peores momentos posibles. Todo puede parecer muy injusto. Cuando ocurren decepciones en la vida, ¿confías en el juicio bueno y justo de Dios, o lo acusas de ser injusto? ¿Cómo ven las personas en tu vida que respondes a las decepciones? ¿Te dejas llevar por las oleadas de la emoción cuando las esperanzas y expectativas no se cumplen? ¿O ven los demás que no te mueves fácilmente porque confías firmemente en la bondad de Dios?

El salmista escribió que sabe que la aflicción entra en su vida por causa de la fidelidad de Dios. Esa es una afirmación fuerte. Sabía que a Dios no se le puede culpar de nada, sino que sus juicios son justos y dignos de confianza. La próxima vez que la decepcion llegue a tu vida, enfréntala con una declaración de que tu confianza está puesta en tu Dios fiel y bueno.

Señor, tu fidelidad me mantiene a flote cuando las tormentas de la vida me están sacudiendo. Gracias por permitir la aflicción, los problemas y la decepción para que recuerde poner mi esperanza tan solo en ti.

Lo por venir

«El Señor es mi porción», dice mi alma,
«Por tanto en Él espero».
Lamentaciones 3:24 NBLA

No eres como aquellos «que buscan su recompensa en este mundo» (Salmos 17:14). Piénsalo. Para algunas personas, en realidad muchas, las alegrías del mundo presente son lo mejor que obtendrán, pero para ti, que perteneces al Señor, los tesoros de este mundo no se comparan con las riquezas de conocer a Cristo y habitar en su reino para siempre. Y, sin embargo, ¿cuántas veces cambias la gloria de conocer a Dios por lo mejor que este mundo caído puede ofrecer?

¿No te sentirías insultado si un amigo eligiera continuamente pasar tiempo con otra persona en lugar de contigo? Eso es lo que la gente hace todo el tiempo con Dios, mostrando que prefieren cualquier cosa antes que a Él. Sin embargo, Él no es orgulloso. No se cierra cuando una vez más intentan hacer su porción solo en este mundo. ¡Al contrario, Él con gracia abre sus brazos y espera que regresen! ¡Qué amor!

Dios, qué gracia tienes conmigo, aceptándome cuando una y otra vez pongo mis ojos en las cosas de este mundo. Perdóname por vivir como si la vida aquí fuera lo mejor que tendré. Ayúdame a aprovechar cada oportunidad para buscarte. ¡Sé que no seré decepcionado!

Promesa de consuelo

Ahora deja que tu amor inagotable me consuele,
tal como le prometiste a este siervo tuyo.
Salmos 119:76

El dolor era inmenso e inesperado. Marta no pensaba que le afectaría tanto el sufrimiento de otro, pero ahí estaba, completamente destrozada. Años de oraciones y esperanzas culminaron en un día de pérdida repentina y tristeza extrema. ¿Dónde estaba Dios en días como este?

Aunque puede ser tentador pensar que en nuestra desolación Dios se ha distanciado, en realidad sucede lo contrario. Él promete que no nos abandonará, ni en los días en que estamos bien ni en los días en que nuestros corazones se rompen. Se le llama el Dios de toda consolación (2 Corintios 1:3), y Él lleva la cuenta de nuestras aflicciones y junta nuestras lágrimas en su frasco (Salmos 56:8). Su amor constante da consuelo al cansado y sana los corazones heridos de su pueblo. Si estamos sufriendo hoy, podemos pedir su consuelo. Podemos orar por su cercanía. Es una promesa que recibiremos.

Señor, gracias por entender mi tristeza y prometer consuelo. Ayúdame a aferrarme a la esperanza que trae tu presencia y a descansar en el consuelo que ofreces a mi corazón afligido.

Temor de Dios o del hombre

Los ojos del Señor están sobre los que le temen;
de los que esperan en su gran amor.
Salmos 33:18 NVI

La sociedad nos dice que las opiniones de otras personas sobre nosotros son importantes, aunque también se nos dice que no debemos preocuparnos por lo que piensan los demás. El temor al hombre siempre será un problema hasta que el temor de Dios se arraigue en nuestros corazones. Necesitamos examinar nuestras motivaciones en la forma en que pasamos nuestro tiempo para determinar a quién tememos en realidad. ¿Pasamos mucho tiempo cuidando nuestro cuerpo porque nos importa lo que la gente piense de nuestro aspecto? ¿Pasamos tiempo con ciertas personas porque nos importa con quiénes nos ven? ¿Pasamos más tiempo preguntándonos qué piensan los demás sobre nosotros que pensando en la opinión del Señor sobre nosotros?

Cuando nuestros corazones están bien delante del Señor y lo estamos buscando, nada más importa. Entonces podemos enfocar nuestra energía en amarlo y caminar de una manera digna de su llamado. Queremos complacerlo y no preocuparnos por complacer a nadie más. Los pensamientos de los demás acerca de nosotros no son eternos, ¡pero los de Dios sí lo son!

Señor, quiero ser una persona que te teme a ti y no al hombre. Ayúdame a mantener mis ojos en ti, a preocuparme por la condición de mi corazón hacia ti, y a poner mi esperanza en tu fiel amor.

Propósito en la lectura

Enséñame, Señor, el camino de tus estatutos
y lo seguiré hasta el fin.
Salmos 119:33 NVI

Nos sucede a todos: medio dormidos, agarramos nuestro café y nuestra Biblia. Queremos comenzar el día con Jesús porque sabemos que es bueno hacerlo. Leemos el pasaje dos o tres veces, pero las palabras solo se absorben parcialmente en nuestra mente cansada, y seguimos adelante haciendo una oración rápida por el día que se avecina. Según avanza el día, no tenemos ni idea de lo que leímos esa mañana. Las buenas intenciones nos llevaron a empezar nuestro día con Jesús, pero si estamos pasando ese tiempo en la Palabra para tachar un elemento de una lista espiritual de quehaceres, necesitamos un nuevo enfoque.

El salmista oró para que el Señor le enseñara sus decretos para que pudiera seguirlos. Amigo, ¿estás leyendo con la intención de obedecer? ¿Es tu tiempo con Jesús reflejo de una mente que realmente quiere entender y seguir lo que lee, o estás atrapado en la mentalidad de hacerlo solamente por hacerlo? ¡Pide al Espíritu Santo que te ayude a leer su Palabra inspirada con la intención y el enfoque que merece!

Dios, soy culpable de pasar tiempo en la Palabra solo para poder decir que lo hice. Perdóname y ayúdame a encontrar una manera nueva de pasar tiempo contigo que beneficie mi relación contigo a largo plazo.

Aferrarse a la esperanza

Todas esas personas gozaron de una buena reputación, aunque ninguno recibió todo lo que Dios le había prometido. Pues Dios tenía preparado algo mejor para nosotros, de modo que ellos no llegaran a la perfección sin nosotros.

Hebreos 11:39-40

¿Alguna vez te encuentras soñando con los «viejos tiempos»? El pasado nos atrae porque los recuerdos producen sentimientos de familiaridad y comodidad. Tendemos a recordar lo bueno, y en la mente vemos el pasado con una luz de color de rosa que no está manchada con recuerdos de las dificultades que también fueron parte de esos momentos. Este anhelo está en nuestros corazones porque Dios nos creó para la eternidad con Él, no solo para esta era presente.

Sin embargo, si te encuentras soñando con los «viejos tiempos» o simplemente desafiado por tu incomodidad actual, recuerda que cientos de generaciones de otros seguidores de Cristo también han anhelado la eternidad con el Padre. ¿Cuál era su secreto para seguir adelante a pesar de las situaciones imperfectas? Mantuvieron su fe en un Dios bueno que sabían que sería fiel para cumplir sus promesas incluso si nunca las veían cumplidas en esta vida.

Dios, gracias por las historias de tantos que vivieron desafíos en esta vida y lo hicieron con una fe total en tus promesas. Ayúdame también a mantener mis ojos enfocados en el autor y consumador de mi fe.

Decidido a vencer

La fe por sí misma, si no tiene obras, está muerta.
Santiago 2:17 NBLA

Cuando los días sombríos se apoderan de nuestras mentes, esta es la combinación a la que deberíamos recurrir: una buena dosis de determinación y muchísimo del Espíritu Santo. Nunca lograremos deshacernos completamente del mal humor. Somos humanos y seguiremos luchando hasta que nuestra naturaleza pecaminosa sea eliminada por completo.

Pero tampoco tenemos que dejarnos controlar por los estados de ánimo o el espíritu de queja que tienden a apoderarse de nosotros cuando las cosas van mal. Tan solo orar generalmente no aleja esos estados de ánimo, pero pedirle al Espíritu Santo el poder para hacer lo correcto, junto con la determinación de empezar a movernos en la dirección correcta, a menudo es suficiente para impulsarnos a regresar al camino correcto. En el día de hoy, solo necesitamos pedirle al Espíritu el poder para elegir una actitud alegre, y luego *comenzar a movernos*.

Dios, es más fácil quedarme en mi mal humor que superarlo, pero sé que viniste para que pueda tener una vida abundante. Por lo tanto, ayúdame a buscar tu poder y a hacer mi parte en la búsqueda de una vida santa.

Conocer a Dios

Qué grande es la bondad que has reservado para los que te temen. La derramas en abundancia sobre los que acuden a ti en busca de protección, y los bendices ante la mirada del mundo.

Salmos 31:19

Cuando estamos conociendo a alguien, suelen ser las cualidades buenas las que inicialmente destacan y nos atraen hacia esa persona. Cuando leemos la Escritura y conocemos el carácter de Dios, son los rasgos buenos y hermosos los que nos impulsan a conocerlo y amarlo. Esto nos permite ver a Dios como cercano y una verdadera fuente de alegría en la vida. Él no es solo una idea lejana. Conocerlo estimula nuestros corazones a seguirlo. El Salmo 31 enumera algunas de las características de Dios que nos resultan asombrosas:

- es abundantemente bueno,
- protege,
- guía y dirige,
- su amor es fiel, y
- conoce mis problemas pero no me entrega al enemigo.

Tómate tiempo para conocer a tu Dios conforme a la Palabra.

Señor, qué bueno eres al darme visión de quién eres tú. Abre mi corazón para entender tu Palabra, para que pueda conocerte mejor.

Sin culpa

Sea íntegro mi corazón en Tus estatutos,
para que yo no sea avergonzado.
Salmos 119:80 NBLA

¿Por qué siempre es más fácil ver los problemas de los demás? Tendemos a estar ciegos a nuestras propias luchas, debilidades y faltas, ¡pero vemos claramente los defectos de quienes nos rodean! Dios conocía nuestra tendencia a encontrar faltas en el mundo mientras pasamos por alto las nuestras, pero alabado sea porque su misericordia para nosotros se renueva cada día.

Hoy, considera cómo podrías estar señalando con el dedo de la culpa a alguien o resaltando la debilidad de quienes te rodean, todo mientras no ves tus propias luchas. Pide al Espíritu Santo que te revele la oscuridad de tu propio corazón para que puedas arrepentirte y caminar en integridad. Recuerda que las acciones de los demás nunca son una excusa para que tú camines en injusticia. Asegúrate de estar bien delante del Señor, y su bondad y su justicia se encargarán de los demás.

Señor, perdóname por prestar más atención a las faltas de quienes me rodean que a abordar mis propias debilidades. Ayúdame a ver mi pecado como tal para que pueda arrepentirme y andar en tus caminos.

Animándote

Si confesamos nuestros pecados, Dios, que es fiel y justo, nos los perdonará y nos limpiará de toda maldad.
1 Juan 1:9 NVI

Nuestra lucha con la naturaleza pecaminosa puede ser cansada. Es difícil luchar día tras día y encontrarnos aún asediados por los mismos pensamientos, acciones o conductas que muestran nuestros corazones rebeldes hacia Dios. Parece que nuestra paciencia para lidiar con el pecado es mucho más corta que la del Señor, pero es su bondad la que nos lleva al arrepentimiento. Nos anima a seguir peleando la buena batalla.

Piensa en esto: Jesús no está sentado en el cielo, golpeando el pie y pensando: «¡Vamos, componte!». En cambio, ve tus pasos débiles y miradas hacia Él y dice: «¡Sí, sí, sí! ¡Sigue adelante, mi amor!». Él te está animando. No hay ni un ápice de decepción en su corazón cuando tropiezas una vez más. Solo tiene alegría y orgullo. Deja que eso te anime a seguir regresando a Él y a seguir confesándole todo. ¡Él es fiel y justo y te perdonará y purificará!

Dios, tu amor por un pecador como yo me humilla. Gracias por no mirarme nunca con impaciencia. Ayúdame a caminar con confianza sabiendo que mi vida te agrada.

RESPONDE

¡Grande es el Señor, el más digno de alabanza!
Nadie puede medir su grandeza.
SALMOS 145:3

El objetivo de la vida cristiana se reduce a una sola tarea: responder adecuadamente al carácter de Dios en todas las circunstancias. ¿Perdiste recientemente tu empleo? Tu tarea es alabar a Dios por su provisión. ¿La enfermedad o la debilidad han devastado tu cuerpo? Tu tarea es agradecerle por su soberanía. ¿Estás pasando un momento difícil en una relación? Tu tarea es reconocer la bondad de Dios.

El carácter de Dios permanece igual, independientemente de cuáles sean tus circunstancias. No importa lo que enfrentes en la vida, Él es digno de tu adoración. Responde a su carácter cada día y en cada situación. Reconoce su bondad, gracia, fidelidad, ternura, soberanía y poder. Él es el Dios que puede hacer mucho más de lo que puedes anticipar y superar todo lo que puedas pedir o imaginar. ¡Va más allá de lo que está más allá de lo que está más allá! Ese es el Dios a quien sirves, y Él es digno de tu alabanza.

Señor, independientemente de lo que enfrente hoy o lo que me depare el día, ayúdame a responder correctamente a ti. Eres digno de toda la gloria y el honor sin importar las circunstancias de mi día, y estás completamente en control.

Confía en su mano

Los que conocen tu nombre confían en ti,
porque tú, oh Señor, no abandonas a los que te buscan.
Salmos 9:10

Es por la gracia de Dios que experimentamos temporadas alegres y placenteras en la vida. Disfrutamos de los dulces días de verano en el caminar cristiano cuando sentimos la presencia del Señor, saboreamos la dulzura de las cosas buenas y encontramos belleza en su mundo. Esos días son regalos, pero como todas las cosas, no duran para siempre.

Tal vez el cambio llegó a tu vida de una manera que no fue anticipada o bienvenida, pero recibe aliento para caminar con confianza hacia cualquier nueva temporada que te espere. No lamentes que la vida continúe; para aquellos que aman a Dios, lo que llega son solo cosas buenas. Eso no significa que tus días serán fáciles o siempre placenteros, pero puedes confiar en la mano de Aquel que te guía hacia adelante; es *buena*.

Dios, es difícil dejar ir las temporadas de la vida que han estado llenas de alegría y de cosas buenas, pero ayúdame a confiar en que estás en control de mis días, y no me abandonarás mientras sigo adelante.

El poder de la debilidad

«Mi gracia es todo lo que necesitas; mi poder actúa mejor en la debilidad». Así que ahora me alegra jactarme de mis debilidades, para que el poder de Cristo pueda actuar a través de mí.

2 Corintios 12:9

Una gran parte de la vida cristiana implica elegir una actitud de esperanza y alegría a pesar de las circunstancias que nos rodean. Satanás utiliza cada oportunidad para hacernos tropezar, desanimarnos y sembrar miedo y derrota. Cuando un espíritu de pesadez nos invade y las mentiras de Satanás se vuelven fáciles de creer, podemos encontrar la victoria al declarar la verdad sobre nosotros como hijos e hijas de Dios y nuestro lugar en el mundo.

La vida es desafiante, sí. Hay quebranto y humillación; y todo eso nos hace hermosos, semejantes a Dios. No tenemos que quejarnos por eso; ¡es motivo de alegría! Su gracia nos es suficiente; tengamos confianza en la bondad de Dios para empoderarnos para enfrentar lo que llegue hoy. Declararemos su verdad, tomaremos su poder y lo veremos triunfar.

Dios, perdóname por permitir que mi esperanza vacile ante la dificultad. Dame fuerzas para elegir esperar, alegrarme y agradecer en medio de las demandas de la vida. Que tu poder repose hoy sobre mí en mi debilidad.

Adoración

Oh naciones del mundo, reconozcan al Señor;
reconozcan que el Señor es fuerte y glorioso.
1 Crónicas 16:28

Nuestras vidas están hechas para la adoración, y eso no sucede solo en la iglesia los domingos en la mañana. Cada día nos entregamos en adoración a algo: a nosotros mismos, a otras personas, a la creación o a Dios. Si la única «adoración» que reconocemos ocurre con otros creyentes, es bastante probable que permitamos que otras cosas ocupen el lugar de la adoración en nuestros corazones el resto del tiempo.

Cuando dedicamos nuestro tiempo a nuestras propias agendas y a cosas que nos benefician a nosotros mismos, nuestra adoración es para nosotros. Cuando permitimos que las ideas y los deseos de otras personas gobiernen nuestras decisiones, la adoración es para ellos. Y, si nuestras mentes están siempre llenas de las cosas que esperamos lograr y de perseguir las cosas del mundo, estamos adorando la creación en lugar del Creador. Sin embargo, hay algunas cosas que podemos hacer para estar seguros de que nuestras mentes estén llenas de cosas que adorarán al Señor. Meditemos en la Palabra. Demos gracias a Dios. Salgamos a caminar y fijémonos en las cosas gloriosas que Dios ha hecho. Decidamos en nuestros corazones adorar al Señor cada día.

Dios, tú eres digno de toda gloria y honor. Ayúdame a entregarme en adoración solamente a ti.

No se trata de nosotros

Pero estas se han escrito para que ustedes crean que Jesús es el Cristo, el Hijo de Dios, y para que al creer en su nombre tengan vida.
Juan 20:31 NVI

A todos nos gusta hablar de nosotros mismos. Incluso los introvertidos tienen que admitir que es placentero compartir historias sobre la vida y las experiencias. La desafortunada consecuencia de esta tendencia es que la llevamos a nuestras lecturas de la Biblia. La mayoría de nosotros tendemos a hacer que la Biblia se trate de nosotros mismos, diciéndonos quiénes somos y qué deberíamos hacer, buscando en ella las respuestas a todas nuestras preguntas sobre nosotros mismos. Si bien la Biblia ciertamente hace esas cosas, no es el propósito principal de la Palabra de Dios.

Nuestro tiempo de lectura de la Biblia debería estar dedicado a buscar a Dios, conocerlo, entender su carácter y saber lo que ha hecho y hará. No debería ser principalmente un «manual» para nuestras propias vidas o descubrir más sobre nosotros mismos. Debemos ser considerados cuando leemos la Biblia. Debemos asegurarnos de pasar tiempo en la Palabra de Dios buscando respuestas más sobre Él que sobre nosotros mismos, y ahí encontraremos la verdadera bendición.

Señor, lamento hacer que tu Palabra se trate de mí. Tu Palabra es un regalo para que pueda conocerte y tener vida en tu nombre. Espíritu Santo, ayúdame a leer la Biblia con el propósito de conocerte más a ti.

Deleite

Me condujo a un lugar seguro;
me rescató porque en mí se deleita.
Salmos 18:19

Sara llevaba mucho tiempo atravesando una temporada difícil en su vida. Esperó, oró y tuvo esperanzas en el cumplimiento de un sueño que Dios le había dado y, sin embargo, sus esperanzas se frustraban constantemente. Todavía confiaba en la bondad de Dios, pero necesitaba un recordatorio de que ella era más importante para Dios que su sueño no realizado.

En el Salmo 18 leyó este versículo: «me rescató porque en mí se deleita». Este fue el soplo de aire fresco que Sara necesitaba mientras estaba sentada con las manos abiertas, sosteniendo sus sueños sin aferrarse a ellos a la vez que se agarraba firmemente a la mano de su Dios. Dios se deleitaba en ella. Estaba complacido con ella no por nada que hubiera hecho y no porque perseverara en sus esperanzas, sino porque ella era su hija. ¿Eres consciente hoy de que Él se deleita en ti? Su rescate no siempre significará alivio, o el sueño cumplido por fin; sin embargo, su deleite en ti lo acercará y traerá plenitud de gozo (Salmos 16:11).

Señor, gracias por deleitarte al mirarme. Tú me amas. Soy tuyo. No hay nada que pueda hacer para que me mires con otra cosa que no sea adoración. Acércate a mí hoy para que pueda experimentar plenitud absoluta de gozo en tu presencia.

Abril

Pero a ustedes los
alimentaría con el mejor trigo;
los saciaría con miel
silvestre de la roca.

Salmos 81:16

Compasión en la debilidad

Ten compasión de mí, Señor, porque soy débil;
Salmos 6:2

Este versículo puede ser nuestra súplica en muchas situaciones. Ya sea en las debilidades de nuestro cuerpo que causan dificultades a lo largo del día, o en las debilidades de nuestra mente durante una temporada emocional agotadora, clamamos a Dios por compasión. O tal vez sea un grito de ayuda con una situación que está fuera de nuestro control, y sabemos demasiado bien cuán incapaces somos de hacer algo por nuestra cuenta.

A menudo nos enfrentamos a nuestras debilidades cuando menos lo esperamos o cuando es menos conveniente. Tal vez el Señor lo hace a propósito; Él conoce nuestro deseo de independencia e individualidad. Sin embargo, los recordatorios de nuestras debilidades no son solamente para que Dios pueda mostrar su fuerza, sino para que pueda mostrar también su compasión. Le encanta escondernos bajo la sombra de sus alas. Se deleita en rescatarnos. Él es nuestra roca y nuestro refugio, y quiere ser ese lugar seguro para nosotros. Si las debilidades nos abruman hoy, podemos clamar pidiendo la fuerza compasiva de Dios.

Gracias, Señor, porque eres un Dios compasivo y lleno de gracia. Gracias por ser lento para la ira y abundante en amor y fidelidad. Que tu compasión me cubra en los momentos de mis debilidades para que tú puedas recibir gloria.

ANHELO

Ahora bien, la fe es tener confianza en lo que esperamos, es tener certeza de lo que no vemos.
HEBREOS 11:1 NVI

Quizá te encuentras experimentando un descontento regular con la vida. Cuando estás en la casa, anhelas la aventura; cuando finalmente tienes la oportunidad de ver mundo, deseas la comodidad del hogar. Cuando tienes montañas, deseas el mar. Cuando eres joven y soltero, deseas tener una familia propia; como persona casada, anhelas la independencia. Si así eres tú, debes tomar esos anhelos como una clara indicación de la razón por la cual tu esperanza no *debe* estar basada en cosas terrenales. Te decepcionarán tremendamente.

Tus afectos deben estar puestos únicamente en Cristo, quien no te defraudará, y descubrirás que tu esperanza no titubea. Todo lo que necesitas es invisible a los ojos; por lo tanto, no lo busques; no aquí.

Señor, mis anhelos me indican que todavía no he puesto mi esperanza y mis afectos completamente en ti. Continuaré sintiéndome decepcionado hasta que fije mis ojos en aquello que no puedo ver: la esperanza de la eternidad contigo. Ayúdame a no buscar satisfacción aquí en la tierra, sino a buscarte solamente a ti como Aquel que puede satisfacer mis deseos.

Busca el crecimiento

Entonces la forma en que vivan siempre honrará y agradará al Señor, y sus vidas producirán toda clase de buenos frutos. Mientras tanto, irán creciendo a medida que aprendan a conocer a Dios más y más.
Colosenses 1:10

¿Alguna vez te encuentras en un lugar estancado en tu relación con el Señor? La vida tiene una manera de ocupar tus pensamientos y prácticas, y a menos que estés buscando activamente a Cristo, tu relación con Él comenzará a parecerte estancada.

Recuerda que el tiempo que dediques a buscar a Dios será proporcional al crecimiento en tu relación con Él. Esta idea puede tardar un poco en ser comprendida plenamente; una buena relación siempre toma tiempo y esfuerzo. Requiere sacrificio. Requiere un estudio intencional. Las relaciones se desarrollan cuando una persona se convierte en estudiante de aquel a quien ama. Si tus raíces relacionales son superficiales, no resistirás las tormentas de la vida. Si te encuentras estancado, es posible que no le estés dando al Señor el tiempo y la atención necesarios para crecer. Aparta un tiempo cada día durante la próxima semana para estudiar y meditar realmente en el carácter de Dios; con certeza, el crecimiento será el resultado normal.

Jesús, a veces permito que la vida tome el control y descuido el tiempo que necesito para buscarte. Ayúdame a recordar que no hay mejor uso de mi tiempo que dedicarlo a tu Palabra y a la oración.

ARREPENTIMIENTO

En Él tenemos redención mediante su sangre, el perdón de nuestros pecados según las riquezas de su gracia que ha hecho abundar para con nosotros.
EFESIOS 1:7-8 LBLA

El mundo y el diablo específicamente intentarán decirte que, debido a tu pecado, eres un fracaso; nunca lograrás nada. Más vale que dejes de intentar vivir en rectitud porque seguramente Dios no te quiere. Estas mentiras combinadas con el orgullo son la combinación perfecta para una renuencia a arrepentirse del pecado. ¡Tenlo por seguro, amigo! Esto no podría estar más lejos de la verdad.

La Escritura dice que la sangre de Cristo compró la libertad para ti, y sucedió mientras estabas muerto en tus transgresiones (Efesios 2:1). El arrepentimiento es, en esencia, una manera de hacer que tus errores, un pasado difícil o un presente complicado, sean un punto de partida para algo nuevo y mejor. No se te ha arrebatado la gracia de Dios debido a tus errores. No creas las mentiras que te dicen que nunca vencerás. Levántate, busca el perdón y busca algo mejor.

Señor, soy muy indigno de tu gracia, ¡pero gracias por derramarla sobre mí! Da mucho que pensar que veas mis errores como un punto de partida para algo mejor. Ayúdame a aprovechar la oportunidad de crecer.

UN LIBRO PARA SENTIRSE BIEN

La Ley del Señor es perfecta: infunde nuevo aliento.
El mandato del Señor es digno de confianza:
da sabiduría al sencillo.
Salmos 19:7 NVI

Uno de los resultados de nuestra sociedad egocéntrica es la tendencia a leer la Biblia en busca de consuelo para nuestros corazones. Ahora bien, no me malinterpretes; ¡la Palabra de Dios realmente consuela nuestros corazones! Se nos dice repetidamente que Dios está cerca de aquellos que sufren y nos consuela en nuestras dificultades, pero la Biblia no existe *solo* para consolarnos. Si defines el éxito en la lectura de la Biblia al encontrar algo que te haga sentir bien, entonces necesitas revisar tus objetivos al leer la Biblia.

La Palabra de Dios existe no solo para animarnos en tiempos de dificultad, sino también para equiparnos para las buenas obras. Comunica pensamientos esenciales que nos preparan para la batalla contra el enemigo. También nos corrige en nuestros errores y nos convence de nuestros pecados. Sinceramente, deberíamos esperar sentirnos *incómodos* con lo que leemos porque eso significa que el Espíritu de Dios está obrando en nosotros al hacernos conscientes de la necesidad de gracia. Alabado sea Dios cuando su Palabra nos lleva a lamentar nuestro pecado. Alabado sea Dios cuando nos damos cuenta de que estamos fallando. ¡Celebremos la Palabra que nos hace crecer!

Dios, ayúdame a no caer en el patrón de leer tu Palabra solo para mi propio consuelo. ¡Tú quieres para mí mucho más que simplemente sentirme bien!

SIN DESILUSIÓN

Y esa esperanza no acabará en desilusión. Pues sabemos con cuánta ternura nos ama Dios, porque nos ha dado el Espíritu Santo para llenar nuestro corazón con su amor.

ROMANOS 5:5

Otro día, otra desilusión. ¿No es así como nos sentimos en ocasiones? El dolor del pecado, el cansancio de hacer el bien sin ver una cosecha previsible, las expectativas que no se cumplen: la lista de las cosas que afligen nuestras mentes a diario continúa. ¿Te dejarás vencer por la desilusión? ¿Permitirás que te aplaste y perderás la esperanza de que Dios sigue siendo bueno?

Amigo, tienes que decidir en tu voluntad seguir teniendo esperanza. Probablemente no saldrás adelante si solo esperas a que el dolor se vaya. Elige alegrarte. Actúa conforme a la esperanza enterrada bajo esta tristeza presente y adora al único que es digno. Supera esas actitudes dirigiendo de nuevo tu atención hacia tu única esperanza, que está en Jesucristo. Hazlo ahora. La salvación y todas estas bendiciones de una vida en Cristo son tuyas. Es la fuente suprema de esperanza.

Dios, gracias por permitir que las pruebas entren en mi vida. Que elija dejar que hagan su trabajo de construir resistencia, fortaleza de carácter y, sobre todo, ¡una esperanza confiada en tu salvación! ¡Fortaléceme por tu Espíritu para elegir alegrarme a pesar del dolor!

SU CAMINO PERFECTO

El camino de Dios es perfecto.
Todas las promesas del Señor
demuestran ser verdaderas.
Él es escudo para todos los que buscan su protección.
Salmos 18:30

Al ser adolescente, Jaime se dio cuenta de que estar bajo la autoridad de sus padres también significaba estar bajo su protección. Si él mismo agarraba las riendas para tomar sus propias decisiones y decidía apartarse de su autoridad, significaba que podrían suceder cosas de las que ellos no podrían protegerle. Fue una revelación que llevó consigo hasta que fue adulto, y también en su relación con el Señor.

Los Salmos nos dicen que el camino de Dios es perfecto. *Perfecto* significa sin defecto ni falla, tan bueno como puede ser. También nos dice que aquellos que se someten a su camino perfecto están protegidos. Seguir el camino perfecto de Dios, como se nos muestra en su Palabra, significa que nos colocamos bajo la autoridad de Dios y, por lo tanto, bajo su protección. Así como Jaime estaba bajo la vigilante protección de sus padres mientras se mantenía bajo su autoridad, así también nosotros estamos bajo la protección del Dios todopoderoso mientras seguimos su camino perfecto.

Señor, gracias por la promesa de protección cuando camino en rectitud.

IMPASIBLE

Siempre tengo presente al Señor;
con él a mi derecha, nada me hará caer.
Por eso mi corazón se alegra y se regocijan mis entrañas;
mi cuerpo también vivirá confiado.
SALMOS 16:8-9 NVI

Las emociones son poderosas. Pueden llevarnos a tomar decisiones que alteran nuestra vida, reaccionar fuertemente a diversos eventos o provocar dificultades. También pueden hacernos caer en la desesperación. Como seguidores de Jesús, sabemos que nuestras emociones no deben gobernar nuestros corazones; esa es la tarea de Cristo. Dios debe ser quien nos dirija por el hecho de su señorío. No debemos ser guiados por los sentimientos que surgen cuando suceden cosas, ya sean buenas o malas.

En el Salmo 16, David dijo que siempre mantenía sus ojos puestos en el Señor, sabiendo que con Él no sería sacudido. Cuando centramos nuestra atención en el Señor y fijamos conscientemente nuestras mentes en Él, practicamos la gratitud y reconocemos su presencia. No nos sorprenden ni nos descolocan las perturbaciones que alteran regularmente el discurrir de la vida. Nuestras emociones no nos controlarán; en cambio, tendremos gozo en el corazón. Nuestra mente y nuestro cuerpo estarán en paz.

Dios, hoy elijo fijar mi mente en ti, creyendo en tu bondad y en tu autoridad sobre todo lo que sucede en mi vida. Ayúdame a no titubear en mi creencia ni dejar que mis emociones tomen el control de mi mente y mi cuerpo.

Digno de obediencia

Sirven de advertencia para tu siervo,
una gran recompensa para quienes las obedecen.
Salmos 19:11

La obediencia tiene mala reputación. Cuando somos niños, batallamos para obedecer la autoridad de nuestros padres. Como adultos, batallamos con el gobierno y los jefes. Nos gusta estar en control de las decisiones que tomamos. Cuando leemos la Palabra y descubrimos que se supone que debemos obedecerla, nuestras mentes independientes y autónomas piensan de inmediato: «¡Alto ahí! ¿Por qué debería hacerlo?».

Aquí está la razón: Dios es digno de nuestra obediencia. Vale la pena morir a nosotros mismos y decir no a nuestros deseos erróneos. No solo nuestra obediencia le agradará, sino que también resultará en cosas *buenas* para nosotros. Él honra y bendice el corazón obediente que está dispuesto a negarse a sí mismo y seguir su instrucción. Iluminamos a Dios a través de nuestra obediencia, que brotará de un corazón que ama al Señor. ¡Él lo recompensará!

Dios, dame un corazón que anhele obedecerte. Todavía estoy muy centrado en mí mismo y dispuesto a negar tus caminos por algo que quiero. Perdóname por mi falta de voluntad y ayúdame a obedecerte, ¡simplemente porque eres digno de ello!

Establecido en la verdad

«No te pido que los quites del mundo, sino que los protejas del maligno. Al igual que yo, ellos no pertenecen a este mundo. Hazlos santos con tu verdad; enséñales tu palabra, la cual es verdad. Así como tú me enviaste al mundo, yo los envío al mundo».

Juan 17:15-18

Jesús dejó claro que nosotros, como sus seguidores, vivimos en un mundo que no es nuestro hogar. Hay problemas, sufrimos, el enemigo está ocupado siendo un enemigo, y la naturaleza de pecado está en contra de nosotros mientras buscamos la santidad. Pero, a pesar de estas dificultades, estamos apartados, establecidos en la verdad, y siempre luchando contra las fuerzas de la oscuridad que hacen guerra contra nuestra alma.

Cuando fallamos en estudiar o entender la Palabra, dejamos de vivir por su poder y nos volvemos indistinguibles del resto del mundo. Comenzamos a parecernos a los que nos rodean en la forma en que absorbemos las influencias del mundo. Cuando hacemos que la Palabra sea parte de nuestra vida diaria, influenciamos a otros con un conocimiento de Dios y una pasión por vivir en santidad, tal como Cristo oró por nosotros. ¿Estamos afianzando nuestras vidas en la verdad para resistir los ataques del enemigo y la influencia del mundo?

Dios, gracias por tu Palabra; tu Palabra es verdad. Ayúdame a establecer mi corazón y mi mente en ella para estar preparado para caminar en santidad y no sucumbir ante la influencia del mundo.

Ordenado por la misericordia

¡Aleluya!
Dad gracias al Señor, porque es bueno;
porque para siempre es su misericordia.
Salmos 106:1 LBLA

¿Qué pesa en tu mente hoy? ¿Te has encontrado con una prueba invisible? ¿Surgió algún problema en las relaciones, el trabajo o el hogar? Cuando entran en tu vida dificultades inesperadas, repetir esta frase es de gran ayuda: «Esto ha sido ordenado por un amor y misericordia infinitos».

Dios es Jehová El Roi, «el Dios que ve». Sus ojos están sobre ti (Salmos 33:18), y su mano dirige y sostiene tu camino (Salmos 37:23-24). Dios no solo ve y dirige tus pasos, sino que es también misericordioso y está lleno de gracia (Salmos 145:8). Es por su misericordia que no somos consumidos por los terrores del mundo (Lamentaciones 3:22). Todo lo que llega a tu vida está ordenado por la misericordia de Dios, que nunca se agota. Declara su cuidado soberano sobre ti y sobre cualquier cosa que pese en tu corazón hoy.

Señor, gracias por verme y conocer cada parte de mi vida. Sé que puedo confiar en ti con cada desafío porque son tu amor y tu misericordia los que dirigen mis pasos. Ayúdame a elegir confiar en ti hoy.

GRACIA PARA LA MONOTONÍA

«Entonces yo, el Señor, te guiaré siempre, y en tiempos de sequía satisfaré tu sed; infundiré nuevas fuerzas a tus huesos, y serás como un huerto bien regado, como un manantial cuyas aguas nunca faltarán».
ISAÍAS 58:11 RVC

Llega el lunes, y luego el martes, y los días y las semanas a veces se arrastran juntos en lo cotidiano. Demasiados días iguales y monótonos pueden desgastarte y hacerte caer en la rutina. Cuando la vida parece insatisfactoria, recuerda que con Cristo estás satisfecho. Su gracia es para ti no solo en los días en que las cosas van realmente bien o terriblemente mal, sino también cuando los días son simplemente largos.

En lugar de encontrar un modo de desconectar de la monotonía de la rutina diaria, riega el jardín de tu alma. En los días en que más ganas tienes de alejarte de todo, sumérgete en la Palabra y busca al Señor. No bajes los brazos en rendición; permite que el Señor te guíe más profundamente en Él para satisfacer tu alma y fortalecer tus huesos. Prosigue, ora pidiendo gracia, y sé valiente al acabar con tu incredulidad y con las mentiras del enemigo.

Señor, a veces me siento abatido por la monotonía de mis días. Ayúdame a seguir siendo fiel en buscarte, a buscar cosas que refresquen mi alma y a descubrir que tu alegría me impulsa hacia adelante.

Un corazón dirigido

Tu palabra es una lámpara que guía mis pies
y una luz para mi camino.
Salmos 119:105

Cuando entregas tu corazón a Cristo, estás entregando a Él tus ideales para tu vida. Le estás permitiendo que tome posesión de los minutos, días y años. Estás diciendo: «Sé que tus caminos son más altos que mis caminos» mientras sigues aprendiendo el arte de abandonar tus propios deseos y planes para confiar en los de tu Creador.

Dios realmente es digno de que le confíes tu vida. Todo lo que Él hace es bueno, ya sea que puedas verlo actualmente de esa manera o no. En este día, pregúntate a ti mismo: ¿qué puedo hacer para demostrar un corazón dirigido por el Señor? Tal vez has estado luchando por controlar una situación y Dios te está pidiendo un corazón rendido. Quizá no entiendes las dificultades que estás enfrentando, y buscas paz desesperadamente. Recuerda que Dios te está guiando fielmente por el camino. Tu corazón, entregado a Él, está en un lugar muy seguro. Permítele que lo guíe.

Dios, es difícil dejarte ser el que guía mis pasos. Temo lo desconocido y deseo controlar mis días. Ayúdame a confiar en tu buen plan y a demostrar mi fe en ti hoy.

EMPEÑO

Deseamos, sin embargo, que cada uno de ustedes siga mostrando ese mismo empeño hasta la realización final y completa de su esperanza. No sean apáticos; más bien, imiten a quienes por su fe y paciencia heredan las promesas.

HEBREOS 6:11-12 NVI

¿Le demuestra tu vida al Señor que deseas crecer? Sin caer en el legalismo en tus pensamientos sobre lo que significa seguir a Cristo, ¿puedes decir sinceramente que tu modo de vivir y de actuar muestra un deseo de profundizar en el corazón de Dios?

El autor de Hebreos animó a sus lectores a ser diligentes y poner empeño. Es un buen consejo para los creyentes. Pon empeño en seguir a Cristo y en lo que te ha llamado a hacer en este momento. Recuerda que lo que esperas se realizará plenamente en el cumplimiento de las promesas de Dios. Sigue adelante, para que a través de la fe, la perseverancia y la paciencia obtengas lo que se ha prometido. Estudia tu Biblia, reúnete con creyentes de ideas afines, ora en todo momento, profundiza con Dios. Haz tu parte para mostrarle tu amor.

Señor, ayúdame a no ser perezoso en mi búsqueda de ti, sino a recordar continuamente el gozo y el privilegio que es conocer tu corazón. Espíritu Santo, ayúdame a ser diligente y poner empeño en las cosas a las que me has llamado, sobre todo en amarte a ti y amar a los demás.

CERTEZA

En lo profundo del corazón, ustedes saben que cada promesa del Señor su Dios se ha cumplido. ¡Ni una sola ha fallado!

JOSUÉ 23:14

No hay muchos entre nosotros que dirían que aman la incertidumbre. Nos gusta saber qué sucederá y cuándo; las sorpresas a menudo no son bienvenidas. Sin embargo, en realidad no hay muchas cosas seguras en la vida. Las relaciones cambian. Los trabajos cambian. A veces incluso nuestro propósito en la vida cambia.

Es en medio de las incertidumbres y lo desconocido cuando necesitamos plantear una pregunta importante: ¿cuándo el Señor no ha sabido? ¿Cuándo se ha sorprendido con un cambio? Y, por supuesto, la respuesta es la siguiente: ¡nunca! Dios nunca no ha sabido. Siempre ha orquestado con gracia perfecta la historia de nuestras vidas. Hay algunas cosas que *son* ciertas y seguras en la vida:

- Soy hijo de Dios, a quien Él eligió porque se deleitó en mí;
- Dios me ama, y su amor por mí no ha disminuido ni una sola vez; y
- El Señor todavía me está guiando hacia cosas buenas.

Señor, en medio de las sorpresas de la vida tiendo a olvidar las cosas que están firmemente establecidas. Ayúdame a aferrarme a la verdad en lugar de pensar en aquello que no puedo controlar.

Espacio para respirar

Has trazado un camino ancho para mis pies
a fin de evitar que resbalen.
Salmos 18:36

Si alguna vez has hecho senderismo en una montaña o tal vez en un cañón, sabes lo aterrador que puede ser llegar a un lugar estrecho en el camino. De repente, al ver el borde cerca te sientes mareado, sin aliento y seguro de que tropezarás y caerás al vacío. Es un gran alivio cuando el camino vuelve a ensancharse y puedes respirar libremente.

En ocasiones, la vida parece cerrarse sobre nosotros y ponernos aterradoramente al borde del precipicio, pero Dios no pretendía que viviéramos en ese estrecho borde. El Salmo 18 habla de un lugar amplio y espacioso para nuestros pasos. La palabra en hebreo es *ravach*, que significa «respirar libremente, tener amplio espacio, ser refrescado». Qué hermosa imagen de lo que el Señor hace cuando sentimos que la vida nos está asfixiando. Si te encuentras en esa situación hoy, pídele a Dios que te lleve a un lugar espacioso para que puedas experimentar sanidad y recordar su tierno amor. Serás refrescado en su Espíritu y respirarás libremente.

Señor, gracias por asegurarme que no caminaré siempre por un camino estrecho. Por favor, llévame a un lugar amplio donde pueda respirar, encontrar sanidad y descansar de estar demasiado cerca del borde.

Ninguna obra incompleta

Por lo tanto, ya no hay ninguna condenación
para los que están en Cristo Jesús.
ROMANOS 8:1 NVI

¿Te cansas alguna vez de luchar contra las mentiras del enemigo? ¿Te sientes tentado a veces más allá de tus fuerzas, comienzas a creer esas mentiras como verdad y aceptas la condenación como tu destino en la vida? A veces nos parece que el Señor se ha alejado, y aunque sabemos que nunca nos abandona, tenemos que elegir creer la verdad y actuar en consecuencia cuando sentimos solamente el peso del pecado y la condenación.

La verdad es que Dios nunca dejará la obra incompleta, por eso puedes confiar en Él y alegrarte en la tristeza que enfrentas por tu pecado. Dios te cambiará; no siempre lucharás como lo haces ahora. Dios seguirá viendo a Cristo cuando te mire a ti. No perderá la paciencia contigo. No te dejará solo para que descubras cómo vencer tu pecado por tu cuenta, sin importar cuántas veces te equivoques. Mantente firme en tu lucha contra las mentiras del enemigo, querido amigo.

Dios, gracias porque cuando me miras ves a Cristo y no mi fracaso. Me ves puro, sin culpa y redimido del pecado. No ves a la persona vergonzosa, manchada o deshonrosa que el enemigo me dice que soy. Que elija creer la verdad y persistir en mi lucha contra las mentiras del enemigo.

FE EN LUGAR DE TEMOR

Ellos no tienen miedo de malas noticias;
confían plenamente en que el SEÑOR los cuidará.
Tienen confianza y viven sin temor,
y pueden enfrentar triunfantes a sus enemigos.
SALMOS 112:7-8

Por desgracia, las malas noticias son parte de la vida; no hay modo de escapar de ellas, y lo único que podemos controlar es nuestra respuesta a los acontecimientos que sacuden nuestras vidas. Afortunadamente, como aquellos que temen al Señor y obedecen sus mandamientos, tenemos la seguridad del cuidado del Señor cuando las cosas van mal. Por eso no tenemos que tener miedo a las malas noticias, como perder el trabajo, tener una enfermedad o el fallecimiento de un ser querido. No es que esas cosas no nos sucederán, pero tenemos la promesa del cuidado del Señor cuando sí suceden. Por eso, el miedo no tiene que gobernar nuestros corazones. El estrés y la ansiedad por lo que podría suceder, o quizá lo que está sucediendo actualmente, no tienen por qué consumirnos.

¿Cómo respondes ante las malas noticias? ¿Te abruma el desánimo? ¿Te mantiene el miedo atrapado en un ciclo de desesperación? Levanta tus ojos a Dios y declara tu confianza en su cuidado. La confianza y la valentía son tuyas en Cristo.

Dios, hoy declaro mi confianza en ti. Sé que tú cuidas de toda tu creación, y también ves las pruebas por las que estoy pasando. Ayúdame a depender de tu bondad en lugar de sucumbir a la preocupación.

NUNCA CONFORME

Pues él satisface al sediento
y al hambriento lo llena de cosas buenas.
SALMOS 107:9

Vivimos en un mundo hermoso: montañas, lagos, océanos, flores, amaneceres y atardeceres nos llenan de aprecio por tanta belleza. Más allá de la naturaleza, las relaciones humanas producen gran alegría a nuestros corazones y hacen que brote un amor profundo. Dios fue generoso al darnos un mundo extraordinario. Nos da un atisbo de la belleza y la alegría que serán nuestras en la eternidad.

Sin embargo, nunca debemos conformarnos con lo *suficientemente bueno*. Los placeres terrenales están destinados a despertar un anhelo por Cristo y su reino, pero nunca fueron destinados a satisfacernos por completo. Pide al Espíritu Santo que renueve tu mente y cause que crezca en ti un deseo por Dios. ¿Con qué cosas te conformas que Dios te pediría que dejes de lado para perseguir la verdadera alegría y satisfacción?

Espíritu Santo, despierta mi anhelo por lo único que en realidad satisfará mi corazón. Gracias por este hermoso mundo, pero que nunca esté tan satisfecho con él que olvide lo realmente importante. ¿De qué me sirve ganar el mundo si pierdo mi alma?

IMPARABLE

Sé que todo lo puedes,
y que nadie puede detenerte.
JOB 42:2

¿Realmente crees que Dios puede hacer cualquier cosa? ¿Verdaderamente crees que su plan triunfará? Muchas cosas en el mundo parecen demostrar que el mal está ganando; la maldad parece prevalecer. Es fácil desanimarse cuando leemos los titulares y vemos la falta de temor del Señor en este mundo.

Sin embargo, ten la seguridad de que nada puede detener el plan del Señor. Él es Aquel en quien puedes depositar tu confianza sin temor a quedar decepcionado. Cuando el mal se manifiesta a tu alrededor y parece que Dios guarda silencio, o cuando las cosas van en contra de tus expectativas sobre cómo crees que Dios debería responder, recuerda que nada puede arruinar su plan. Asegúrate de que tu corazón esté establecido en la Palabra, y no serás sacudido. «Pues el Señor cuida el sendero de los justos, pero la senda de los malos lleva a la destrucción» (Salmos 1:6).

Dios, confieso que la maldad del mundo me abruma y me hace dudar de que todavía estés en tu trono y tengas el control total. Ayúdame a confiar en tu plan, que no puede ser frustrado.

Sin variación

Todo lo que es bueno y perfecto es un regalo que desciende a nosotros de parte de Dios nuestro Padre, quien creó todas las luces de los cielos. Él nunca cambia ni varía como una sombra en movimiento.

Santiago 1:17

¿Alguna vez has tenido uno de esos días? Te despiertas feliz, entusiasmado por la vida y listo para enfrentar cualquier desafío que se presente en tu camino; sin embargo, a media mañana el estrés y las irritaciones del día han empañado tu actitud. Por mucho que intentes recuperarte, el entusiasmo se ha ido y te quedas anhelando que termine el día.

Aunque nuestros estados de ánimo y nuestras emociones cambian casi hora tras hora, Dios permanece, no cambia ni varía. Él es siempre amoroso, bueno, amable, misericordioso, justo, humilde y paciente. ¡Qué alivio que nuestros sentimientos siempre cambiantes no reflejan su carácter! Podemos tomarnos un tiempo para agradecerle por su constancia hoy y pedirle al Espíritu que la misma firmeza de carácter se manifieste en nuestras propias vidas.

Señor, ¡me alegra mucho que nunca cambias! Gracias por ser constantemente bueno y lleno de misericordia para aquellos que te aman. Soy muy indigno de tu gracia, pero por favor, ayúdame a caminar en ella hoy, confiando en ti para obtener fuerza y no en mis circunstancias.

DEBILIDAD PERFECTA

Fiel es Dios, quien los ha llamado a tener comunión con su Hijo Jesucristo, nuestro SEÑOR.
1 CORINTIOS 1:9 NVI

Amigo, necesitas escuchar esto: la vida cristiana nunca será verdaderamente fácil, así que deja de esperar facilidad. Sinceramente, ¿cuán asombroso es cuando Dios muestra su fidelidad en las situaciones difíciles y desesperadas? ¡Es mucho más emocionante que cuando manejas algo completamente solo! Su poder se perfecciona en tu debilidad, y el extra adicional es que le da gloria. Es su gracia la que te permite sentir tu debilidad y confiar en su fidelidad.

¿Qué parte de tu vida necesitas rendirle hoy? ¿Por qué debilidad necesitas darle gracias? ¿Qué desafío necesitas aceptar como un regalo? Él no desperdicia los dolores que soportas, y no te dejará depender únicamente de ti mismo. Es demasiado bueno, demasiado fiel y demasiado deseoso de tu alabanza para permitirte salir adelante en la vida con tu propia fuerza.

Dios, aunque preferiría tener la fuerza para manejar situaciones difíciles por mi cuenta, ¡agradezco que sepas que eso no es lo mejor para mí! Que mi debilidad y esos desafíos me hagan depender completamente de ti y darte gloria solo a ti.

Él escucha

Pero en mi angustia, clamé al Señor; sí, oré a mi Dios para pedirle ayuda. Él me oyó desde su santuario; mi clamor llegó a sus oídos.

Salmos 18:6

Pocos de nosotros clamamos al Señor desde el mismo lugar que David cuando escribió este salmo. Probablemente no estamos huyendo de un rey malvado que busca destruirnos. David experimentó un rescate en el sentido más verdadero de la palabra: realmente estaba *muy cerca* de la muerte.

Nuestro clamor puede que no sea para un rescate físico, pero no es menos desesperado. Nos encontramos luchando en una relación que causa un dolor profundo. Experimentamos enfermedad, pobreza o anhelo por un hijo que nuestro cuerpo no puede concebir. Sea cual sea nuestra lucha hoy, no es menos importante para Dios que la necesidad de David de ser rescatado de las manos de su enemigo. Dios escuchará nuestro clamor en medio de nuestras dificultades. Nuestras llamadas no caen en oídos sordos, y nuestras necesidades no son insignificantes para Él. No se contenta con ver nuestro sufrimiento, sino que acudirá en nuestra ayuda. Podemos clamar a Él hoy. ¡Podemos hacer que nuestras voces se escuchen! Él escuchará, y Él será nuestro apoyo (Salmos 18:18).

Dios, gracias por escuchar mi clamor cuando estoy en problemas, por preocuparte por las cosas que pesan en mi corazón. Ven a mí hoy; rescátame porque te deleitas en mí.

Contentamiento en el día de hoy

Éste es el día que el Señor ha hecho;
y en él nos alegraremos y regocijaremos.
Salmos 118:24 LBLA

La anticipación puede alentar nuestros corazones a perseverar a través de temporadas áridas esperando con ansias las cosas buenas por llegar, pero también puede volverse absorbente cuando anticipamos tanto algo que nos distraemos de lo que Dios tiene para nosotros hoy. Si nos encontramos anhelando un momento o una situación en la vida que es diferente a lo que tenemos ahora, necesitamos buscar el contentamiento en el lugar de Dios para este momento: hoy.

¿Qué significa estar presente y contento con el día de hoy? Para algunos de nosotros es dar gracias por nuestro pequeño y cómodo hogar. También puede ser la fuerza que sentimos para trabajar diligentemente según sea necesario. Tal vez podamos amarnos y alentarnos a nosotros mismos y a los demás en medio de la tristeza y el agotamiento porque el Señor otorga gracia. Tal vez tengamos paz aunque estemos experimentando enfermedad o salud. Puede que sintamos el corazón de amor de Dios por las personas que están separadas de Él por un tiempo. Hoy tiene nuevas misericordias, y el amor de Dios es inquebrantable. Hoy es bueno.

Señor, me has dado el día de hoy, y es bueno. Ayúdame a ser consciente de las maneras en que puedo darte gloria al encontrar contentamiento en mis circunstancias presentes.

EL DELEITE DE LA PALABRA

Los preceptos del Señor son rectos:
traen alegría al corazón.
El mandamiento del Señor es claro:
da luz a los ojos.
Salmos 19:8 NVI

¿Alguna vez tuviste el placer de leer un libro que te cautivó tanto que descuidaste tus responsabilidades? Una historia bien escrita es un regalo para cualquiera que ame la lectura. La Biblia no fue escrita con la intención de hacer imposible dejarla. Y, seamos sinceros: a veces nos cuesta mantener nuestro enfoque cuando estamos leyendo las leyes del Antiguo Testamento y las genealogías. Sin embargo, esas partes de la Palabra también son una fuente de alegría e inspiración para nosotros cuando estudiamos y aprendemos las historias y los contextos.

Cuando dedicamos tiempo diligentemente a aprender la Palabra y no solo a leer un pasaje de la Escritura y luego seguir con nuestro día, encontramos una gran riqueza de información que nos hace estar cautivados con Dios y el regalo de su Palabra. Es una fuente de alegría para el corazón y un deleite para los ojos.

Dios, gracias por el regalo de tu Palabra. Sé que hay un gran tesoro por descubrir, así que ayúdame a ser diligente en estudiarla.

CUANDO LO NECESITAS

Así que acerquémonos con toda confianza
al trono de la gracia de nuestro Dios.
Allí recibiremos su misericordia y encontraremos la gracia
que nos ayudará cuando más la necesitemos.
HEBREOS 4:16

Es muy probable que hoy te enfrentes a tus debilidades. Ya sea que se manifiesten como una debilidad en tu cuerpo, una debilidad en tu capacidad para vencer el pecado, o una debilidad al encontrarte frente a algo que no sabes cómo dominar, cada día eres desafiado por tu yo natural debilitado.

La buena noticia es que la gracia de Dios no te deja luchar solo. En tu agotamiento hay gracia para soportar un día largo. En tus errores hay gracia que perdona al corazón arrepentido. En tus obstáculos hay gracia que te recuerda que Dios te está ayudando incluso en las situaciones más imposibles. Apóyate en esa gracia. Acércate con toda confianza al trono y pídela. Es tuya para que la tomes.

Dios, eres muy generoso. Gracias por la gracia que derramas sobre mí en los días en que mis debilidades son un gran desafío. Gracias porque no necesito encontrar una manera de seguir adelante por mi cuenta. Que tu gracia me lleve y me sostenga hoy.

Con el fin en mente

¿Por qué estoy desanimado?
¿Por qué está tan triste mi corazón?
¡Pondré mi esperanza en Dios!
Nuevamente lo alabaré,
¡mi Salvador y mi Dios!
Salmos 43:5

A veces la vida está sazonada de tristeza. Da color a nuestros días, anula eventos normalmente alegres y nos abruma. Cuando estamos atravesando el duelo, podemos recordar que el Señor también probó el dolor del duelo y puede compadecerse de nuestras luchas. La angustia es una parte desagradable de la vida, pero como creyentes tenemos la esperanza de un fin para el dolor.

Si estamos enfrentando tristeza o dolor en este momento, debemos recordar que no durará para siempre. Dios traerá restauración, aunque sea en la eternidad. La tristeza puede durar toda la noche, pero la alegría viene por la mañana (Salmos 30:5). Dios es el que levanta nuestra cabeza (Salmos 3:3). Él enjugará cada lágrima de nuestros ojos (Apocalipsis 21:4). Estas promesas en la Escritura son recordatorios de que Dios está bien consciente de nuestro dolor y tiene toda la intención de eliminarlo por completo. ¡Ten ánimo, amigo mío! La noche llegará a su fin.

Dios, a veces las tristezas de la vida son casi demasiado difíciles de soportar. Cuando sienta que estoy cayendo en la desesperación, ayúdame a levantar mis ojos al cielo. Sé que me ves y conoces mi tristeza. Levanta mi cabeza, Señor Jesús.

28 DE ABRIL

TODAS SUS SENDAS

Todas las sendas del SEÑOR son amor y verdad
para quienes cumplen los mandatos de su pacto.
SALMOS 25:10 NVI

Vuelve a leer este versículo y toma nota de las primeras palabras. Para aquellos de nosotros que hemos decidido pasar nuestras vidas siguiendo la justicia de Cristo, todas las sendas del Señor son amorosas y fieles. No solo algunas de ellas. No aquellas con las que estamos de acuerdo o podemos apoyar. No las que otras personas reconocen como beneficiosas para nuestras vidas. No las que son cómodas o convenientes. Todas ellas.

¿Reflejan nuestras vidas la creencia de que todos los caminos de Dios son amorosos y fieles? ¿O son nuestras tendencias como las de los israelitas en el desierto? Ellos tendían hacia la queja y deseaban que sus vidas fueran diferentes. ¿Somos nosotros así, tratando de hacer que las cosas sucedan de la manera que queremos porque estamos descontentos con nuestra percepción de la voluntad del Señor? Cuando aceptamos en fe que Dios está sentado en los cielos y tiene planes para dirigir nuestras vidas con amor y fidelidad, la paz adornará nuestros corazones y nuestras mentes. ¿Confiamos en Él hoy?

Dios, gracias porque puedo confiar en todos tus caminos, incluso cuando no tienen sentido para mí. Qué paz me produce saber que es el amor perfecto y la fidelidad los que guían cada uno de mis pasos.

Verdad

¿O tienes en poco las riquezas de su bondad, tolerancia y paciencia, ignorando que la bondad de Dios te guía al arrepentimiento?
Romanos 2:4 LBLA

Hay algo que todo creyente necesita saber con absoluta certeza: la verdad de Dios es buena. No es condenatoria, frustrante ni cortante. Si estás escuchando algo parecido a eso, necesitas reconocerlo como una mentira de Satanás. La verdad de Dios está llena de misericordia y bondad. Da vida. Eso no significa que no te vaya a desafiar; la Palabra está viva, y está destinada a revelarnos el estado de nuestro corazón delante de Dios. Sin embargo, lo que no deberías recibir de la Palabra es nada que te haga creer la idea de que nunca estarás a la altura ni encontrarás la victoria. Estás creyendo una mentira si piensas que no eres amado.

Amigo, la bondad, la paciencia y el amor de Dios fluyen de su corazón para que reconozcamos nuestra necesidad de arrepentimiento, nos apartemos de nuestro pecado y encontremos vida en sus caminos. Podemos sentir pesar por nuestro pecado, y eso es bueno. Podemos luchar por creer que venceremos nuestro pecado, y eso está bien. Acepta la verdad y refuta las mentiras.

Señor, tu bondad me humilla. Gracias por ser tan generoso al tratar con mi pecado. Ayúdame a refutar las mentiras del enemigo y a mantenerme firme en tu verdad.

30 DE ABRIL

Sin culpa y feliz

Felices son los íntegros,
los que siguen las enseñanzas del Señor.
Salmos 119:1

Una de las promesas de la Escritura que brinda la mayor esperanza a la vida de un creyente es esta: seguir las instrucciones de Dios no conduce a una vida ardua e insípida, ¡sino a una felicidad completa! Sus mandamientos se dan para nuestro gozo porque vivir de acuerdo con ellos conduce a una vida sin culpa y produce un mayor placer que cualquier cosa que el mundo pueda ofrecer.

Hacer lo que es correcto ante los ojos de Dios no siempre significa que otros nos van a aceptar o aprobar, pero tenemos el conocimiento de un corazón puro delante del Señor, que es mucho mejor que la aprobación de los hombres. Caminar sin culpa traerá una mayor satisfacción a nuestras vidas que cualquier cosa conocida por aquellos que no siguen al Señor. ¡Persiste en la búsqueda de la pureza, amigo! No quedará sin recompensa.

Dios, estoy muy agradecido de que tus caminos me hayan sido revelados, que no tenga que preguntarme cuál es la manera correcta de vivir. Ayúdame a entregarme por completo a seguir tus caminos, para que pueda proseguir hacia la meta de obtener el premio por el cual Dios me llamó celestialmente en Cristo Jesús (Filipenses 3:14).

Mayo

Come miel, hijo mío,
porque es buena,
y el panal es dulce
al paladar.

Proverbios 24:13

Buena aceptación

Si Dios está de nuestra parte,
¿quién puede estar en contra nuestra?
Romanos 8:31 NVI

Lo asombroso del cristianismo es esta idea extraordinaria de que el Dios todopoderoso, completamente santo y perfecto, eligió incluir en su familia a personas llenas de pecado y egoísmo. Él no dijo: «Bueno, supongo que pueden quedarse, pero intenten no hacer nada estúpido». Nos hizo sus hijos y, como tales, está completamente al cien por ciento de nuestra parte. Esa gracia inmerecida y exagerada debería dejarnos atónitos.

Todos los días fallamos, y sin embargo, todos los días Dios nos dice: «Te amo y te perdono». No nos mantiene a cierta distancia sino que nos da la bienvenida a casa, nos da buenos regalos y promete ser un lugar seguro para nosotros. Permítete responder a su gracia en tu vida hoy. Alábalo por su misericordia que te sacó de la oscuridad y te llevó a su luz. Alábalo por derramar su favor sobre ti cada día. Alábalo por ser tu fuerza y tu escudo.

Dios, estoy asombrado por tu favor. Gracias por derramarlo sobre mí diariamente y de tantas maneras. Abre mis ojos para que reconozca tu gracia y tenga la capacidad de mostrarla a las personas en mi propia vida.

Elogia lo ordinario

Oh Señor, solo tú eres mi esperanza;
en ti he confiado, oh Señor, desde mi niñez.
Así es, estás conmigo desde mi nacimiento;
me has cuidado desde el vientre de mi madre.
¡Con razón siempre te alabo!
Salmos 71:5-6

La vida cotidiana a veces puede ser la más difícil de llevar con una actitud alegre. Cuando ni estamos en las cimas de las montañas ni en los valles, cuando la vida ni emociona ni duele, nos nivelamos en un lugar donde proseguimos hacia la perseverancia del Señor u olvidamos las bendiciones de Dios (Salmos 103:2). Es durante estos días ordinarios cuando necesitamos seguir reconociendo la bondad soberana del Señor y responder fielmente a su carácter.

Dios está con nosotros en cada día de nuestras vidas. Él camina con nosotros en la cima de las montañas de la alegría, a través de los oscuros valles de la tristeza, y en todas las partes intermedias. ¿Qué otra respuesta sería apropiada además de alabarlo continuamente? Reconoce su fidelidad. Dale gracias por su gracia. No permitas que el crecimiento se detenga por los días comunes y ordinarios de la vida.

Señor, gracias por tu fidelidad en cada día de mi vida. Ayúdame a alabarte en cada situación y no dejarme llevar por la monotonía de la vida.

3 DE MAYO

NUNCA ES TIEMPO PERDIDO

Muy de mañana me levanto a pedir ayuda;
en tus palabras he puesto mi esperanza.
SALMOS 119:147 NVI

Tal vez tu mente cobra vida mientras la oscuridad se asienta. O quizá te levantas con el sol y encuentras motivación durante los momentos de paz antes de que tu hogar despierte. Algunas personas experimentan y aman ambos momentos en sus vidas. En las diferentes estaciones de la vida, nuestros tiempos con el Señor también cambian. Puede que no tengas horas disponibles para leer, escribir en tu diario y orar antes de que comience tu día, y eso está bien; sin embargo, anímate a sacar tiempo en tu día, ya sea en la mañana, al mediodía o en la noche, para hacer como hizo David y clamar pidiendo ayuda.

No fuimos destinados a pasar nuestros días solos; el Espíritu Santo y la Palabra de Dios nos fueron dados como regalos para ayudarnos de principio a fin. ¿Buscas ayuda en estas fuentes? ¿O tratas de avanzar en el día por tu cuenta, pensando que puedes emplear tu tiempo de manera más sabia que «clamando por ayuda»? Encuentra el momento del día que te resulte mejor para estar con el Señor y no lo descuides. Nunca es tiempo desperdiciado.

Dios, tiendo a pensar que puedo emplear mi tiempo de manera más sabia llenándolo con tantas cosas productivas como sea posible. Ayúdame a recordar que lo más importante que puedo hacer es dedicarte mi tiempo.

Armado y listo

Para vivir el tiempo que le queda en la carne,
no ya para las pasiones humanas,
sino para la voluntad de Dios.
1 Pedro 4:2 lbla

Es interesante pensar que Jesús, mientras estuvo en la tierra, encontró todas las incomodidades e irritaciones que nosotros experimentamos ahora y las superó sin pecar. Nunca perdió la paciencia con sus amigos molestos. Nunca se quejó por la falta de sueño. Nunca justificó dejar que una mala actitud se instalara en su corazón.

Nuestro deber es tener la misma actitud que Cristo mientras caminaba por la tierra. Si nuestras actitudes no son mejores que nuestras circunstancias, podemos esperar que la vida sea miserable. El mundo nos dirá que una actitud amarga está justificada, ¿qué puede hacer una persona cuando las cosas van mal? Pero sabemos la verdad: tenemos la gracia de Dios para caminar en justicia independientemente de cuál sea la situación, y tenemos el Espíritu de Dios que nos empodera para tomar buenas decisiones. Cuando nos armamos de estas cosas hoy, superamos con una actitud semejante a la de Cristo todas las dificultades que se nos presenten.

Señor, gracias por sostenerme con tu Espíritu y con gracia, para que pueda elegir adorarte y vivir en justicia hoy. Que mi actitud en este día refleje un corazón agradecido.

Milagros cotidianos

Vengan y vean lo que nuestro Dios ha hecho,
¡los imponentes milagros que realiza a favor de la gente!
Salmos 66:5

En ocasiones necesitamos que nos recuerden que el potencial de Dios es ilimitado. Claro, leemos las historias del Antiguo Testamento sobre las plagas y el rescate de los israelitas del exilio; leemos sobre Jesús convirtiendo agua en vino y resucitando a personas de entre los muertos. Pero ¿significa mucho eso para nosotros en el presente? Parece que nos encontramos en una situación similar a la de los judíos en el Imperio Romano: oprimidos y esperando que Dios intervenga y nos rescate.

Se necesita mucha fe para esperar y confiar en que Dios traerá justicia como prometió que lo hará. Es posible que no veamos su regreso en nuestras vidas, pero ¿elegiremos ver su poder manifestado en las pequeñas cosas cotidianas? ¿Reconocemos su protección sobre nosotros? ¿Agradecemos su provisión de todo lo que necesitamos? ¿Estamos abiertos a su poder para atraer corazones de regreso a Él? Estos también son milagros poderosos. ¡Alabamos a Dios por la manera en que su poder se muestra en nuestras vidas diarias!

Dios, admito que a veces espero que intervengas de manera espectacular y asombrosa. Ayúdame a recordar que el sustento de mi vida es un milagro. Ayúdame a alabar por todas las cosas increíbles que tú haces.

Tierra firme

Pero yo no soy así; llevo una vida intachable;
por eso, rescátame y muéstrame tu misericordia.
Ahora piso tierra firme,
y en público alabaré al Señor.
Salmos 26:11-12

Las imágenes en los Salmos son una gran herramienta para la imaginación. Imagina que eres objeto de persecución: amigos, compañeros de trabajo o incluso miembros de tu familia se burlan de ti por tu fidelidad al Señor y la forma en que eliges obedecerlo. Imagina que te ridiculizan por tus creencias y estás bajo un escrutinio constante. Tus perseguidores están esperando a que tropieces para tener más municiones para atacarte.

Y, sin embargo, te mantienes en terreno firme. Conoces la verdad de quién eres en Cristo y lo que Él dice sobre ti. Conoces el final de la historia, y por eso tienes fe. Sabes que, debido a tu integridad y debido a la gracia del Señor, serás redimido del fuego. Es desde este lugar de conocer la base sólida sobre la que te encuentras que puedes adorar, declarando la bondad del Señor, manteniendo tus ojos en Él en lugar de en tus problemas. Planta tus pies firmemente en Cristo, y no serás movido.

Dios, gracias por ser mi base segura, mi fuente de firmeza. Ayúdame a mantenerme firme en ti a través de la adoración, incluso en medio de las dificultades de la vida.

AGRADAR VERSUS CONFIAR

En realidad, sin fe es imposible agradar a Dios, ya que cualquiera que se acerca a Dios tiene que creer que él existe y que recompensa a quienes lo buscan.

HEBREOS 11:6 NVI

Todos queremos ser personas agradables; nos encanta saber que nos consideran personas hermosas, que nos disfrutan y valoran. En nuestras relaciones con las personas hacemos lo que creemos que hará felices a los demás y nos hará caer bien. Que no nos desempeñemos bien puede causarnos inseguridad y temor a perder su amor. Si no tenemos cuidado, podemos adoptar esta misma mentalidad en nuestra relación con Dios; pero buscar complacerlo y confiar en Él son dos cosas diferentes. Tratar de complacer se basa en que hagamos algo, en lugar de confiar en el carácter de Dios para permanecer constante en el amor hacia nosotros independientemente de nuestras acciones.

No pongas tu valía en tu capacidad para complacer a Dios actuando bien. Confía en que Él te ama y responderá con misericordia hacia ti incluso cuando no estés en tu mejor momento. Confía en su carácter en lugar de estar consumido por tu fracaso. Al confiar en Él le causarás agrado y deleite.

Dios, gracias porque tu amor no depende de mi desempeño. Que pueda ser hallado agradable para ti, no por lo que hago sino porque he elegido confiar en quien tú dices que eres.

El camino perfecto

Dios me arma de fuerza
y hace perfecto mi camino.
Salmos 18:32

Si este día resulta diferente de lo que planeamos o esperamos, eso muestra buenas intenciones bíblicas de mantenernos comprometidos con la voluntad de Dios para nuestras vidas. Nuestros planes son solo eso: *nuestros* planes. Creemos saber lo que es mejor para nosotros y para nuestro día, pero en realidad somos seres pecadores y egoístas, y nuestras elecciones para nuestras vidas nunca estarán a la altura de la norma que Cristo establece para nosotros.

Los caminos de Dios son siempre perfectos. Es posible que no entiendas sus planes para ti, pero son buenos. Pídele a Dios que te fortalezca hoy para que puedas aceptar con gracia sus caminos en lugar de los tuyos. Con Dios como tu guía, Jesús como tu fuerza y el Espíritu Santo como tu ayudador, ¡todo lo puedes!

Dios, gracias porque tus caminos son siempre los mejores. Ayúdame hoy a confiar en tus planes aunque sean diferentes a lo que espero para mí. Permíteme no aferrarme a cosas que no me harán un buen servicio, sino más bien fortaléceme para demostrar un corazón entregado a ti.

Cercanía versus insensibilidad

En cuanto a mí, ¡qué bueno es estar cerca de Dios!
Hice al Señor Soberano mi refugio,
y a todos les contaré las maravillas que haces.
Salmos 73:28

¿A qué recurres cuando las cosas van mal? ¿Limpias la casa furiosamente? ¿Te refugias en las redes sociales? ¿Quizás prefieres perderte en una serie de Netflix o en un libro? Nuestra tendencia humana es encontrar una distracción para nuestro dolor y decepción, haciéndonos insensibles hacia la realidad hasta que nuestra decepción o frustración desaparezca. Sin embargo, ¿qué pasa si eso no es lo que Dios quiere que hagamos?

¿Y si, en lugar de buscar una distracción para nuestra decepción, la aceptáramos y la lleváramos a Jesús? ¿Qué tal si actuáramos como lo hizo el salmista e hiciéramos de Dios nuestro refugio en lugar de esas otras cosas? Podemos decirnos la verdad a nosotros mismos, pensando: «Si todo está perdido, la cercanía de Dios es buena. Tengo todo lo que necesito porque Él es mi refugio». Podemos dejar que Él tome el lugar de esas otras cosas cuando la decepción nos encuentre.

Señor, perdóname por llenar mi espacio y tiempo con cosas para adormecer mi dolor en lugar de recurrir a ti. Tu cercanía es mi bien; gracias porque puedo encontrar un lugar seguro en ti en cualquier momento.

FORTALEZA

El Señor es mi luz y mi salvación,
entonces ¿por qué habría de temer?
El Señor es mi fortaleza y me protege del peligro,
entonces ¿por qué habría de temblar?
SALMOS 27:1

Todos tenemos miedos: miedo a perder a un ser querido, miedo a no poder proveer para nuestras familias, miedo a enfermarnos o lesionarnos, miedo a ser obligados a situaciones que nos hacen sentir incómodos. El miedo, si lo permitimos, nos controlará. Cuando somos controlados por el miedo, tendemos a tomar decisiones basadas en esa peligrosa emoción, o evitamos ciertas situaciones para no tener que enfrentar aquello que nos da miedo.

David hizo la pregunta: «¿A quién temeré?». Reconoció a Dios como su baluarte: un lugar de protección formidable. Dios no puede ser derrotado, no tiene debilidades y nunca caerá ante el enemigo. ¡Por supuesto que David haría de Dios su baluarte! ¿Podemos decir lo mismo acerca de Dios en nuestras vidas? ¿Estamos permitiendo que el miedo sea un baluarte? Considera hoy cómo te afecta el miedo, y pídele al Espíritu Santo que te capacite para caminar con valentía.

Señor, no quiero que el miedo me controle. Ayúdame a saber que, contigo como mi Dios, no tengo nada que temer.

La atracción de la obediencia

Con sus plumas te cubrirá y con sus alas te dará refugio. Sus fieles promesas son tu armadura y tu protección.
SALMOS 91:4

Para el incrédulo, tu vida podría parecer muy buena. Podrías no tener cosas más bonitas, o que tu vida esté libre de problemas, pero tu vida atraerá a otros que vean las bendiciones de seguir a Dios tal como se manifiestan en tu vida. Reiteradamente en la Escritura se nos dice que aquellos que obedecen los mandamientos del Señor están bajo su protección y serán bendecidos.

¡Y es verdad! Se evitan muchas dificultades cuando simplemente caminamos en obediencia. No es que nuestras vidas sean mejores que las de otros o que sea más fácil cuando obedecemos, pero se evitan o se resuelven mejor muchas dificultades cuando nos sometemos a los caminos de Dios. Nuestra obediencia abre un manantial de bendiciones que se derraman sobre nuestras vidas, y realmente se verá bien para aquellos que no tienen esa gracia. Si alguien se enfrenta a nosotros preguntándose por qué las cosas van tan bien en nuestras vidas, podemos hablarle del Dios que nos cobija bajo sus alas porque hemos elegido obedecerlo.

Dios, gracias porque debido a que elijo obedecer, estoy protegido por tus fieles promesas. Que nunca titubee en seguirte firmemente, y que mi vida refleje la bendición de conocer y obedecer a Dios.

Enfocado en el perdón

¡Oh Señor, eres tan bueno; estás tan dispuesto a perdonar, tan lleno de amor inagotable para los que piden tu ayuda!

Salmos 86:5

¿Te pesa tu pecado? Si estás luchando por superar cierto pecado, es fácil que te sientas derrotado. Satanás querría que creas que Dios está decepcionado contigo. Pero, querido amigo, sin importar cuáles sean tus errores, no hay razón para temer que Dios esté descontento contigo. Tú confesaste, Él vio tu corazón y perdonó la ofensa. Puedes seguir adelante y aceptar su gracia.

Nunca podrás mejorar si simplemente te quedas sentado y contemplas el problema. Perdónate a ti mismo y sigue adelante con su perdón que te capacita para ser mejor la próxima vez. No te hundas por equivocarte; Dios ama el corazón humilde. Siempre está listo para mostrarte su amor. Independientemente de lo que experimentes en el mundo, la bondad de Dios no es como la bondad humana. Su perdón no es como el perdón humano. Su amor no es como el amor humano. Es incondicional, abundante y siempre fiel. Que ese conocimiento te anime a seguir adelante más allá de la decepción contigo mismo y las mentiras del enemigo.

Dios, tu bondad y tu perdón me humillan. Ayúdame a mantener mi enfoque en tu amor constante en lugar de en mis luchas.

Confiable y justa

El temor del Señor es puro:
permanece para siempre.
Las ordenanzas del Señor son verdaderas:
todas ellas son justas.
Salmos 19:9 NVI

En el mundo actual de estafas y *phishing*, es difícil confiar. Queremos información confiable, pero es difícil saber en qué o en quién podemos creer. Qué reconfortante es, entonces, saber que no hay información falsa en la Palabra de Dios. Podemos confiar en que la verdad eterna disponible para nosotros en la Biblia es completamente confiable, y que cada palabra hablada es digna de confianza. Podemos creer que toda promesa se cumplirá.

Si estamos luchando con la desinformación en el mundo de hoy, podemos alimentarnos menos de ella. En su lugar, podemos sumergirnos en la Palabra y llenar nuestras mentes con lo que es puro, verdadero y bueno. El beneficio adicional es que también podremos discernir mejor lo falso una vez que conozcamos la verdad. Demos gracias hoy porque podemos leer la Palabra sin preguntarnos si alguna parte de ella es una estafa.

Dios, gracias porque tu Palabra es confiable y justa. Qué bueno es saber que puedo leerla sin preocuparme de ser engañado. Ayúdame a llenar mi mente con lo que es verdadero para que pueda discernir lo falso en el mundo.

Fuerte y valiente

«¡Sé fuerte y valiente! No tengas miedo
ni te desanimes, porque el Señor tu Dios está contigo
dondequiera que vayas».
Josué 1:9

¿Te encuentras enfrentando una situación desafiante hoy? Tal vez estás enfrentando cambios en tu trabajo, una mudanza inesperada o desafíos en una relación. El pueblo de Dios ha enfrentado situaciones difíciles durante generaciones, pero Él siempre dejó claro que sus desafíos no eran solamente de ellos; ¡Dios estaba a su lado!

¿Crees que el Señor le dijo a Josué que fuera fuerte y valiente porque el camino que tenía por delante iba a ser simple, fácil o tranquilo? ¡No! El Señor sabía que lo que estaba por delante de Josué sería muy difícil, y que sin valentía no tendría éxito. Sin embargo, su mandato de ser fuerte y valiente llegó con una hermosa promesa: «porque el Señor tu Dios estará contigo dondequiera que vayas». Así como el Señor estaba con Josué, el Señor está contigo en esta situación actual. ¡Amigo, sé fuerte y muy valiente, porque el Señor tu Dios está contigo!

Señor, la promesa de tu presencia me reconforta. Ayúdame a aferrarme a tu presencia mientras enfrento mis desafíos hoy, especialmente sabiendo que no los enfrento solo. ¡Dame valentía para seguir adelante, manteniendo mis ojos en ti!

DEFINIDO POR LA MISERICORDIA

No te acuerdes de los pecados de rebeldía durante mi juventud. Acuérdate de mí a la luz de tu amor inagotable, porque tú eres misericordioso, oh SEÑOR.

SALMOS 25:7

Nuestra historia puede perseguirnos. Muchos de nosotros probablemente admitiríamos que las decisiones que tomamos en el pasado ahora las lamentamos, y desearíamos haber caminado en obediencia al Señor entonces. En lugar de eso, elegimos nuestro propio camino. Es posible que dejemos que nuestro pasado nos defina o pasemos nuestros días tratando de olvidar quiénes éramos, huyendo lo más lejos posible de esa persona.

Pero Dios nunca nos ve como alguien que necesita ser redefinido. Él nos ve cubiertos de misericordia desde el momento en que nos volvemos a Él. No necesitamos limpiarnos a nosotros mismos para que Él nos ame. ¿Recuerdas la historia de la adúltera en Juan 8? Lee el principio del capítulo hasta el versículo once. ¡Es una buena lectura! Jesús no la definió por su pecado; simplemente declaró misericordia sobre ella. Podemos aprovechar esa misericordia para nuestras propias vidas. No nos definimos por nuestro pasado. Simplemente caminamos en obediencia hoy.

Señor, tu misericordia me humilla. Qué bueno eres al verme sin ser marcado por mi pecado sino cubierto por tu amor. Ayúdame a aferrarme a tu misericordia y perdón, y a caminar en obediencia a ti hoy.

Locos por la libertad

Así experimentarán la paz de Dios, que supera todo
lo que podemos entender.
La paz de Dios cuidará su corazón
y su mente mientras vivan en Cristo Jesús.

Filipenses 4:7

¿Estás haciendo demasiadas cosas en estos días? Es fácil comprometerse en exceso con actividades, trabajo, obligaciones de la iglesia y oportunidades de voluntariado; la lista continúa. En medio de todo esto, debes asegurarte de dedicarte tiempo con el origen de la vida y la paz. Pasar por una temporada ocupada solo funciona hasta cierto punto, pero si te das tiempo para adorar, soportarás mucho mejor.

Cuando te entregas a la oración y la acción de gracias encontrarás la paz de Dios. No te digas a ti mismo que estás agotado. Acude ante el Señor con tus cargas y dale tu tiempo. Recuerda: cuando buscas primero su reino y su justicia, todas estas otras cosas te serán añadidas. Sobrecargado o no, cansado de la rutina o no, encuéntrate primero a los pies de Jesús y todo lo demás encajará en su lugar.

Dios, sabes cuán fácil es para mí llenar mi tiempo y mi mente hasta sentirme abrumado. Ayúdame a buscarte a ti primero antes de cargar con todas las cosas que «debo hacer». Tu paz me rodeará mientras me entrego a ti.

Consciente de su amor

Pues siempre estoy consciente de tu amor inagotable,
y he vivido de acuerdo con tu verdad.
Salmos 26:3

Si la vida se ha vuelto caótica y tu relación con el Señor necesita ser alimentada, piensa en esta frase del Salmo 26: «siempre estoy consciente de tu amor inagotable». Si has caminado con el Señor por mucho tiempo, es fácil caer en una rutina monótona con Dios. Con el paso del tiempo es fácil dirigir tu atención a Él solo cuando necesitas algo o cuando las cosas van mal.

Cuando olvidamos lo que realmente significa el amor del Señor y lo que ha hecho por nosotros, nuestra relación con Dios puede volverse aburrida, pero cuando fijamos nuestra mente de manera consciente en el amor de Dios, en que no hemos hecho nada para merecer esa aceptación y cómo su gracia se derrama sobre nosotros, nuestro propio amor se renueva. Podemos pensar en las maneras en que el Señor nos ha mostrado su amor recientemente. Podemos enumerarlas y dar gracias por su amor abundante que no falta.

Señor, perdóname por no ver las maneras en que has derramado tu amor sobre mí. Ayúdame a ver tu amor tal como es: un regalo asombroso que no he hecho nada para merecer. Que pueda estar siempre consciente de tu amor.

Actuar con fe

Dios mío, Dios mío, ¿por qué me has abandonado?
¿Por qué estás tan lejos cuando gimo por ayuda?
Salmos 22:1

Es un sentimiento que esperamos no experimentar nunca, pero la mayoría de nosotros lo haremos en algún momento de nuestro caminar con Dios. Necesitamos encontrar algún tipo de comprensión cuando sentimos que hemos sido abandonados o dejados solos para resolver una situación. Independientemente de cuáles sean las circunstancias específicas, todos tenemos momentos en los que Dios está en silencio, casi como si hubiera salido del cuarto. Nuestro clamor no encuentra respuestas. Nuestros corazones pesados no reciben consuelo. Nos sentimos perdidos.

En esos momentos es importante reconocer dos verdades. En primer lugar, en realidad Dios nunca ha abandonado a ninguno de los que le amamos solo porque no percibimos su presencia. A veces, su silencio es intencional para guiarnos a reconocer nuestras debilidades, obligándonos a volver a una dependencia saludable de Él. En segundo lugar, el carácter de Dios no cambia cuando nos sentimos abandonados. Seguimos siendo llamados a responder fielmente a ese carácter, actuando según el conocimiento de quién es Él en lugar de actuar según nuestras emociones. Nuestro Dios nunca nos dejará. Esa es una promesa.

Dios, en los momentos en que no siento tu presencia y no puedo reconocer tu amor, ayúdame a actuar con fe en el conocimiento de quién eres tú.

Gozo desbordante

«Les he dicho estas cosas para que se llenen de mi gozo; así es, desbordarán de gozo».
JUAN 15:11

Si tus circunstancias hoy no son ideales y te encuentras tentado a desanimarte, lo cual te lleva a quejarte, entonces este devocional es para ti. Jesús enfrentó circunstancias desafiantes durante su vida terrenal. ¿Cuál fue su respuesta cuando las cosas iban mal? Él acudía al Padre, pasando tiempo en oración y súplica sometiéndose a la voluntad de su Padre. Jesús habló de la importancia de permanecer en sumisión a Dios. Es importante permitirte a ti mismo ser podado de todo lo que no está «dando fruto». Es importante que te inclines hacia la obediencia a sus mandamientos.

¿Por qué? ¡Para que tu gozo se desborde! Si estás enfrentando desafíos hoy y encuentras un espíritu de queja en ti mismo por ello, llévalo al Padre para que Él pueda «podarte» y puedas ser restaurado para volver a tener una mentalidad correcta y gozo.

Señor, cuando sienta la tentación de quejarme por las cosas que van mal en mi vida, recuérdame que acuda a ti. Tú compartiste todo lo que necesito saber para que pueda caminar en fidelidad y alegría todos mis días. Tú eres bueno todo el tiempo.

Sujeta con ligereza

Ciertamente ninguno de los que esperan en Ti
será avergonzado; Sean avergonzados
los que sin causa se rebelan.
Salmos 25:3 LBLA

Es algo que necesitaremos que nos recuerden una y otra vez hasta que el Señor nos lleve a casa. Aquellos que entregan sus planes a Dios y le permiten tener el control completo de sus vidas, como lo expresa el salmista, nunca serán avergonzados. Esto incluye todas las cosas, desde el problema más pequeño, como el día que no comienza como esperábamos, hasta la mayor tragedia, como perder un trabajo y tener que comenzar de nuevo.

Si esperamos en Dios, viviendo nuestras vidas con las manos sujetando ligeramente nuestras esperanzas y sueños, seremos bendecidos. Nuestra disposición a rendirnos resultará en honor y paz. Por el contrario, aquellos que se aferran firmemente a sus planes y no están dispuestos a comprometerse o desobedecen a Dios para cumplirlos, se encontrarán deshonrados. ¿Con qué estás luchando para poder entregar tus planes a Dios? Relaja tu agarre en el modo en que crees que deberían ser las cosas, y no serás avergonzado.

Señor, puede ser muy difícil soltar mis expectativas para mi vida. Perdóname por aferrarme tan fuerte a mis planes que estoy dispuesto a ir en contra de lo que tú dices que es bueno y correcto. Que aprenda a rendirlo todo a ti.

Líder cuidadoso

Como un pastor que cuida su rebaño, recoge los corderos en sus brazos; los lleva junto a su pecho, y guía con cuidado a las recién paridas.

Isaías 40:11 NVI

Amanda estaba enojada con Dios. Había trabajado durante mucho tiempo por algo increíble y simplemente se lo habían arrebatado de las manos. No tenía a nadie más a quien culpar que a Dios, así que lo culpó. Durante semanas después de aquello, lo único de lo que hablaba era de su pérdida. Señalaba con dedos amargos a su Dios que le había robado un sueño de manera tan cruel.

Si Dios hubiera permanecido en silencio sobre el asunto, no habría importado. De todos modos, el corazón de Amanda estaba demasiado endurecido para escucharlo hablar. Pero, con el tiempo, a medida que el dolor de su pérdida sanaba lentamente, ella se fue ablandando. A medida que abría su corazón al Señor una vez más, se dio cuenta con gran humildad de que Aquel a quien había estado señalando con el dedo la había sostenido con gracia y bondad todo el tiempo. Finalmente entendió por qué el Señor le quitó su sueño. Cuando culpamos a Dios, Él no responde con ira sino con bondad para que podamos ver nuestras fallas, su perfección y, finalmente, su misericordia al cubrirlas.

Dios, perdóname por mirar más allá de tu perfección y ver solamente mi dolor. No permitas que me vuelva amargado; que tu Espíritu me mantenga siempre sensible hacia ti.

INVICTOS

Nuestra vida está en sus manos,
y él cuida que nuestros pies no tropiecen.
SALMOS 66:9

Es parte de la naturaleza humana, o más bien de la naturaleza de pecado, observar las cosas que van mal. Es esa misma naturaleza dentro de nosotros la que nos hace ver en primer lugar las decepciones, los desalientos y problemas en nuestras vidas. ¿Cómo cambiarían nuestras actitudes si fuéramos conscientes de todas las veces que el Señor nos protege? Si pudiéramos ver cuando Él no permite que el enemigo nos ataque, o cuando su mano nos salva de daños físicos, ¿cómo responderían nuestros corazones?

Un buen desafío para hoy es vivir como si pudiéramos ver todas las maneras en que Dios no nos permite ser derrotados. Podemos pasar el día dando gracias a Dios mientras Él actúa como *Elohim Shomri*, nuestro protector, incluso cuando somos completamente inconscientes de ello. Aquel que vela por ti no se adormecerá ni se dormirá (Salmos 121:4).

Dios, qué bueno eres al actuar como mi protector en todo momento, incluso cuando soy completamente inconsciente de ello. ¡Ayúdame a vivir fielmente hoy y no ver solamente todo lo que está saliendo mal, sino saber que estás velando por mí y no permitiéndome ser derrotado!

Cosas hermosas

Busquen al Señor y su fuerza,
búsquenlo continuamente.
1 Crónicas 16:11

Crear cosas hermosas requiere esfuerzo y perseverancia, y a veces implica decepción. Piensa en las cosas en nuestras vidas para las cuales esto es cierto: relaciones, jardines, crecimiento personal, o manualidades y diseño. Nuestra relación con el Señor también requiere esfuerzo y perseverancia, y a veces nos sentiremos decepcionados. Si abandonamos cuando las cosas se ponen difíciles o cuando estamos abrumados por esa decepción, entonces nunca cosecharemos los beneficios del esfuerzo y la perseverancia: la hermosa y confiada relación con el Creador mismo, refinada por el fuego y capaz de resistir las presiones.

Piensa hoy en tu relación con el Señor. ¿Puedes identificar las veces que recurriste a su fuerza durante alguna dificultad y después quedaste más enamorado de Él? ¿O está tu relación marcada por momentos en los que te retiraste, dejando de buscar a Dios porque la situación te sobrepasaba? Decídete hoy a buscarlo sin importar lo que enfrentes; crea algo hermoso con Dios.

Señor, ayúdame a estar dispuesto a hacer el esfuerzo que se necesita para tener una hermosa relación contigo. Perdóname por las veces que me di por vencido y te descuidé porque me costaba más de lo que quería invertir. ¡Tú vales la pena!

Leyes

La indignación me agobia,
porque mis enemigos despreciaron tus palabras.
Salmos 119:139

Aquí hay una pregunta seria para considerar: ¿hay un poco de ira justa en nosotros cuando las personas quebrantan las leyes de Dios, o nos enojamos porque las personas quebrantan nuestras leyes? Las leyes de Dios son santas, y deberíamos estar llenos de ira justa cuando las vemos descuidadas o transgredidas descaradamente. Sin embargo, ¿es eso realmente lo que nos enoja?

La mayoría de nosotros admitiríamos que sentimos más ira cuando se violan nuestras propias leyes que cuando se violan las de Dios. Nos enojamos cuando las personas van en contra de nuestras reglas expresadas o no expresadas, especialmente cuando nos molestan, nos irritan o arruinan nuestros planes. Necesitamos examinar nuestros corazones hoy. ¿Es nuestra ira justa y justificada porque deseamos ver las leyes de Dios obedecidas? ¿O tenemos que arrepentirnos de preocuparnos más por nuestras supuestas leyes?

Dios, perdóname por dar más valor a mis propias leyes que a las tuyas. Confieso que, cuando me molestan, me enoja más que ver cómo quebrantan tus leyes. Ayúdame a tener la perspectiva correcta y a ser lento para enojarme cuando me vea afectado.

Confianza

Aunque un ejército poderoso me rodee,
mi corazón no temerá.
Aunque me ataquen, permaneceré confiado.
Salmos 27:3

¿Dónde has puesto tu confianza hoy? ¿Ves que este día va bien debido a tus propias habilidades, fortalezas y dones? Algunos días nos dejamos llevar por nuestra capacidad para hacer las cosas bien. Nos sentimos fuertes, capaces y seguros. La confianza en sí misma no es algo malo, pero sí necesita estar colocada correctamente. ¿Qué pasaría si todas esas cosas en las que confías te fueran arrebatadas de repente? ¿Podrías seguir hablando con la misma confianza que David en el versículo de hoy de los Salmos: aunque cosas horribles y desafiantes te rodeen, seguirías confiado y sin miedo?

David podía hablar así no porque fuera el tipo más duro de la sala o tuviera todas las cosas resueltas, sino porque su confianza estaba en Dios. Sabía que, a pesar de lo que llegara a su camino, estaba bajo el cuidado de Aquel que sostenía el mundo en sus manos. Pon en este día tu confianza en Dios.

Señor, admito que a veces pienso que puedo hacer todo por mi cuenta. Ayúdame a poner mi confianza en ti y no en mis propias habilidades.

Valentía callada

Así que, ¡sean fuertes y valientes,
ustedes los que ponen su esperanza en el Señor!
Salmos 31:24

¿Cómo se ve la valentía para ti hoy? ¿Es ruidosa, aventurera y atractiva? ¿Recibe aplausos y afirmaciones? O para ti, ¿es más callada la valentía? Tal vez sea despertar en medio de la noche para consolar a un niño o presentarte en tu trabajo cuando estás cansado y te sientes mal. ¿Cuidas valientemente a tus padres enfermos todos los días? Tal vez la valentía para ti es la fidelidad en medio de todos los desafíos, sin cansarte de hacer el bien.

Tenemos temporadas de valentía que el mundo aprueba, y tenemos temporadas en las que solamente Dios la ve. Las temporadas más calladas no son menos importantes, y Dios no está menos con nosotros en medio de ellas. Por lo tanto, encuentra tu fuerza en Él en los días en que la valentía está marcada por la fidelidad. Su gracia te sostendrá.

Señor, es fácil cansarse de hacer el bien cuando «hacer el bien» se repite una y otra vez sin fin a la vista. Ayúdame a permanecer fiel a ti y a las tareas que me has encomendado. Que no desfallezca, y que tu gracia me dé el poder que necesito para seguir adelante.

Esperanza para tu alma

He aquí, los ojos del Señor están sobre los que le temen,
sobre los que esperan en su misericordia,
para librar su alma de la muerte,
y conservarlos con vida en tiempos de hambre.
Salmos 33:18-19 LBLA

El mundo ofrece muchas fuentes falsas de esperanza: seguridad laboral, la tecnología más nueva o alimentos más saludables. El mensaje popular es que, si trabajamos lo suficiente y tenemos las cosas correctas, los problemas no pueden tocarnos. Para aquellos que siguen a Cristo, sabemos que eso está lejos de ser verdad. La esperanza no se encuentra en lo que poseemos o para quién trabajamos. Se encuentra en la misericordia de Cristo y en su poder para salvarnos de lo que realmente necesitamos ser salvados: el pecado y la muerte.

Necesitamos ser cautelosos ante la tentación de construir para nosotros «vías de escape» de los problemas que nos afligen aquí en la tierra. En cambio, podemos depender del Señor, quien tiene el poder para librarnos de los problemas en este mundo *y* de la destrucción eterna. Servimos al único que no permitirá que sus fieles vean la corrupción (Salmos 16:10). Nuestra esperanza está segura en Él.

Jesús, gracias porque puedo confiar en tu misericordia para salvarme no solo de las aflicciones de este mundo, sino también de la muerte misma. Que nunca me aparte a otras cosas cuando tú ofreces esperanza verdadera para mi alma.

ABUNDANCIA

Me has dado más alegría
que los que tienen cosechas abundantes
de grano y de vino nuevo.
SALMOS 4:7

En ocasiones, «granos y vino» abundan en nuestras vidas; vivimos cómodamente con todo lo que necesitamos, e incluso con una abundancia de cosas buenas. Tenemos alegría tanto en el Señor como en las bendiciones que Él nos ha otorgado. Y hay otras ocasiones en las que Dios nos bendice con esa misma alegría incluso cuando esas cosas buenas nos son arrebatadas.

Ya sea que nos encontremos en necesidad hoy o que tengamos una abundancia de bendiciones, nuestro desafío en este día es honrar al dador y no a los dones. Podemos tener hogares hermosos, así que honramos al Señor que nos los dio. Podemos haberlo perdido todo, y honramos al Señor que aún nos proveerá a través de todas las circunstancias. Cuando nuestra alegría se encuentra en Cristo, los granos y el vino son solo la guinda del pastel de una vida hermosa de verdadera abundancia.

Señor, eres muy bueno conmigo. Que nunca esté tan distraído por las bendiciones que olvide honrar a Aquel que ha sido tan generoso. Ayúdame a encontrar mi alegría en ti para que pueda alabarte con mucho o con poco.

DAR LO MEJOR DE TI

Pues ni aun el Hijo del Hombre vino para
que le sirvan, sino para servir a otros
y para dar su vida en rescate por muchos.
MARCOS 10:45

La humildad y bondad de Cristo se manifestaron de muchas maneras durante su vida en la tierra, pero su actitud de servicio podría ser la más extraordinaria. Jesús no se consideraba merecedor de nada, aunque si había alguien que alguna vez mereciera lo bueno, era Él. En lugar de exigir lo mejor para sí mismo, dio lo mejor de sí mismo.

Si andamos en sus caminos, ese debería ser también nuestro objetivo. Considera cuánto «cielo» puedes dar a las personas en tu vida hoy. En otras palabras, ama tus oportunidades para regalar amor y bondad de la manera en que Jesús lo habría hecho. Disfruta sirviendo y dando lo mejor de ti a los demás sin necesidad de que te lo devuelvan. Ora para tener ojos que vean oportunidades para servir y no cómo poder tener lo mejor. ¿Cómo puedes dar lo mejor? Jesús te dará la gracia para ver y hacer su servicio.

Jesús, tengo un gran deseo de ser como tú. Ayúdame a ver maneras de sacrificarme por otros en un hermoso reflejo de ti. Muéstrame los aspectos en los que tú mostrarías bondad. Que me alegre en dar lo mejor que pueda para que tú puedas ser glorificado a través de mí.

Descansa en Dios

Que todo mi ser espere en silencio delante de Dios,
porque en él está mi esperanza.
Salmos 62:5

A muchos de nosotros nos cuesta descansar y calmar nuestros corazones, mentes y cuerpos porque algo podría quedar sin hacer. En el mundo de hoy, llevamos la ocupación como un distintivo de honor, olvidando que Dios mismo descansó. Al hacerlo, Dios nos mostró la mejor manera de lograr cosas buenas.

El Salmo 127 dice que, si el Señor no construye la casa, los que la construyen trabajan en vano. En otras palabras, si toda nuestra ocupación muestra solo nuestra falta de voluntad para renunciar al control sobre una situación, entonces todo resultará ser en vano. Como mínimo, el trabajo no dará el resultado que esperábamos. Dios mandó el descanso para la humanidad, y es una bendición para nosotros admitir nuestro poder finito. No somos capaces de controlar cada situación, así que necesitamos rendir nuestros objetivos a Dios. Podemos hacerlo ahora y esperar en silencio ante Él hoy.

Señor, admito que trato de hacer todas las cosas por mí mismo porque quiero asegurarme de que se hagan a mi manera. No estoy rendido a ti y a tus caminos cuando hago eso. Por favor, ayúdame a dar un paso atrás, descansar delante de ti y confiar en que las cosas serán mejores si las haces tú.

Bondad y justicia

Los malvados sacan la espada y tensan el arco
para abatir al pobre y al necesitado,
para matar a los que viven con rectitud.
Pero su propia espada les atravesará el corazón
y su arco quedará hecho pedazos.
SALMOS 37:14-15 NVI

Es una pregunta que probablemente todos nos hacemos, incluso aquellos de nosotros que hemos caminado con Cristo por mucho tiempo. ¿Cómo puede un Dios bueno y amoroso permitir que sucedan cosas malas y que el mal prospere? Observamos el sufrimiento de personas inocentes. Vemos a niños heridos. Vemos a personas malvadas haciendo lo que quieren sin aparente retribución. ¿No le importa a Dios? ¿Por qué no hace algo?

Es una de las cosas más difíciles a las que los cristianos han sido llamados a hacer: creer en la bondad y la justicia de Dios cuando el mal parece salir victorioso. Sin embargo, antes de decidir que no podemos soportar más que gane el malo, recordemos que Dios ve cada maldad que se hace a los indefensos y a sus santos. Él lo ve, y esas acciones no quedarán impunes. Su justicia y su bondad aseguran que todo mal recibirá su merecida retribución. Mantente firme, amigo.

Dios, a veces resulta muy difícil observar el dolor y el sufrimiento en este mundo, pero ayúdame a confiar en ti. Mi entendimiento exige justicia ahora, pero sé que traerás justicia en el momento preciso.

Junio

La reverencia al Señor es pura;
permanece para siempre.
Las leyes del Señor son verdaderas;
cada una de ellas es imparcial.
Son más deseables que el oro,
incluso que el oro más puro.
Son más dulces que la miel,
incluso que la miel que gotea
del panal.

Salmos 19:9-10

Desmantelado

La persona íntegra enfrenta muchas dificultades, pero el Señor llega al rescate en cada ocasión.
Salmos 34:19

En ocasiones, para que nosotros amemos a Dios, Él tiene que desmantelar nuestro mundo. Construimos nuestras vidas con cosas buenas, buenos sueños y buenos planes. Y luego Dios lo desmantela todo. ¿Por qué? Porque su amor no puede permitir que persigamos cosas que no sean de Él, y su gloria exige un corazón consagrado solo a Él. Su misericordia comprende que seguimos ambiciones egoístas, y su gracia quiere darnos algo mucho mejor.

Estas aflicciones pueden parecer un sufrimiento injusto para nosotros, pero cuando recibimos la gracia de Dios para verlas como Él lo hace, podemos alabarlo por permitirnos permanecer en los restos de una vida que no nos hubiera servido tan bien. Si Dios está desmantelando nuestro mundo, despojándonos de nuestras comodidades y alejando las falsas fuentes de esperanza y seguridad, aún podemos reconocer su misericordia y dar gracias.

Dios, dame tu perspectiva para que pueda entender lo que estás haciendo en mi vida. Incluso cuando no lo entienda, ayúdame a confiar en ti. Si estás quitando cosas de mi vida, solo puedo suponer que no son lo mejor para tu plan o para mí.

Guiado por un amor inagotable

Con tu amor inagotable guías al pueblo que redimiste.
Con tu poder los guías a tu hogar sagrado.
Éxodo 15:13

Si eres papá o mamá, conoces el dolor de ver a tus hijos experimentar la decepción. Desearías poder protegerlos de las cosas que les lastimarán el corazón, como amistades rotas, burlas, ser excluidos o perderse experiencias emocionantes. Aunque duele ver a tus hijos atravesar la avalancha de emociones que sigue a uno de estos problemas, también sabes que las cosas que encuentran cuando son niños les ayudarán durante el resto de sus vidas, y por lo tanto, los apoyas a través de su dolor pero no siempre los rescatas de él.

Dios hace lo mismo contigo como hijo suyo. Te guía fielmente a través de las decepciones y los sufrimientos de la vida. Él ve tu dolor, te apoya y te brinda consuelo, pero no siempre te saca de las trincheras. Él sabe que lo que enfrentas ahora fortalecerá tu carácter para conformarse al de Cristo, y realmente, ¿qué podría ser mejor?

Señor, mientras enfrento decepciones o guío a mi familia a través de ellas, ayúdame a recordar que cada una de ellas no es una sorpresa para ti, sino otra herramienta que nos ayudará a ser moldeados a la imagen de Cristo.

DELEITE

«Pues el SEÑOR tu Dios vive en medio de ti. Él es un poderoso salvador. Se deleitará en ti con alegría. Con su amor calmará todos tus temores. Se gozará por ti con cantos de alegría».
SOFONÍAS 3:17

A muchos nos cuesta aceptar el amor de Dios. A veces, en nuestra frustración con nosotros mismos y nuestra lucha con la naturaleza pecaminosa, deseamos que Dios nos castigue en lugar de mostrarnos misericordia. Debido a nuestro orgullo, es más fácil aceptar el rechazo que el perdón; el amor es difícil de recibir cuando nos consideramos indignos de él.

Sin embargo, cuando dejamos de lado nuestro orgullo y permitimos que la gracia del amor de Dios fluya en nuestros corazones y cubra nuestras almas descubrimos la alegría de que se deleite en nosotros. No debemos permitir que nada detenga que el amor de Dios sea derramado en nuestras vidas hoy. Podemos deleitarnos en saber que Él busca oportunidades para amarnos a pesar de nuestros errores. No rechaces ese amor, querido amigo. Podemos humillarnos, abrir nuestros corazones y recibir todo el deleite que Él quiere derramar sobre nosotros.

Dios, puede ser difícil saber que, a pesar de mis continuos errores, constantemente me amas y quieres mostrar tu deleite en mí. Ayúdame a arrepentirme de mi orgullo y mi pecado, y recibir todo lo que quieres darme.

Contentamiento

Así que mi Dios les proveerá de todo lo que necesiten, conforme a las gloriosas riquezas que tiene en Cristo Jesús.
Filipenses 4:19 NVI

¿Qué necesitas para ser feliz? ¿Eres capaz de demorar la gratificación o incluso renunciar a ella? El contentamiento parece ser una característica que se desvanece en nuestro mundo, pero el creyente debe entender que Jesús se privó de cosas y estuvo dispuesto a estar contento en toda circunstancia. Saber que Jesús fue tentado, tuvo necesidades no satisfechas y aceptó lo que estaba disponible para Él puede ayudarnos a elegir el contentamiento para nuestras vidas.

El placer no es algo que debamos buscar a expensas de perder nuestras almas (Mateo 16:26), al igual que el dolor no es algo que deba evitarse a toda costa. Ambas cosas son simplemente partes de la vida, pero no los enfoques principales. Necesitamos evaluar si estamos exigiendo cosas a Dios, a las personas o a nuestras circunstancias. ¿Pensamos que necesitamos esas demandas para estar contentos? Cuando recordamos a Jesús y sus circunstancias, deberíamos pedirle al Espíritu que nos dé la misma gracia que tenía Jesús, y luego estar dispuestos a aceptar lo que está disponible para nosotros hoy.

Señor, perdóname por pensar que necesito que las cosas sean de cierta manera para ser feliz. Tú viviste fielmente en circunstancias menos que perfectas, y por tu gracia yo también puedo hacerlo.

Glorificar

El Señor es mi fortaleza y mi escudo;
confío en él con todo mi corazón.
Me da su ayuda y mi corazón se llena de alegría;
prorrumpo en canciones de acción de gracias.
Salmos 28:7

¿Cómo estás glorificando al Señor hoy? ¿Eres consciente de tu responsabilidad de adorarlo: de ver su poder, majestad, bondad y misericordia, y de alabarlo por esas cualidades asombrosas? ¿O la larga lista de tareas ya ha tomado precedencia en tu mente hoy? Es un desafío dirigir la mirada hacia la bondad y la gloria de Dios en lugar de todo lo que hay que hacer en un día determinado, pero nunca lamentaremos dedicar nuestra energía a adorar a Dios hoy.

Tómate un momento ahora para adorar a Dios. ¿Se ha mostrado fiel? Alábalo por ello. ¿Has sido testigo de su provisión, un milagro o su bondad? Glorifícalo. Y, si todo ha salido mal en tu vida, sigue alabándolo. Si no puedes encontrar otra razón para adorarlo aparte del hecho de que te ha dado salvación, ¡todavía es digno de *toda* gloria y honor!

Dios, en medio de mi ocupación olvido alabarte. Ayúdame a ser un adorador activo, alguien que ve tu gloria y tu bondad diariamente y nunca deja de alabarte por ello.

Necesidades suplidas

Hasta los leones jóvenes y fuertes a veces pasan hambre, pero a los que confían en el Señor no les faltará ningún bien.

Salmos 34:10

Es fácil ser tentado a acumular tesoros en la tierra. Con la creciente dificultad para encontrar lo que necesitamos y la falta de estabilidad en nuestro mundo hoy día, queremos crear una red de seguridad para protegernos contra los problemas. Es sabio hacerlo hasta cierto nivel, permitiéndonos proveer para nuestras familias en tiempos de necesidad, pero no necesitamos obsesionarnos tanto con almacenar cosas que comencemos a confiar únicamente en nosotros mismos y en nuestras reservas más que en el Señor.

La Escritura promete que el pueblo de Dios no pasará necesidad: no carecerán de nada (Salmos 23:1); no les faltará cosa buena (Salmos 31:10); Dios proveerá para cada necesidad según sus riquezas en Cristo Jesús (Filipenses 4:19). Aunque es importante ser buenos administradores de nuestros recursos, debemos buscar primero el reino de Dios y su justicia; su cuidado hacia nosotros seguirá.

Dios, ayúdame a confiar en ti más que en mi propia capacidad para proveer para mí y mi familia. Quiero que mi vida esté marcada por el esfuerzo por conocerte más, no por el esfuerzo por acumular tesoros terrenales.

Inconmovible

Pero los planes del Señor se mantienen firmes para siempre; sus propósitos nunca serán frustrados.
Salmos 33:11

¿Cuántas veces han cambiado los planes del hombre a lo largo de la historia? Es imposible saber incluso el número de veces que cambian nuestros propios planes en un día, y mucho menos durante toda nuestra vida. Básicamente, las cosas nunca salen como pensamos que lo harán. Eso puede ser frustrante o puede ser esclarecedor. *Solo* los planes de Dios permanecen firmes a lo largo del tiempo. Son imposibles de mover o perturbar.

Esto debería llevarnos a querer poner nuestros planes a los pies de Cristo diariamente, ¡a veces incluso cada hora o momento a momento! Reconocemos que las cosas generalmente no se desarrollan como pretendemos, y cada vez que esto sucede tenemos el privilegio de reconocer la soberanía de Dios sobre una situación. Agradecemos a Dios por saber qué es lo mejor para nosotros y por liberar nuestras expectativas, para que aprendamos a inclinarnos ante su plan maestro. ¿Qué pasos podemos tomar hoy para soltar nuestros planes inciertos y confiar en los planes inconmovibles de nuestro Creador?

Señor, qué bueno es saber que aunque mi vida puede que nunca vaya como yo pretendo, nada puede arruinar tus planes. Ayúdame a aprender a entregarme diariamente a tus planes buenos y confiables para mi vida.

Amigos de la fidelidad

Confía en el Señor y haz el bien;
entonces vivirás seguro en la tierra y prosperarás.
Deléitate en el Señor,
y él te concederá los deseos de tu corazón.
Salmos 37:3-4

La idea de ser amigo, de hacerse amigo de la fidelidad, probablemente no sea muy emocionante para muchos. Nuestra cultura prospera con cosas nuevas y emocionantes. Si nos aburrimos con algo pasamos a otra cosa, ya sea con programas de televisión, trabajos o relaciones. La fidelidad, por otro lado, requiere superar el aburrimiento, el cansancio y las dificultades. Significa que no renunciamos cuando ya no nos gusta la situación. Significa que hacemos lo que se nos llamó a hacer sin vacilar porque valoramos el objetivo final. Realmente valoramos a Aquel que estableció el objetivo final y nos llamó al trabajo en primer lugar.

¿Estás cultivando una amistad con la fidelidad en tu vida? ¿Confías en el Señor y crees que lo que te ha llamado a hacer debe hacerse con dedicación y diligencia incluso si estás cansado o aburrido? Considera hoy cómo hacer amistad con la fidelidad en tu vida.

Dios, soy culpable de buscar lo próximo y nuevo cuando me canso de atravesar dificultades en mi vida. Ayúdame a ver la fidelidad a la tarea y a ti como algo en lo que deleitarme, y no como una carga.

Fructífero

«Dios me hizo fructífero en esta tierra de mi aflicción».
Génesis 41:52

Cualquiera que haya tenido un jardín entiende que las plantas crecen durante mucho tiempo antes de dar fruto. Las semillas se convierten en brotes, que crecen hasta convertirse en plántulas, y luego las plantas maduran. Solo después de varias semanas de crecimiento y buenas condiciones, la planta comenzará a florecer y dar frutos. Si un jardinero pensara a corto plazo en el crecimiento solo como la flor o solo como el vegetal, se sentiría muy decepcionado de que tome tanto tiempo lograrlo. ¡Incluso podría arrancar la planta antes de que madure!

Al igual que las plantas, crecemos a lo largo de nuestra vida y no solo cuando estamos floreciendo. Todas las pruebas que enfrentamos son como el viento que hace que las raíces crezcan profundamente en el suelo para sostener firmemente la planta. Nos estamos preparando para dar frutos mientras aprendemos y maduramos. Mientras las tormentas nos golpean y mientras el sol brilla sobre nosotros, estamos creciendo en Cristo. ¡La medida de nuestro crecimiento no está solamente en nuestras flores!

Gracias, Señor, porque tú eres quien me hace crecer y dar fruto. Ayúdame a ver el valor que tiene el recorrido, no solo el que tiene el producto final.

Una buena vida

¿Quieres vivir una vida larga y próspera?
Apártate del mal y haz el bien;
busca la paz y esfuérzate por mantenerla.
Salmos 34:12, 14

Todos probablemente admitiríamos que queremos una buena vida. David lo sabía cuando hizo su pregunta retórica en el Salmo 34. Por supuesto que el hombre desea una vida próspera, larga y llena de días felices. Nuestros esfuerzos muestran eso diariamente, ¡ya sea que esos esfuerzos sean en la búsqueda del yo o en la búsqueda de Dios! Sin embargo, según David, hay una manera de lograr este objetivo, y no muchos realmente lo hacen. Habló en el salmo de hoy sobre mantener la lengua alejada del discurso malvado y las mentiras, así como apartarse del mal y en cambio hacer el bien.

Nuestras vidas muestran si nuestras prioridades incluyen elevarnos a nosotros mismos o difamar a otros. La felicidad y la paz verdaderas llegan cuando hacemos que las cosas que Dios valora sean lo más importante: altruismo, bondad, hablar bien de los demás, encontrar maneras de honrar a otros, y ser pacificadores. ¿Qué podemos elegir hacer hoy para hacer las cosas que Dios dice que conducen a una vida buena?

Señor, no permitas que pase mi tiempo engrandeciéndome a mí mismo, sino ayúdame en cambio a cuidar a los demás, hablar con bondad y hacer lo que es correcto ante tus ojos.

Interrupciones

Al desembarcar, vio una gran multitud,
y tuvo compasión de ellos y sanó a sus enfermos.
Mateo 14:14 LBLA

Jesús entendía la necesidad de la soledad, y regularmente aprovechaba la oportunidad para alejarse de las multitudes e incluso de sus amigos más cercanos para pasar tiempo a solas con el Padre. Sin embargo, también entendía la necesidad de compasión y la importancia de aprovechar una oportunidad para ser amable y bueno con los demás.

Todos podemos identificarnos con la necesidad de tener algo de espacio personal y tiempo a solas ¿Cuántas veces intentamos alejarnos de las personas para tener un poco de «tiempo para mí»? Apreciamos el tiempo lejos de nuestra pareja, amigos o hijos, pero a menudo somos interrumpidos por una necesidad. ¿Cómo deberíamos responder a ese momento de interrupción? ¿Realmente los miramos de la manera en que Jesús respondió con compasión? ¿O simplemente nos sentimos irritados y frustrados cuando tenemos que lidiar con los problemas de otra persona? En este día, pedimos al Espíritu que nos ayude a ser interrumpibles como lo fue Jesús. ¡Que su gentileza y su gracia sean nuestras también!

Señor, ¡puede ser muy difícil responder con compasión cuando lo único que quiero es tiempo para mí mismo! Ayúdame a tener un corazón compasivo como el tuyo, y ayúdame a estar dispuesto a dar de mí mismo con amor en lugar de molestia.

VERDES PRADOS

En verdes prados me deja descansar;
me conduce junto a arroyos tranquilos.
SALMOS 23:2

La idea de Cristo como nuestro pastor no es algo con lo que la mayoría de nosotros estemos poco familiarizados. Debido a eso, a veces podemos pasar por alto la profundidad de significado que acompaña a este concepto. Los pastores en tiempos bíblicos no pastoreaban sus ovejas en las verdes colinas del campo irlandés. El buen pasto y el agua limpia eran lo suficientemente escasos como para que el pastor tuviera que trabajar duro para guiar a sus ovejas a prados verdes para que no pasaran hambre o pudieran descansar. Además, las ovejas no se acostarían a menos que se sintieran seguras, no tuvieran hambre y no hubiera plagas entre la manada. Se requería mucha diligencia por parte del pastor para satisfacer todas esas necesidades.

¿Cuánto más hace Cristo nuestro Pastor para proteger, guiar y proveer para las necesidades de sus ovejas? ¿Podemos quejarnos de alguna carencia? ¿No hemos recibido provisión en todos los aspectos? Damos la bienvenida a la mano protectora de nuestro buen Pastor que anhela guiarnos a verdes prados.

Señor, quiero aprender a confiar en tu mano que me guía, protege, consuela y disciplina. Tú nunca me has llevado por mal camino, y por eso estoy agradecido.

CLAMOR

Oye mi oración, SEÑOR Dios de los Ejércitos;
escúchame, Dios de Jacob.
SALMOS 84:8 NVI

¡Al Señor le encanta escucharnos! La Escritura nos dice que sus oídos están atentos a nuestro clamor (Salmos 34:15). Comparemos eso con una mamá y sus hijos; cuando una mamá escucha a su hijo en angustia, no lo ignora y espera que resuelvan el problema por sí solo. ¡No, corre hacia él! De la misma manera, solo tenemos que clamar al nombre de Dios y Él estará a nuestro lado para ayudarnos, fortalecernos y animarnos.

Podemos enfrentar tentaciones de parte de personas, de Satanás o de nuestras propias debilidades, pero tenemos victoria cuando clamamos a Dios y obedecemos su guía. Él quiere escuchar nuestro clamor y respondernos, para que podamos compartir nuestras luchas, nuestras heridas, nuestras esperanzas y nuestros sueños. Solo Él nos ayudará a mantenernos en el rumbo que ha marcado para nosotros.

Señor, qué bueno eres al escuchar mis clamores que piden ayuda. Ayúdame a no pensar nunca que puedo lograr las cosas por mi cuenta; mantenme humilde y mirándote a ti para recibir ayuda.

Un espíritu quebrantado

El sacrificio que sí deseas es un espíritu quebrantado; tú no rechazarás un corazón arrepentido y quebrantado, oh Dios.

Salmos 51:17

Dios usa muchas cosas en nuestras vidas para quebrantarnos. La forma en que conducimos nuestras relaciones, nuestras respuestas a autoridades desagradables, y circunstancias en las que nuestro orgullo y egoísmo se manifiestan pueden ser oportunidades para sacrificarnos y crecer en Jesús. ¿Por qué debemos ser quebrantados? La respuesta es incómoda pero necesaria para el crecimiento: Dios ama un espíritu quebrantado, y eso a menudo se muestra en una persona dispuesta a aceptar el dolor para sus propósitos.

Los corazones quebrantados y arrepentidos pueden surgir de los desafíos relacionales en nuestras vidas, como nuestros matrimonios, hijos desobedientes, jefes que no honran a los demás o padres a quienes no podemos entender. Todas estas situaciones pueden desgastar nuestra autosuficiencia hasta que no tengamos más opción que acudir a Dios con nuestros corazones quebrantados, declarando nuestra dependencia de Él. A Él le encanta esto, porque entonces puede sanarnos (Salmos 147:3), quitar nuestra culpa (Salmos 32:5) y purificarnos para sus propósitos (Tito 2:4).

Señor, batallo contra el dolor y el quebranto, pero veo que quieres en mí un espíritu dispuesto a declarar mi necesidad de ti. Ayúdame a aceptar tus métodos para moldear mi corazón, incluso cuando duela profundamente.

Abandonar lo bueno

Ah, qué alegría para los que confían en el Señor,
los que no confían en los orgullosos
ni en aquellos que rinden culto a ídolos.
Salmos 40:4

A veces nos engañamos a nosotros mismos. Pensamos que estamos siguiendo las cosas de Dios porque nuestras pasiones no son claramente cosas malvadas. No pasamos cantidades copiosas de tiempo con personas que llevan una mala vida. No robamos, ni mentimos ni engañamos. No participamos en comportamientos que obviamente no serían propios de Cristo. Sin embargo, incluso las cosas buenas pueden distraernos de perseguir las cosas mejores. Dios conoce nuestros corazones mejor que nosotros mismos, así que podemos pedirle hoy que nos revele cualquier cosa que estemos persiguiendo que se esté convirtiendo en una distracción de lo que realmente importa. Podría ser una relación, o un pasatiempo, o todos esos buenos libros que están en la mesita de noche. Incluso Marta fue culpable de cocinar y limpiar cuando estaba distraída de Cristo en la gran historia en Lucas 10.

Pídele al Espíritu que te muestre las áreas de tu vida que son buenas pero no las mejores, y lo que Él podría querer que abandones para tener más de lo mejor.

Dios, perdóname por distraerme con cosas buenas hasta el punto de descuidar lo mejor. Ayúdame a hacer de ti mi pasión.

CULTIVO

Y el fruto de la justicia se siembra en paz
para los que trabajan por la paz.
SANTIAGO 3:18 RVC

El cultivo toma tiempo y esfuerzo. Esto es cierto para aquellos que cultivan la tierra, como arar, plantar, regar, desmalezar y cosechar. También es cierto para aquellos que desean cultivar una habilidad o una característica. Las cualidades de Jesús que deseamos que sean evidentes en nuestras vidas no se producirán naturalmente; deben ser cultivadas. Debemos trabajar en ellas, dedicando esfuerzo intencional para llegar a ser más semejantes a Jesús.

¿Qué aspecto del carácter de Cristo deseas reflejar? ¿Empleas tu tiempo y energía para cultivarlo? ¿O simplemente oras diciendo: «Señor, hazme santo», y luego resistes sus esfuerzos cuando sus medidas de santificación llegan a tu vida? Pregunta hoy qué calidad, qué fruto desea Él que cultives en tu vida, y luego trabaja diligentemente con el Espíritu para crecer en esa dirección.

Dios, quiero crecer en semejanza a Cristo. Sé que requerirá esfuerzo por mi parte. Ayúdame a estar dispuesto a emplear la diligencia necesaria para verme crecer y ser más como tú.

Pienso en ti

Dios mío, me siento muy abatido;
por eso pienso en ti.
Salmos 42:6 NVI

¿Te abruma en ocasiones una profunda tristeza? Tal vez sientas tristeza por una pérdida en tu vida, una lucha contra el pecado o algún problema que enfrentas. Quizá hay dolor que tus seres queridos están experimentando y lo sientes con ellos. Todos probablemente hemos sufrido un espíritu abatido en algún momento de nuestras vidas. Salir de ese desespero puede ser uno de los mayores desafíos.

El salmista conocía bien esta lucha, pero también conocía el antídoto para ella: pensar en Dios. La tendencia durante una temporada de tristeza o depresión puede ser apartar a Dios. Alguien afectado por la depresión puede mirar a su interior y no ver nada más que dolor. Pero Dios está esperando, y Él igualará el dolor con gracia. Dirigir tu mirada hacia el cielo en medio del dolor, decidiendo adorar a Dios en medio del duelo, realmente convertirá tu lamento en danza, tu tristeza en alegría, y tu dolor en deleite. Su gracia te está esperando.

Señor, es fácil apartar todo cuando el dolor y la tristeza se apoderan de mi corazón. Ayúdame a no ser vencido por ello, sino a tomar la decisión consciente de adorarte en medio de ello. Sé que me encontrarás con tu gracia.

Refinamiento

Empuña la lanza y el hacha, y haz frente
a los que me persiguen. Quiero oírte decir:
«Yo soy tu salvación».
Salmos 35:3 NVI

Nos encanta la idea de que nos salven de nuestros problemas. Un caballero de brillante armadura que acude a rescatarnos de todos nuestros males es un dulce cuento de hadas que deseamos poder vivir en la vida real. A veces incluso llegamos al extremo de desear que el Señor actúe como nuestro caballero, corrigiendo todo lo que está mal en nuestras vidas y rescatándonos de nuestros opresores. Queremos orar, como lo hizo David, para que Dios empuñe su lanza y destruya a quienes nos hacen daño.

Sin embargo, Dios está más interesado en refinarnos que en rescatarnos. A veces, su liberación parece como si nos dejara en la batalla para ser santificados en lugar de liberarnos de aquello que nos hace daño. Nuestro deseo de ver un fin a nuestros perseguidores puede parecer justificado, pero probablemente esté motivado por el amor propio. Dios nos sacará de la lucha cuando el refinado esté completo para ambos lados de la batalla. Confía en el proceso.

Señor, admito que paso más tiempo deseando un rescate de la opresión que preguntando cómo puedo aprender de la batalla. Ayúdame a apoyarme en ti y ver mi santificación como más importante que mi liberación.

IRRAZONABLE

Muchos son los sufrimientos de los malvados,
pero el gran amor del SEÑOR
envuelve a los que en él confían.
SALMOS 32:10 NVI

En ocasiones, las cosas pueden parecer irrazonablemente difíciles. Los niños se enferman, no dormimos bien y el aire acondicionado se descompone, todo en el mismo día. Nuestros problemas pueden parecernos abrumadores y a veces lo son, pero la diferencia entre nuestras pruebas y las de los incrédulos es que tenemos un Dios en quien podemos confiar para rodearnos de amor inquebrantable en medio de los tiempos razonables e irrazonables.

¿Qué cosas te están afligiendo hoy que encuentras irrazonables? ¿Cómo puedes cambiar tu actitud hacia tus circunstancias, recordando que no enfrentas tú solo cada cosa? Enfoca tu atención en el amor inquebrantable que te rodea. Descansa en él, deja que te anime, y aférrate a él para enfrentar tus problemas con gracia.

Dios, sé que en realidad mis pruebas son razonables. ¡Nunca prometiste una vida fácil para tus seguidores! De hecho, ¡nos dejaste saber que sería difícil! Perdóname por esperar y exigir facilidad y comodidad con mi espíritu quejumbroso. Ayúdame a aceptar la gracia de tu presencia conmigo hoy.

Entendimiento

Confía en el Señor con todo tu corazón;
no dependas de tu propio entendimiento.
Busca su voluntad en todo lo que hagas,
y él te mostrará cuál camino tomar.
Proverbios 3:5-6

A Janet le encantaba la universidad por una razón particular que la mayoría de la gente no consideraría importante: tenía un plan de acción claro con muy pocas decisiones que tomar. Mientras se mantuviera en el camino trazado por el elevador académico, obtendría un título al final de cuatro años. Era genial no tener que pensar en hacer planes y cambiar de rumbo. Sin embargo, cuando terminó la universidad entró en pánico. Ahora estaba a cargo de tomar todas las decisiones para el resto de su vida. ¿Y si metía la pata?

A menudo confiamos en nuestro propio entendimiento en la vida cuando tomamos decisiones. Hacemos lo que tiene sentido para nosotros, lo que es fácil, o lo que creemos que nos beneficiará más, naturalmente. Pero nuestro entendimiento solo llega hasta cierto punto, y cuando llegamos a un callejón sin salida, nuestra mejor opción es rendir al Señor nuestros planes, ideas y expectativas. Él nos guiará si le permitimos hablar en el camino de nuestros días y nuestras vidas.

Señor, ayúdame a no obsesionarme tanto con mi entendimiento de la vida que no busque tu voluntad cuando esté tomando decisiones. Quiero ser guiado por ti en todo lo que hago.

Respuesta

Esta es la oración al Dios de mi vida:
que de día el Señor envíe su amor
y de noche su canto me acompañe.
Salmos 42:8 NVI

El versículo de hoy pinta un cuadro de la relación del Señor con nosotros, su modo de cuidarnos y nuestra respuesta hacia Él. «Que de día el Señor envíe su amor» habla de su amor fiel y su misericordia como nuestros compañeros diarios. Su provisión y protección constantes nos recuerdan su amor. Su aceptación de nosotros a pesar de nuestros errores continuos nos asegura su misericordia.

Y ¿cuál es nuestra respuesta hacia Él? «De noche su canto me acompañe». Nuestros pensamientos al final del día no deberían ser sobre todo lo que salió mal o sobre las cosas que no logramos. En cambio, deberíamos alabar a Dios por la forma en que su amor nos guía a través de otro día más. De esta manera, calmaremos nuestras ansiedades al enfocar nuestras mentes en la bondad y la gracia de Dios. ¿Refleja honestamente este salmo la forma en que interactuamos con el Señor? Los autores de este salmo presentan una interacción convincente y hermosa entre Dios y su pueblo.

Dios, a menudo estoy tan atrapado en los eventos del día que no tomo tiempo para observar tu amor entrelazado a lo largo de mis momentos. Ayúdame a ser consciente de tu misericordia bendita y a darte la alabanza que te corresponde como respuesta.

Convicción

Examíname, oh Dios, y conoce mi corazón; pruébame y conoce los pensamientos que me inquietan. Señálame cualquier cosa en mí que te ofenda y guíame por el camino de la vida eterna.

Salmos 139:23-24

Sabemos que la Palabra de Dios tiene el poder de convencernos, reprendernos y corregirnos. Se nos dice en las palabras del salmo de hoy que la invitación para que Dios nos examine es conmovedora y válida. Sin embargo, cuando leemos la Palabra y recibimos esa convicción o instrucción, ¿tendemos a recibirla como para otra persona? El pecado es cegador, y en particular podemos estar ciegos ante el estado de nuestros propios corazones. Por desgracia, esto nos permite ver la necesidad de que otra persona se arrepienta pero no ver nuestra propia necesidad.

Si esta es tu tendencia cuando lees la Biblia o escuchas un sermón, pide al Espíritu Santo que te revele tus propios pecados en lugar de preocuparte por los pecados de los demás. La Palabra de Dios existe para convencer tu corazón, y es tu responsabilidad asegurarte de que solo tú estás en paz con Dios. Ora como lo hizo David para que Dios examine y conozca tu corazón, y después prepárate para lidiar con el pecado que Él revele con un espíritu arrepentido.

Señor, es muy fácil ver dónde falló otra persona y pasar por alto por completo mi propio pecado. Por favor, convence mi corazón para que pueda caminar en rectitud delante de ti.

Orgullosos

¡Siempre estaremos orgullosos de ti, oh Dios,
y siempre alabaremos tu nombre!
Salmos 44:8 DHH

¿Cuán frecuentemente nos encontramos alabando al Señor, realmente alabando su fuerza, bondad y misericordia? Como seres humanos, nos aferramos a cualquier cosa que nos dé una sensación de autoconfianza. Eso puede conducir a concentrarnos en nuestras propias fortalezas o a promocionarnos para que alguien reconozca en nosotros un don o un talento. La vanagloria sigue entonces a esta confianza inflada y mal posicionada.

Sin embargo, en la misericordia de Dios se nos permite ver que nuestras fortalezas no son nada sin Él. Su misericordia incluso a veces nos despoja de las cosas de las que nos jactamos para que podamos ver claramente el poder del Señor y darle la gloria que solo Él merece. La próxima vez que estemos tentados a darnos palmaditas en la espalda, podemos aprovechar la oportunidad para reconocer el poder, la bondad y la gracia de Dios en nuestras vidas.

Dios, cuando las cosas van bien me gusta pensar que soy yo quien ha hecho todo el buen trabajo; sin embargo, en realidad eres tú quien merece toda la gloria. Sin ti no soy nada, y no soy capaz de nada bueno por mí mismo. Gracias por obrar a través de mí; que me enorgullezca solamente de ti.

Deleite

El Señor dirige los pasos de los justos;
se deleita en cada detalle de su vida.
Aunque tropiecen, nunca caerán,
porque el Señor los sostiene de la mano.
Salmos 37:23-24

Por mucho que luchemos contra ello, tropezar y batallar son parte de la vida. Realmente nunca dejaremos atrás esos desafíos hasta que lleguemos a la eternidad. Podríamos permitirnos ser desanimados por esto, o podemos alegrarnos en la promesa de la Escritura que nos asegura que nuestro tropiezo nunca nos destruirá por completo.

Para aquellos cuyas vidas están comprometidas con el camino de Cristo, sabemos que Dios se deleita en cada detalle de nuestras vidas. Él ve nuestros días buenos y nuestros días malos. Encuentra alegría en los momentos en que estamos superando nuestros miedos, sirviendo incansablemente en nuestros hogares, guiando a alguien hacia el conocimiento de la verdad, o realmente luchando con el dolor y la duda de uno mismo mientras lo buscamos a Él. Como una mamá que ama a sus hijos sin importar si están logrando cosas buenas o realmente metiéndose en problemas, Dios se deleita en nosotros. Nunca permitirá que nuestras luchas nos destruyan.

Jesús, gracias porque te deleitas en mí incluso cuando realmente lo estoy pasando mal. Conoces mis luchas, no estás molesto conmigo y prometes estar a mi lado en toda situación. ¡Gracias!

Él restaura

Él restaura mi alma;
me guía por senderos de justicia
por amor de su nombre.
Salmos 23:3 LBLA

¿Alguna vez sientes que te alejaste demasiado? Cometiste demasiados errores y seguramente has decepcionado a Dios demasiadas veces como para que Él pierda más tiempo contigo, ¿verdad? Satanás querría que creyéramos eso como una verdad. Quiere que creamos que Dios no puede restaurarnos, o incluso si pudiera, no querría hacerlo. ¡Nada puede estar más lejos de la verdad! Dios ofrece sanidad incluso a las partes de nosotros que consideraríamos irrecuperables.

¿Hay partes de ti que no crees que puedan ser restauradas y volver a estar completas? Confiesa tu incredulidad y ora por la fe para creer en su poder restaurador. No hay nada que Él no pueda hacer, y quiere producir en ti restauración no solo por tu propio bien sino también por el bien de su gloria.

Dios, perdóname por mi falta de fe en tu poder para traer sanidad nuevamente y hacer completos mis lugares quebrados. Tú no me ves como una causa perdida, y no estás cansado de trabajar conmigo. Restaura mi alma, Salvador.

NO HAY CALLEJONES SIN SALIDA

Porque no fue su espada la que conquistó la tierra
ni fue su brazo el que les dio la victoria:
fue tu brazo, tu mano derecha;
fue la luz de tu rostro, porque tú los amabas.

SALMOS 44:3 NVI

Una cosa que queda muy clara en el Antiguo Testamento es que no fue por la fuerza y el poder de Israel que derrotaron a sus enemigos, sobrevivieron en el desierto o tomaron posesión de la Tierra Prometida. Esas cosas sucedieron solo por la mano de Dios; Él se encargó de los obstáculos que se interponían en su camino. Él lidió con las cosas que parecían un callejón sin salida para la comprensión humana. En última instancia, fue el favor de Dios sobre los israelitas lo que los llevó más allá de estos obstáculos.

Dios hará lo mismo por ti también. ¿Estás enfrentando lo que parece ser un callejón sin salida hoy? Entrega tu obstáculo al Señor y Él arrancará y desplazará lo que tenga que pasar para plantarte donde necesitas estar. No intentes hacerlo en tu propia fuerza. Sabemos por la historia de Israel que es mejor dejar estas cosas en manos del Señor.

Dios, gracias por recordarme que es solo tu poder el que me permite prosperar. Ayúdame a acudir a ti cuando me encuentre frente a un callejón sin salida, sabiendo que eres capaz de llevarme al mejor lugar posible.

AYUDADOR SIEMPRE PRESENTE

Dios es nuestro refugio y nuestra fuerza;
siempre está dispuesto a ayudar en tiempos de dificultad.
SALMOS 46:1

¿Tienes algún amigo de conveniencia? Estos amigos permanecen cerca mientras las cosas van bien en tu vida, pero tan pronto como las circunstancias se tornan difíciles y podrías necesitar ayuda, desaparecen. No hay nada más frustrante que darse cuenta de que las personas que creías que se preocupaban por ti no tenían buenas intenciones para la amistad, después de todo.

Qué consuelo encontramos entonces al saber que Dios no es ese tipo de amigo. Si todo está saliendo mal en nuestras vidas o en el mundo, aun así estará con nosotros. No está esperando obtener algo de la relación; simplemente está presente como un padre y un verdadero amigo. Siempre está con nosotros en tiempos de dificultad; no solo cuando es conveniente para Él, no solo cuando no tenía otros planes, y no solo porque no hubiera nadie más que pudiera ayudar. Podemos recurrir primero a nuestro ayudador siempre presente. ¡Su ayuda es un «Sí» garantizado!

Dios, gracias porque puedo confiar en ti para que estés conmigo como mi ayudador, y no temer que me quedaré solo para resolver las cosas difíciles. Estoy muy agradecido por tu fidelidad hacia mí.

Redimido por gracia

Pero en mi caso, Dios redimirá mi vida;
me arrebatará del poder de la tumba.
Salmos 49:15

Este mundo confía en sus riquezas. La mentalidad materialista de las generaciones recientes impregna todos los aspectos de la vida ahora, tentándonos a creer que a menos que tengamos lo más nuevo y lo mejor, y más y más de ello, nuestras vidas están carentes. Sin embargo, la Escritura nos recuerda que todas las cosas buenas que ofrece el mundo pasarán. En esta era de comparación en las redes sociales, es fácil sentir que la vida de otra persona es mejor que la nuestra, pero al final, ¿en realidad lo es?

Si estás viviendo con el objetivo de las riquezas eternas en mente, entonces todas las cosas buenas que tienen tus amigos y vecinos no deberían afectarte. No te enredes en todo lo que supuestamente te falta, y pon tu esperanza en lo que realmente perdurará y te redimirá después de todo.

Oh Señor, dame ojos para ver los beneficios de acumular riquezas eternas. No me dejes caer en el juego de las comparaciones ni comprar la idea de que me falta algo. ¡Te tengo a ti y no me falta nada!

HOY

Saquen el mayor provecho de cada oportunidad en estos días malos.
EFESIOS 5:16

Veinticuatro horas realmente no es mucho tiempo. Si restamos el tiempo que pasamos durmiendo, nos quedan tal vez dieciséis horas al día para ser productivos, disfrutar y edificar nuestra relación con el Señor. Sin embargo, ¿cuántas horas de nuestros días pasamos preocupados en exceso por el futuro o analizando días pasados? Si pudiéramos ver los minutos que suman horas a lo largo de nuestras vidas que fueron empleados en pensamientos ansiosos y preocupaciones, probablemente nos avergonzaríamos.

El día de hoy es un regalo. Nunca ha habido otro igual. Y no importa cómo te parezcan tus días, alegres o monótonos, aventureros o relajados, simples o desafiantes, nunca recuperarás este tiempo una vez que se haya ido. ¡Por lo tanto, regocíjate en él! Pregunta a Dios cómo quisiera Él que utilices las horas limitadas para glorificarlo mejor y disfrutar del regalo del hoy.

Señor, no quiero desperdiciar el tiempo que me has dado preocupándome por cosas en mi pasado o en el futuro. Ayúdame a aprovechar el día con entusiasmo y a darte lo mejor.

Día de gracia

Porque el Señor se deleita en su pueblo;
él corona al humilde con victoria.
Salmos 149:4

Dios se deleita en su pueblo, y a veces ese deleite se manifiesta en un día de gracia. Los días de gracia son aquellos en los que conoces la alegría del Señor profundamente en tu alma, incluso cuando las probabilidades están en tu contra; a pesar de los desafíos, nada puede robarte tu alegría. Un día de gracia puede ser algo así: respondes con compasión a tus hijos que se quejan y sientes solo amor y no molestia hacia ellos. Son los días en los que la naturaleza de pecado parece haber perdido todo su poder sobre ti y te sientes dominado por el Espíritu, dando buenos frutos.

Dale gracias a tu Dios bondadoso en esos días, pero no desesperes cuando no todos los días sean así. Es el deleite de Dios en nosotros lo que nos permite tener estos días especiales. Son una dulce probada de lo que está por llegar en la eternidad. ¡Alaba al Señor porque habrá días en el cielo en los que cada día será un día de gracia!

Señor, aunque desearía que cada día estuviera muy lleno de tu alegría, gracia y amor, estoy agradecido por los días en los que tu presencia es muy evidente para mí. Gracias por deleitarte en mí. Que persevere en los días difíciles, sabiendo que en la eternidad todas las luchas habrán terminado.

Julio

¡Qué dulces son a mi paladar
tus palabras!
Son más dulces que la miel.

Salmos 119:103

Convocatoria

El Señor, el Poderoso, es Dios y habló;
convocó a toda la humanidad
desde donde sale el sol hasta donde se pone.
Salmos 50:1

¿Alguna vez te detienes a pensar en cómo Dios hace que todo suceda? Él no creó el mundo y lo puso en marcha observando desde la distancia mientras sigue su curso. Él convoca a la tierra diariamente, haciendo que el sol salga y se ponga, que las semillas broten y que los corazones se ablanden ante su llamado.

Él también está involucrado en tu vida diariamente, íntimamente. Su magnífico poder es personal. Él conoce tu vida y está estrechamente involucrado en todas tus actividades. Él te llama a despertar cada mañana, trabajar con diligencia dentro de tu llamado, y sentir su presencia y su amor en tu vida. «¿Qué son los simples mortales para que pienses en ellos» (Salmo 8:4). Y, sin embargo, ¡Él lo hace! Recibe aliento por su atención hacia ti hoy, y por la manera en que actúa contigo.

Gracias, Señor, porque no eres tan solo un ser distante que observa el mundo. Estás involucrado en mi vida y en la vida de cada persona y cosa creada. Que sea cada vez más consciente de tu participación en mi vida y que nunca intente vivirla sin tu dirección.

PODA

Pues el SEÑOR disciplina a los que ama
y castiga a todo el que recibe como hijo.
HEBREOS 12:6

Los jardineros experimentados conocen los beneficios de podar sus plantas. Ante los ojos inexpertos, la poda parece dolorosa para la planta y hace que luzca desnuda, ¡o incluso parece que fuera a morir! Sin embargo, el jardinero sabe que la poda es para el bien de la planta; está eliminando cualquier cosa que no le permitirá florecer.

Dios actúa de la misma manera en las vidas de sus hijos. Él poda y disciplina, retirando de nosotros todo lo que no será para nuestro bien. Puede ser doloroso en el momento, e incluso podría parecernos que vamos a morir, pero sus procesos están destinados a ayudarnos a crecer. No te resistas a las tijeras del jardinero, por doloroso que sea. Permite que corte las cosas que no ayudarán al crecimiento. Es su profundo amor por nosotros lo que lo lleva a actuar de ese modo.

Dios, ayúdame a no resistirme a tu disciplina. Sé que quitas las cosas que no me ayudarán porque estás lleno de amor y misericordia hacia mí. Que mi corazón esté blando y abierto a tu poda.

QUERIDOS EN NUESTRO PEOR MOMENTO

Me gozaré y me alegraré en tu misericordia,
porque tú has visto mi aflicción;
has conocido las angustias de mi alma,
SALMOS 31:7 LBLA

Tendemos a querernos más cuando somos fuertes, productivos y capaces. Cuando nos demostramos a nosotros mismos y al mundo cuánto podemos lograr, entonces nos sentimos satisfechos. El mundo nos dice que debemos aspirar a eso haciendo nuestro mejor esfuerzo en todo momento.

Como sabemos ahora, Dios es bastante contracultural. Prefiere lo contrario a lo que el mundo y nuestro yo natural llamarían bueno. ¿Qué significa eso en este contexto? Significa que a Dios le gusta más cuando somos débiles. Se complace en nuestras miradas débiles hacia Él cuando admitimos nuestra necesidad. Le encanta cuando llegamos al final de nosotros mismos y posamos nuestros ojos en Él, porque es entonces cuando puede revestirnos de misericordia y fortaleza. No desprecies las debilidades, amigo.

Dios, es difícil sentir «que no soy gran cosa». No me gusto cuando soy débil, ¡y por eso es difícil entender que a ti sí te gusto! Ayúdame a gozarme en mis debilidades y a verlas como oportunidades para ser revestido de tu fortaleza.

POR LO TANTO, ELIGE

A ti, fortaleza mía, te cantaré salmos,
pues tú, oh Dios, eres mi refugio.
Tú eres el Dios en quien puedo confiar.
SALMOS 59:17 NVI

Incluso si eres una persona matutina, las mañanas no siempre son fáciles. Los niños hacen demandas y se apuran para salir por la puerta a tiempo. Tienes que lidiar con desafíos imprevistos después de no haber tenido un descanso o café suficientes, y eso puede provocar que surja el egoísmo. Se necesita una elección consciente para proclamar con alegría el amor y la fidelidad de Dios en esos momentos. Dios es tu fortaleza. Él te da toda la fuerza y la gracia que necesitas para el día que tienes por delante, ya sea que estés bien descansado o no, ya sea que tengas que lidiar con niños gruñones o con angelitos, y ya sea que temas tu jornada laboral o estés entusiasmado con ella.

Por lo tanto, elige cantar alabanzas a Dios, quien es tu fortaleza. Por lo tanto, elige poner tu esperanza en la gracia salvadora de Cristo y no en tus circunstancias. Por lo tanto, elige bendecir al Señor cada mañana, ya sea que hayas dormido bien o no. Puedes confiar en Él.

Señor, me alegra que no me dejes solo para enfrentar cada nuevo día. Tu misericordia es nueva para mí hoy, y tengo todo lo que necesito para caminar en piedad incluso cuando las cosas no son perfectas. Ayúdame a elegir adorarte y declarar tu bondad y fidelidad en este día.

LUZ Y VERDAD

Allí iré al altar de Dios,
a Dios mismo, la fuente de toda mi alegría.
Te alabaré con mi arpa, ¡oh Dios, mi Dios!
SALMOS 43:4

Lucharemos batallas durante toda nuestra vida. Tendremos que mantener a raya el pecado, las tentaciones del mundo y las demoníacas, y la opresión de aquellos que creen que somos insensatos. Cuando estemos en medio de la batalla, podemos orar para que la luz y la verdad de Dios nos guíen. Nunca hay un momento más importante para conocer la verdad que cuando estamos siendo aplastados, oprimidos o engañados. Podemos buscar la verdad que ofrece la Escritura; somos perseguidos pero no abandonados; derribados pero no destruidos (2 Corintios 4:9). Tenemos victoria sobre el pecado y la muerte a través del Señor Jesucristo (1 Corintios 15:57). No somos de los que retroceden y son destruidos, sino de los que tienen fe y son salvos (Hebreos 10:39).

Podemos tomar la decisión consciente de poner nuestra esperanza en la verdad cuando todo a nuestro alrededor intenta evitar que alabemos a Dios. ¡Tenemos la victoria!

Dios, gracias por tu Palabra que declara verdad a cada situación que enfrento. Ayúdame a ser consciente de cuándo necesito que tu luz y tu verdad me guíen. No quiero intentar pelear la batalla por mi cuenta.

COMO JESÚS

Queridos amigos, ya somos hijos de Dios, pero él todavía no nos ha mostrado lo que seremos cuando Cristo venga; pero sí sabemos que seremos como él, porque lo veremos tal como él es.

1 JUAN 3:2

Esta promesa de 1 Juan nos reconforta en los días en que batallamos por sentir que alguna vez seremos completamente santificados. La promesa de «será pero todavía no» con la que los creyentes vivimos nos mantiene agradecidos por el don de la santidad que tenemos ahora, pero también nos mantiene anhelando el día en que se producirá la santificación plena. Imagina cuando seamos como Jesús: humildes, bondadosos, compasivos y llenos de misericordia. Esas son todas las cosas que anhelamos ser pero todavía no somos.

Podríamos permitir que la desilusión gobierne nuestros corazones cuando nuestra lucha por ser como Cristo continúa día tras día. Por otro lado, podríamos esperar en la promesa de que un día todas nuestras luchas pasarán, y seremos como Jesús. Fijamos nuestra mirada en esa promesa hoy, y seguimos adelante.

Jesús, cuando me frustro por mis luchas con el pecado, ayúdame a esperar en la promesa de que cuando te vea seré hecho semejante a ti. Ya no habrá más luchas, no más pecado ni más tentación. Anhelo ese día. Lléname de tu poder para vivir bien en el presente.

FIEL

«Te seré fiel y te haré mía,
y por fin me conocerás como el SEÑOR».
OSEAS 2:20

La comprensión humana de la fidelidad está distorsionada debido a nuestras experiencias. Hay ejemplos imperfectos de fidelidad por todas partes. Prometemos amor pero lo desechamos fácilmente cuando ya no sale bien. Si nuestras necesidades no se satisfacen en la iglesia, nos vamos a buscar otra. La verdadera fidelidad implica un compromiso a través de experiencias dolorosas, comunicación difícil y expectativas no cumplidas. Cuando se tambalea nuestra dedicación, basada únicamente en nuestra comprensión humana, nos preguntamos cómo podemos ser fieles a tareas tan difíciles.

Cuando leemos sobre Cristo como nuestro esposo fiel, nos preguntamos cómo puede amarnos a pesar de nuestros corazones errantes. Sin embargo, su fidelidad es toda de Él; no tiene nada que ver con nuestra capacidad para permanecer fieles. Él ha hecho un pacto y no romperá su promesa. Da gracias hoy porque su fidelidad no depende de ti sino solo de Él.

Señor, es reconfortante saber que, cuando eres fiel a tu promesa, eso no depende de mi perfección. Ayúdame a entender tu amor que va más allá de mis errores para que pueda caminar en esa misma fidelidad.

NUESTRO LÍDER PARA SIEMPRE

Pues así es Dios.
Él es nuestro Dios por siempre y para siempre,
y nos guiará hasta el día de nuestra muerte.
SALMOS 48:14

El Salmo 48 es una declaración gozosa del poder de Dios manifestado en Sion. Termina con un desafío al lector para que cuente a las generaciones futuras acerca del Dios que guía a su pueblo para siempre. ¿Cómo estás viviendo hoy de tal modo que este mensaje se transmita a las generaciones futuras? ¿Refleja tu vida la creencia de que tu Dios siempre los guiará a ti y a quienes amas? ¿Vives tus días en paz mientras confías en la dirección de Dios, o tienes un corazón ansioso?

Examina seriamente tu vida hoy y pregúntate si tu modo de vivir refleja una confianza profunda en el liderazgo de Dios. ¿Ha hecho Él algo que no comprendes? ¿Cuál fue tu respuesta? Pregúntate cómo puedes mostrar una confianza tranquila en el plan de Dios a tus hijos, amigos y familiares. Declara tu gozo en Dios mientras Él te guía con fidelidad toda tu vida.

Señor, soy culpable de responder con frustración o ira cuando sucede algo que no entiendo. ¡Perdona mi incredulidad! Siempre me has guiado fielmente, y lo seguirás haciendo. Que mi vida refleje una confianza completa en ti.

NO ES INÚTIL

Por lo tanto, mis amados hermanos, permanezcan fuertes y constantes. Trabajen siempre para el SEÑOR con entusiasmo, porque ustedes saben que nada de lo que hacen para el SEÑOR es inútil.

1 CORINTIOS 15:58

Jesús no enfrentó circunstancias fáciles durante su vida terrenal. Sus enseñanzas causaron que hubiera más personas que lo despreciaban que quienes lo seguían; las personas a las que vino a salvar lo rechazaron; sus milagros y sus motivos fueron cuestionados repetidamente. ¿Y si simplemente hubiera tirado la toalla cuando no veía frutos de su labor?

A menudo trabajamos arduamente en algo sin ver los frutos que esperamos, pero Jesús nos llama a vivir con fidelidad incluso cuando los frutos no coincidan necesariamente con el esfuerzo. Jesús perseveró hasta la victoria, y nos ofrece esa misma victoria sobre nuestro cansancio. ¿En qué luchamos duro hoy sin ver los resultados que esperamos? Podemos pedir al Espíritu Santo que renueve nuestra alma y nos dé la gracia para ser firmes y constantes en nuestro trabajo.

Jesús, gracias por no rendirte en tu ministerio incluso cuando las cosas no parecían positivas. Ayúdame también a mantenerme firme en la obra a la que me has llamado, ya sea que vea los frutos de mi trabajo o no. ¡Sé que todo lo que hago por ti no será inútil!

Vida verdadera

«Yo soy la resurrección y la vida. El que cree en mí vivirá aun después de haber muerto. Todo el que vive en mí y cree en mí jamás morirá. ¿Lo crees, Marta?».

Juan 11:25-26

¿Cómo defines *vivir*? ¿Se parece a la definición que da el resto del mundo? ¿Aspiras a tener buenas experiencias, éxito en la carrera profesional y la familia, o legados para transmitir a la siguiente generación? ¿O te conformas con una *vida* que está más definida por morir? ¿Estás cómodo haciendo sacrificios para llevar las buenas noticias a alguien solo para glorificar a Dios, y así negar tus propias oportunidades de presumir de ti mismo? ¿Significa *vivir* servir con fidelidad sin recibir necesariamente agradecimiento?

Mira más de cerca y pregúntate qué tipo de vida tienes ahora. ¿Es una vida que se parece a la de todos los demás, o tu vida se parece a la que Jesús ofreció? No tengas miedo de abrazar una vida de sacrificio. Hay una belleza indescriptible en negarte a ti mismo para que Jesús sea glorificado.

Señor, admito que mi vida a menudo se parece a la del resto del mundo. Ayúdame a estar conforme con no tener el éxito que tienen otras personas o no ser reconocido por mi duro trabajo. Sé que cualquier sacrificio que haga por ti será recompensado mucho más allá de lo que podría ser mi recompensa terrenal. ¡La vida que ofreces me atrae mucho más!

SUFICIENTE PARA HOY

El SEÑOR es mi pastor;
tengo todo lo que necesito.
SALMOS 23:1

A veces el Señor da abundantemente y otras veces da incrementalmente, pero suplirá nuestras necesidades. La Escritura nos dice que sus misericordias son nuevas para nosotros cada mañana, pero no dice que podamos recoger la misericordia de un día y aplicarla al siguiente. Como los israelitas en el desierto que recibían el maná que necesitaban cada día solo para ese día, así también Dios provee para nosotros todos los días; sin embargo, a veces es específicamente solo para un día cada vez.

Acepta lo que Él te ha dado para este día y alábalo, pues es suficiente. Descansa en la bondad de su provisión y no te preocupes por el mañana. Repite para ti lo siguiente tantas veces como sea necesario hoy: el Señor es mi pastor; tengo todo lo que necesito.

Dios, a menudo me encuentro preocupado y ansioso cuando tú ya me has dado gracia y misericordia suficientes para este día. Ayúdame a no preocuparme por el mañana, sabiendo que hay nuevas misericordias esperándome para todo lo que enfrentaré más adelante.

TERNURA

Compasivo y clemente es el SEÑOR,
lento para la ira y grande en misericordia.
SALMOS 103:8 LBLA

Si eres papá o mamá, posiblemente has sido duro con tus hijos en ocasiones, tal vez más a menudo de lo que te gustaría admitir. Cuando eras niño, probablemente también experimentaste palabras o actitudes duras de tus padres. Qué interesante es pensar entonces que Dios no se relaciona con nosotros como lo hace un papá molesto. No grita, no reprende ni nos menosprecia cuando estamos batallando. Es lento para enojarse, clemente, tierno y lleno de compasión.

Tú, mi amigo, conmueves el corazón de Dios incluso en los días en que estás gruñón y molesto. Su compasión te atrae hacia Él; no se aleja por tus errores y deseos terrenales. Todo de Él te ama, y todo de Él desea lo mejor para ti. ¿Cómo te está mostrando hoy su ternura? ¿Cómo puedes reflejar esa ternura hacia los demás?

Dios, me humilla cuando pienso en la compasión que brota de tu corazón en medio de mis luchas. Qué bueno eres al responder con bondad en lugar de enojo cuando parece que no puedo lograrlo. Que esa misericordia cambie mi corazón y me haga responder también con gentileza hacia los demás.

ÉL SOBRELLEVA LAS CARGAS

Bendito sea el Señor, nuestro Dios y Salvador, que día tras día sobrelleva nuestras cargas.

Salmos 68:19 NVI

¿Conoces esas cosas secretas que cargas en tu corazón, los pesos silenciosos que no le cuentas a nadie por miedo a que no te comprendan o a ser juzgado o rechazado? Necesitas saber algo sobre ellas: en realidad, no sobrellevas esas cargas tú solo. El Salmo 68 nos dice que, día tras día, el Dios de nuestra salvación sobrelleva nuestras cargas. Qué bueno es saber que lo que creemos que estamos cargando solos, ¡Él lo quita de nuestros hombros porque ve y nos cuida!

¿Qué cargas hay en tu corazón en este día que puedes entregar al Señor? Recuerda que su yugo es fácil y su carga ligera (Mateo 11:30). Él con mucho gusto cambiará tu carga por su carga ligera y fácil. Acéptala para ti hoy.

Señor, cuán reconfortante es saber que las cosas que me abruman no necesito llevarlas solo, ¡y no lo hago! Tú sobrellevas esas cargas por mí a diario, incluso cuando no soy consciente de ello. Muchas gracias por el modo en que cuidas de mí.

Atascado

«No tengas miedo, porque yo estoy contigo;
no te desalientes, porque yo soy tu Dios.
Te daré fuerzas y te ayudaré;
te sostendré con mi mano derecha victoriosa».
Isaías 41:10

¿Alguna vez observaste un arroyo que fluye por cascadas y alrededor de rocas? Tal vez de niño lanzabas hojas o piñas al agua, observando y esperando que llegaran río abajo. Inevitablemente, algunas de ellas quedaban atrapadas en los remolinos, dando vueltas y vueltas alrededor de las rocas pero sin poder seguir adelante sin una mano amiga.

En ocasiones, la vida puede asemejarse a esa hoja que da vueltas. Quedas atrapado en un remolino de tamaño real, incapaz de liberarte de malos hábitos y luchas con el pecado. Cuando te encuentres en ese lugar, no te desesperes porque no eres tú quien debe esforzarse por salir del remolino. La mano derecha victoriosa de Dios te ayudará. Él tiene el poder para liberarte de los límites de tu carne. No te dejará para que te salves tú mismo. Acude a Él para obtener la ayuda que necesitas para continuar tu viaje.

Dios, a veces parece que lucharé con ciertas cosas para siempre. Gracias por no dejarme en el remolino a mi suerte; tú me ayudarás. Que nunca aparte la mirada de Aquel que me salva.

EN TODO MOMENTO

Oh pueblo mío, confía en Dios en todo momento;
dile lo que hay en tu corazón,
porque él es nuestro refugio.
SALMOS 62:8

En la Biblia se nos ordena muchas veces que confiemos en Dios, pero el versículo de hoy deja realmente claro *cuándo* confiar en Él: «Oh pueblo mío, confía en Dios en todo momento». Cuando sus bendiciones son abundantes, confía en Él. Cuando todo se desmorona, confía en Él. Cuando la vida es estable, confía en Él. Cuando nada es estable, confía en Él. Cuando tu corazón está en paz, confía en Él. Cuando estés angustiado, confía en Él. Confía en Él en todo momento.

Deja que Él escuche tu clamor, tus gemidos, tu alabanza y tu alegría. Deja que lo escuche todo porque no hay nada que le sorprenda. Nada lo hará tambalearse; no hay nada que hará que te dé la espalda. Y, al final de todo, declara tu confianza en Él y mira cómo te lleva adelante.

Gracias, Señor, por ser un refugio para mí. Gracias porque puedo compartir contigo las cosas que me sacuden y me derriban, y al final de todo sigues esperando que diga: «Confío en ti». ¡Tu bondad es grande!

Mansos

«Bienaventurados los mansos,
porque ellos heredarán la tierra».
Mateo 5:5 RVC

La mansedumbre es una característica que la mayoría de las personas no incluirían en su currículum. Para nosotros tiene connotaciones de debilidad. Una persona mansa parece ser fácilmente manipulable, incapaz de defenderse. La declaración contracultural de Jesús en este versículo de hoy de las Bienaventuranzas va en contra de nuestro instinto natural de luchar por nuestros derechos, rechazar críticas y buscar la victoria.

Sin embargo, cuando somos mansos entendemos más la gracia de Dios. Cuando dejamos de lado nuestra necesidad de tener la razón o de defendernos y demostrar nuestro valor, entendemos cuán miserables somos en realidad y cuán desesperadamente nuestras almas necesitan misericordia. Cuando abrazamos la humildad de Cristo, nuestros ojos se abren a la dicha de aceptar nuestras debilidades y ver la gloriosa gracia de Cristo.

Dios, ayúdame a ver las áreas de mi vida donde necesito abrazar la mansedumbre para reconocer mi necesidad de tu gracia. Que nunca esté demasiado orgulloso como para perder oportunidades de que se muestre tu misericordia.

GUÍA

«Te guiaré por el mejor sendero para tu vida;
te aconsejaré y velaré por ti».
SALMOS 32:8

El miedo a lo desconocido a veces podemos sentirlo como un enemigo. Nos mantiene atrapados en preocupaciones y ansiedades sobre lo que podría suceder, o lo que podríamos perder, o lo que podría salir mal si tomamos la dirección incorrecta. En realidad, el enemigo es la autosuficiencia; es perjudicial para los creyentes pensar que podemos tomar todas las mejores decisiones por nosotros mismos sin necesidad de la guía de Dios.

No necesitamos tener todos nuestros pasos perfectamente alineados para progresar; solo necesitamos confiar en Dios para que nos dé lo que necesitamos saber cuando necesitemos saberlo. ¿En qué has estado confiando últimamente? ¿A qué incertidumbres has estado temiendo en lugar de confiar en la buena guía del Señor? Entrégale cada día, cada paso, cada situación que te asusta y cada oportunidad de confiar en ti mismo o en el Señor. Permite que Él sea tu guía hoy.

Jesús, mi tendencia a confiar en mí mismo o ceder al miedo mina mi confianza en tu buena dirección. Perdóname por mi falta de fe y ayúdame a vivir una vida entregada a ti.

Sequía

Coronas el año con una copiosa cosecha;
hasta los senderos más pisoteados desbordan
de abundancia.
SALMOS 65:11

Otro año de sequía. Esa exuberante temporada verde que anhelabas durante todo el invierno simplemente nunca llegó. ¿Sigue estando cerca Dios en esas temporadas de sequía? ¿Sigue presente su cuidado cuando la cosecha abundante no tiene posibilidad de producirse? En ocasiones, la sequía llega a nuestras almas así como a nuestros cultivos. Los desafíos en las relaciones nos agotan, y es difícil encontrar alegría. ¿Dónde está Dios entonces?

Ya sea que lo sintamos o no, el cuidado de Dios por nosotros no ha terminado incluso cuando las temporadas secas persisten. Su bondad sigue coronando nuestras vidas, y en algún momento veremos señales de crecimiento nuevamente. Nuestro mandato es cantar incluso cuando el pasto no crece y los arroyos se secan. Cantar incluso cuando el dolor no desaparezca y los problemas continúen. Lo alabamos porque Él es digno de alabanza, no porque todo esté bien en nuestro mundo.

Señor, a veces estas temporadas desafiantes parecen continuar y no terminar nunca. Ayúdame a recordar que también llegarán a su fin. Mientras tanto, que continúe alabándote incluso cuando todo haya salido mal.

MAJESTAD

SEÑOR mi Dios, tú eres grandioso;
te has revestido de gloria y majestad.
SALMOS 104:1 NVI

¿Cómo experimentas la majestad de Dios? ¿Es en los colores del atardecer? ¿Tu corazón se estremece con las sonrisas y los arrullos de un bebé recién nacido? La majestad de Dios puede parecer algo que se encuentra solamente en eventos o experiencias grandes, pero en realidad se encuentra en todo, desde lo magnífico hasta lo monótono.

¿Cuándo fue la última vez que encontraste el esplendor y la majestad de Dios? Si sientes que ha pasado mucho tiempo desde que fuiste «maravillado» por Dios, pídele que te revele más de Él nuevamente. Sin embargo, no olvides buscarlo también en los momentos comunes y corriente de la vida cotidiana. Levanta la vista, espera y búscalo. Observa las cosas increíbles que Dios te muestra cuando le pides más revelaciones de su gloria. Prepárate para asombrarte.

Dios, me enredo tanto en la vida normal y corriente que olvido buscar tu belleza y majestad en las cosas pequeñas y ordinarias. Ayúdame a reconocer tu gloria en lo grande y en lo pequeño, y a darte la alabanza que te corresponde.

Debilidad familiar

Te amo, Señor; tú eres mi fuerza.
El Señor es mi roca, mi fortaleza y mi salvador;
mi Dios es mi roca, en quien encuentro protección.
Él es mi escudo, el poder que me salva y mi lugar seguro.
Salmos 18:1-2

A veces reconocemos el poder y la fuerza de Dios en las cosas importantes de la vida, lo cual nos familiariza nuevamente con nuestra necesidad de depender de Él. Sin embargo, ¿qué hay de las debilidades cotidianas que enfrentamos repetidamente, incluso a diario? ¿Deberíamos menospreciar las cosas que nos afligen? ¿O deberíamos verlas como oportunidades para alabar a Dios y descubrir su fortaleza en esas fallas cotidianas?

No necesitamos resentir nuestras debilidades. Podemos usar esas cosas pequeñas pero difíciles como recordatorios de su poder sobre todos los problemas en este mundo (Juan 16:33). Por difícil que sea, incluso podemos darle gracias por nuestro dolor, tristeza e incomodidad. Al hacerlo, somos salvados del enemigo; las debilidades que solían sumirnos en la desesperación ahora nos envían de regreso al trono del Rey.

Señor, no viniste a salvarme solo de eventos importantes, sino también de las pruebas que enfrentaré repetidamente. Ayúdame a entregarte mis debilidades.

CRECIMIENTO LENTO

El SEÑOR es bueno con los que dependen de él,
con aquellos que lo buscan.
LAMENTACIONES 3:25

Nuestro mundo hoy día tiende a apresurarlo todo: comida rápida, entrega instantánea de comestibles, y niños que leen a los cuatro años de edad. Si tardamos demasiado tiempo en hacer algo, la presión de grupo nos hace sentir como si lo estuviéramos haciendo mal. En realidad, el crecimiento lento está bien. En la vida cristiana no hay una vía rápida hacia la santidad o para dar buenos frutos, pero incluso allí podemos sentir que deberíamos estar más avanzados de lo que estamos.

Dios se deleita en el crecimiento lento de sus hijos. Somos una bendición para Dios cuando estamos satisfechos de crecer a su ritmo. Con frecuencia, eso significa muchas demoras que preferiríamos evitar, o sentir que damos dos pasos adelante y uno atrás. Sin embargo, hay consuelo en esta verdad: el Señor es bueno con los que esperan en Él, incluso si eso significa persistir más tiempo de lo que esperábamos para nuestro cambio de pecaminoso a santificado. Está bien crecer lentamente. Aun así floreceremos al final.

Señor, me frustro conmigo mismo cuando siento que debería estar más avanzado en mi caminar de lo que parece que estoy. En esos momentos, ayúdame a esperar en ti y buscarte. Tú sabes cuánto tiempo tomará este viaje; puedo confiar en ti.

Amor de un amigo

«Pero tú, Israel, siervo mío, Jacob, a quien he escogido, descendiente de Abraham, mi amigo».

Isaías 41:8 LBLA

Desde los días de Abraham se ha conocido al pueblo de Dios como amigos de Él. No simplemente le pertenecemos como un gato pertenece a su dueño; ¡en realidad somos sus amigos! Su cuidado hacia nosotros, por lo tanto, no es solo para mantenernos con vida sino también para darnos a conocer su amor. A veces, los amigos harán cosas agradables para mostrar su amor en días en que necesitamos un impulso.

Dios hace lo mismo con sus hijos. Usa pequeñas cosas para recordarnos su amor y para dejarnos saber que somos vistos y recordados. Podemos pensar en estas consideraciones silenciosas como «notas de amor de Dios» que Él deja para que las encontremos, así como un amigo dejaría una nota en el parabrisas de nuestro automóvil para que la descubramos después del trabajo. ¿Qué cosas nos recuerdan el amor de Dios? Si prestamos atención, pronto veremos cuántas veces Dios envía su amor a sus hijos amados «solo porque sí».

Dios, gracias porque buscas maneras de mostrarme tu amor. Que nunca esté demasiado ocupado o absorto en mis propias preocupaciones para no notar las maneras sencillas en que demuestras tu amor por mí.

Dios de los valles

Tú eres mi fuerza; espero que me rescates,
porque tú, oh Dios, eres mi fortaleza.
Salmos 59:9

Con frecuencia parece que Dios conduce muchas veces a su pueblo a acontecimientos de la vida que son demasiado grandes, demasiado desconocidos, demasiado intimidantes y demasiado abrumadores para que los manejemos por nuestra cuenta. La vida no consiste principalmente en caminos rectos bordeados de arcoíris. Es empinada y rocosa, con senderos que serpentean en valles oscuros donde todo se siente más difícil de lo que esperábamos.

Ya sea que caminemos bajo arcoíris o corramos a través de tormentas de lluvia, si buscamos en Dios nuestra fuerza descubriremos que Él es fiel para darnos todo lo que necesitamos con cada nuevo desafío que se presenta. Cada circunstancia aterradora es otra oportunidad para declarar que Dios es nuestro defensor y para admitir nuestra necesidad de Él. Si no estamos seguros de cómo debemos criar a nuestros hijos, Dios nos respalda. Si enfrentamos decisiones que nunca esperábamos enfrentar, el Señor nos guiará. Mantenemos nuestros ojos en Él, y Él no nos dejará atravesar el valle solos.

Dios, a veces me siento abrumado por cada nuevo desafío. En ocasiones parece que nunca terminan. Ayúdame a mirarte a ti y saber que me darás todo lo que necesito para seguir adelante.

Alegría a su sombra

A la sombra de tus alas canto de alegría,
porque tú eres mi ayuda.
Salmos 63:7 NVI

En medio del verano nos gozamos en las bendiciones que producen alivio del calor, como una bebida fría, un baño en el lago o una brisa refrescante a la sombra de un árbol maduro. De la misma manera, también nos gozamos en todo lo que nos produce alivio de los estreses y peligros de la vida; para aquellos que aman a Dios es descansar a la sombra de sus alas.

Si últimamente la vida se ha tornado ansiosa, tómate un tiempo para alejarte de lo que puedas y encontrar descanso y alivio en la protección reconfortante de tu Ayudador. Aparta tu atención de las cosas que son difíciles o que no van bien y dirige tu enfoque a Dios, dándole alabanza porque Él es bueno incluso cuando las cosas a tu alrededor no lo son. Alégrate y encuentra paz mientras descansas bajo sus alas protectoras.

Gracias, Dios, por ofrecer un lugar de refrigerio cuando estoy cansado de las cosas difíciles en mi vida. Me alegro en saber que siempre puedo refugiarme bajo la sombra de tus alas para encontrar descanso y paz para mi alma.

LUCHAS DE PODER

«Sin duda, el SEÑOR hará justicia a su pueblo
y cambiará de parecer acerca de sus siervos,
cuando vea que ya no tienen fuerzas».
DEUTERONOMIO 32:36

Las luchas de poder con los niños pequeños no son una broma. Un niño pequeño se agotará demandando que tiene la razón y luchando por lo que quiere. Insistirá hasta su último aliento en que sus padres no saben de lo que están hablando; sin embargo, luego de que el niño finalmente pierde sus fuerzas, sucede algo hermoso. En lugar de que el papá o la mamá se enfrente al niño con reprimendas o bailes de victoria, la compasión lo consume. Abraza con amor al niño y lo coloca suavemente en el camino correcto. No hay arrogancia en su modo de actuar, solamente amor por su hijo.

Así es como Dios nos ve. Podemos patear y gritar contra el camino de Dios, insistiendo en que sabemos lo que es mejor para nosotros. Sin embargo, cuando finalmente admitimos nuestra responsabilidad en el asunto, la respuesta de Dios es solamente compasión y alegría de que hayamos regresado a Él.

Señor, gracias por responder con tanta misericordia cuando he mantenido obstinadamente que tengo la razón. Perdóname y ayúdame a ver mi necesidad de tu guía amorosa

Se deleita en ti

¡Que la gloria del Señor continúe para siempre!
¡El Señor se deleita en todo lo que ha creado!
Salmos 104:31

Todos tenemos cosas que no nos gustan de nosotros mismos, como el modo en que nos reímos, ponernos a la defensiva cuando somos criticados, o algún aspecto débil de nuestro carácter. Estas cosas hacen que nos sintamos cohibidos y nos mantienen despiertos en la noche mientras reflexionamos demasiado y nos preguntamos cómo nos perciben los demás.

Cuando se trata de Dios, podríamos sentir la tentación de pensar que simplemente nos tolera, en especial las partes de nosotros que consideramos menos maravillosas. Sin embargo, Él no solo nos tolera; se deleita en nosotros. El salmo dice que se complace en todo lo que ha creado, lo cual incluye las cosas que podríamos encontrar detestables. Podemos ser audaces y presentar ante Él las partes de nosotros mismos que no nos gustan. No necesitamos arreglar o cambiar nada inicialmente, tan solo sentir que Él nos recibe y nos ama. Él no nos rechazará, nos despreciará ni se burlará de nosotros; encontrará que cada uno de nosotros es completamente encantador (Cantar de los Cantares 4:7).

Dios, me cuesta aceptar todas las partes imperfectas de mí mismo, pero estoy agradecido porque tú me consideras encantador. Gracias porque puedo presentarme ante ti con confianza, sabiendo que no hay ninguna parte de mí que simplemente toleras; ¡tú amas todas ellas!

No hay enemigo demasiado grande

Él mandará ayuda del cielo para rescatarme,
y avergonzará a los que me persiguen.
Mi Dios enviará su amor inagotable y su fidelidad.
Salmos 57:3

Cuando David escribió este salmo, sus enemigos trataban de quitarle la vida legítimamente, pero tus enemigos y los míos probablemente sean más sutiles y no tan amenazantes para la vida. Aun así, los enemigos nos persiguen en todos los periodos y por diferentes razones. Tal vez para ti sea una figura de autoridad opresiva o circunstancias fuera de tu control. Quizá tu enemigo actual sea el miedo que albergas en tu interior.

Amenazante para la vida o no, Dios sirve como nuestro protector y nos defenderá ante nuestros enemigos. No es únicamente nuestra responsabilidad luchar contra todo lo que nos amenaza o nos oprime; Dios peleará por nosotros. Podemos pedir hoy que Él sirva como nuestro protector ante nuestros enemigos. Podemos entregarle a Él nuestras luchas y orar para que su amor constante y su fidelidad nos cubran.

Señor, sé que estás en control, pero a veces me cuesta creer que me protegerás ante mis enemigos. En este día decido entregarte a mis enemigos y pedir que tú pelees por mí. Sé que por mí mismo no puedo protegerme adecuadamente.

PLANES MEJORES

No pongan su confianza en gente poderosa,
en simples mortales, que no pueden salvar.
Exhalan el espíritu y vuelven al polvo,
y ese mismo día se arruinan sus planes.

SALMOS 146:3-4 NVI

María estaba muy emocionada de tener a sus padres de visita. Habían pasado meses desde que estuvieron juntos, y anhelaba la buena conexión y los nuevos recuerdos entre sus hijos y sus abuelos. Sin embargo, a los pocos días de su llegada todos se enfermaron. En lugar de disfrutar de aventuras, se escondieron en sus respectivas cuartos, angustiados y extrañándose mutuamente. María estaba decepcionada y enojada con Dios. ¿Acaso no sabía Él cuánto necesitaba ese tiempo con sus padres?

La vida tiene su manera de decepcionarnos, y si estamos aferrados a que nuestros planes se cumplan tal como los imaginamos, terminaremos amargados con Dios y cualquier otra persona a la que se pueda culpar. Sin embargo, si centramos nuestra mente en la bondad del plan de Dios, que no puede ser frustrado, eso nos dará una nueva perspectiva que nos ayudará a superar cualquier decepción.

Dios, tiendo a depositar demasiada esperanza en que los planes se cumplan como los he imaginado. Ayúdame a poner mi esperanza en ti en lugar de en el cumplimiento de mis deseos.

Misericordia para guardarte

«Sin embargo, los que el Padre me ha dado vendrán a mí, y jamás los rechazaré».
JUAN 6:37

Imagina lo siguiente: cometiste un gran error y necesitas confesarlo a tu amigo. Sabes que es probable que termine alejándose de ti, pero tu conciencia no te deja escapar. Reúnes todo tu valor, te acercas a él y te disculpas sinceramente. Tu amigo está decepcionado por tu comportamiento, pero para sorpresa tuya te perdona por completo agradeciéndote tu sinceridad.

A veces nos parece que nuestros errores son simplemente demasiado grandes para llevarlos a Jesús. Seguramente, ya no nos contará entre su pueblo; sin embargo, cuando llevamos nuestros errores ante Él, en lugar de rechazo encontramos perdón completo y absoluta misericordia. No hay error demasiado grande, ninguna duda demasiado grande, ninguna falta de fe demasiado extrema que pueda apartarte de su familia. ¿Te sientes mal contigo mismo? Piensa en su increíble misericordia que te recibe y te guarda.

Señor, soy muy indigno de tu amor que me guarda a pesar de mis muchos y terribles errores. Ayúdame a recibir tu misericordia y estar siempre dispuesto a confesarme ante ti. Gracias por aceptar todo de mí.

CONTIGO

«Ciertamente yo estaré contigo».
ÉXODO 3:12 LBLA

En este día tal vez necesitas que te recuerden esta promesa sencilla pero poderosa. No sabemos lo que están enfrentando otras personas, pero el Señor sí lo sabe y ciertamente estará contigo en ello. ¿Estás ocupando un nuevo rol en tu trabajo? Ciertamente Él estará contigo. ¿Te estás acercando a un amigo para confrontar un pecado? Ciertamente Él estará contigo. ¿Intentas restaurar una relación con un hijo distanciado? Ciertamente Él estará contigo.

Esta promesa fue dirigida a Moisés, pero es verdadera para nosotros también. A pesar de lo que enfrentes en tus días, ciertamente Él estará contigo. Dios otorga gracia, valentía, sabiduría, poder y compasión. Él sabe lo que necesitas, y está contigo para proveerlo.

Dios, es fácil olvidar que no hay nada en mi vida que enfrente yo solo. Ayúdame a conocer tu presencia en las cosas grandes y aterradoras, así como en las pequeñas y corrientes. No voy solo, así que nunca permitas que crea la mentira de que enfrento mis días sin tu gracia y tu poder.

Sabor a hogar

«Ningún ojo ha visto,
ningún oído ha escuchado,
ninguna mente ha imaginado
lo que Dios tiene preparado
para quienes lo aman».
1 Corintios 2:9

Eres extranjero y forastero en la tierra. ¿Alguna vez tuviste que lidiar con esa idea? Es probable que parte de ti desee pertenecer. Puede que desees pertenecer a cierto estilo de vida, a un hogar o a alguien especial, pero solo perteneces a Cristo. Él es tu única posesión en esta vida; sin embargo, Dios, en su gracia, te ha dado sabores de pertenencia. Eso no es para burlarse de ti sino para animarte a seguir esperando lo mejor que está por llegar en la eternidad.

¿Qué sabores de pertenencia has experimentado últimamente? ¿Hay risas alegres en tu hogar, un descanso profundo en la noche o dulce compañerismo en la iglesia? ¿Ves que esos preciosos momentos te permiten deleitarte en la belleza y majestad de la creación? Reconoce estos regalos, pero no te quedes en una visión sombría de lo que está por llegar; no hagas de esto tu hogar. No te conformes con una felicidad falsa.

Dios, en los momentos en que anhelo pertenecer, ayúdame a recordar que solo tengo destellos de la gloria que me espera en el cielo.

Agosto

Prueben y vean que
el Señor es bueno;
¡qué alegría para los que
se refugian en él!

Salmos 34:8

NO SOMOS NUESTROS

Yo sé, SEÑOR, que nuestra vida no nos pertenece;
no somos capaces de planear nuestro propio destino.
JEREMÍAS 10:23

¿Cuánto tiempo tardaremos en entender que nuestras vidas son del Señor, no del Señor *y* nuestras? Tal vez todavía estamos aprendiendo eso. Muchos de nosotros no comprendemos todavía que la vida es un regalo; sin embargo, a menudo intentamos apropiarnos de ella cuando en realidad nunca debimos hacerlo. «*Mi* vida está ocupada», decimos. «Todas estas cosas están arruinando *mis* planes».

En algún momento debemos decidir entregar nuestra vida a Jesús. Si no lo hacemos, seguiremos sintiendo que estamos luchando contra Él, ya que nuestros planes para nuestra vida no van como esperamos. Se requiere consciencia y fuerza del Señor para abrir nuestras manos y decirle hoy que necesitamos rendirnos. ¿Seguimos insistiendo en planear algún aspecto de la vida? Si oramos por la gracia para entregársela al Señor, encontraremos el camino perfecto diseñado por Dios para cada uno de nosotros.

Señor, no quiero vivir mi vida luchando por aferrarme a mi propio camino. Sé que me volveré una persona amargada cuando las cosas no salgan como yo quiero. Ayúdame a entregar a ti cada aspecto de la vida, para que pueda decir con convicción: mi vida no es mía.

2 DE AGOSTO

EN ESPERA DE TU REGRESO

¡Jamás podría escaparme de tu Espíritu! ¡Jamás podría huir de tu presencia! Si subo al cielo, allí estás tú; si desciendo a la tumba, allí estás tú.

SALMOS 139:7-8

Alabado sea el Señor por ser implacable en la búsqueda de nuestros corazones. Aunque nos vestimos de inmoralidad, Él nos viste de justicia. Con ternura susurra suavemente: «Ve y no peques más», y anhela y espera derramar misericordia. Él espera pacientemente con una sonrisa, llamándonos cuando nos escondemos y diciendo: «Solo quiero ser misericordioso contigo. Solo quiero todo tu corazón. Solo te quiero a ti. Solo estoy esperando que regreses a mis brazos abiertos».

¿Por qué sustituimos tan fácilmente a Dios por cosas tan inferiores al magnífico amante que es Él? ¿Por qué nos apresuramos tan rápidamente hacia un amor tangible y descuidamos nuestro verdadero amor? ¿Es que simplemente no sentimos, vemos y percibimos con facilidad su presencia? La fe es la certeza de lo que se espera y la convicción de lo que no se ve (Hebreos 11:6). Recurrir a cada nuevo amor no es otra cosa sino falta de fe. Es una incredulidad en la capacidad de Dios para satisfacer nuestros deseos. Es un abandono de la confianza en Él para que sea nuestro todo en todo, y más que suficiente.

Perdóname, Padre. Soy muy rápido en perseguir otros amores, y todo el tiempo estás esperando pacientemente restaurarme con misericordia.

DESIERTO

«Pero luego volveré a conquistarla.
La llevaré al desierto
y allí le hablaré tiernamente».
OSEAS 2:14

¿Alguna vez sientes que Dios te llevó al desierto? Ansiamos la comodidad y la familiaridad, pero el Señor sabe que a veces debe llevarnos fuera de esos entornos por un tiempo para que escuchemos su corazón. Una vida cómoda puede conducirnos a periodos de crecimiento estancado, pero cuando Él nos lleva a un lugar salvaje y no domesticado comenzamos a ver que hay cosas que desarraigar, podar y dejar que mueran para que se produzca un nuevo crecimiento.

Estas temporadas no son un castigo. Dios quiere que aprendamos a cantar y esperar en el valle tanto como en la cima de la montaña. Qué bueno que Él nunca se contenta con nuestro estado no santificado, sino que hace lo que sea necesario para perfeccionarnos.

Gracias, Señor, porque harás lo que sea necesario para asegurarte de que mi corazón se acerque cada vez más al tuyo. Son tu misericordia y tu fidelidad las que hacen que me lleves a esos desiertos cuando estoy cómodo con las corrientes de agua. Que nunca deje de creer en tu bondad.

Peregrinaje

Dichoso el que tiene en ti su fortaleza,
que de corazón camina por tus sendas.
Cuando pasa por el valle de las Lágrimas
lo convierte en región de manantiales;
también las lluvias tempranas
cubren de bendiciones el valle.
Salmos 84:5-6 NVI

Por mucho que lo intentemos, este mundo no es nuestro hogar. Aquellos que han aceptado el hecho de que simplemente están de paso serán más felices que quienes están convencidos de que toda la satisfacción en la vida debe encontrarse dentro de este tiempo en la tierra. El valle de Baca en el Salmo 84 se traduce como el valle de las Lágrimas. Todos caminamos por un valle proverbial de lágrimas en algún momento de nuestras vidas, pero aquellos que han puesto su esperanza en el Señor verán las dificultades de esta vida como oportunidades de crecimiento. Serán capaces de convertir sus lágrimas en fortaleza para enfrentar los desafíos en los valles. Pondrán su fe en la fuerza del Señor para llevarlos adelante.

¿Puedes imaginar esta vida como un peregrinaje que te llevará a tu destino final en el cielo? ¿O ves la vida como una oportunidad única para hacer todo lo que quieres y capitalizar el éxito solamente en este tiempo de vida?

Señor, ayúdame a recordar que mi esperanza no puede estar ligada a que todo salga bien en mi vida, sino que debo ponerla solo en ti.

SOLEDAD

Los que buscan su ayuda estarán radiantes de alegría;
ninguna sombra de vergüenza les oscurecerá el rostro.
SALMOS 34:5

¿Alguna vez permites que la soledad te defina? Todos tenemos temporadas de soledad, incluso en medio de relaciones íntimas. El matrimonio puede ser solitario cuando sientes que no estás comunicándote bien. La maternidad puede ser solitaria cuando sientes que eres la única que lidia con ciertos problemas. Las amistades pueden ser solitarias cuando te sientes incomprendido. Si no tienes cuidado, puedes entrar en una temporada en la que dejas que la soledad te defina. Cuando eso sucede, hazte esta pregunta: «¿Dónde he puesto mis ojos?».

Cuando tu mirada está puesta en el Señor tendrás una alegría que no poseías antes. Dios te ha dado vida abundante, ¿por qué vivirla como si el mundo se estuviera desmoronando? Aunque tus circunstancias sean desafiantes, el carácter de Dios no ha cambiado. Tu papel es responder adecuadamente a su carácter en todas las situaciones; ese es el latido del corazón de la vida cristiana.

Dios, la soledad es difícil, pero sé que no me define. Cuando me sienta abrumado por la soledad, por favor ayúdame a mantener mi mirada puesta en ti. Tú me darás alegría incluso cuando los tiempos sean dolorosos.

Compasión en nuestro clamor

Contesta a mis oraciones, oh Señor, pues tu amor inagotable es maravilloso; cuida de mí, pues tu misericordia es muy abundante.

Salmos 69:16

A veces clamamos al Señor durante días, semanas o años con respecto a una prueba específica, pero parece que no recibimos respuesta. Eso puede ser desalentador, pero no durará para siempre. Debido a su gran amor y compasión, Él escuchará nuestro clamor y volverá su rostro de bendición hacia nosotros. El versículo 33 de este salmo dice que Él escucha a los suyos y a los necesitados.

Aunque Dios esté en silencio, debemos continuar alabándolo y dándole gracias. Incluso en el dolor y antes de ser rescatados (v. 30) podemos glorificar a Dios. Nuestro rescate de una situación o una angustia no es lo que más buscamos; más que nada, queremos al Señor incluso más que a nuestros propios deseos.

Señor, a veces me siento muy solo cuando estás en silencio mientras clamo. Ayúdame a saber que me escuchas, y debido a tu bondad y tu amor me responderás y me darás el rescate en el momento adecuado. Confío en ti, Jesús.

PERDÓN

Por el contrario, sean amables unos con otros, sean de buen corazón, y perdónense unos a otros, tal como Dios los ha perdonado a ustedes por medio de Cristo.

EFESIOS 4:32

Sabemos que somos llamados a perdonarnos mutuamente, pero ¿alguna vez intentamos mantener un corazón de perdón hacia alguien que nos ofende en repetidas ocasiones? ¿Cómo perdonamos continuamente a alguien cuando no hay signos de cambio en las acciones de esa persona? La respuesta reside en el perdón de Cristo hacia nosotros.

Cuando consideramos la bondad y la gracia de Dios hacia nosotros, se vuelve difícil aferrarnos al rencor. Su oferta repetida de misericordia hacia nosotros, cuando realmente la reconocemos y la abrazamos, hace casi imposible ser implacables con los demás. Si nos encontramos luchando por perdonar a alguien que nos ha herido una y otra vez, debemos verificar si realmente hemos aceptado el perdón de Cristo en nuestras propias vidas. Su misericordia nos permite ser misericordiosos.

Dios, ayúdame a entender plenamente la gravedad de mi pecado y tu perdón. Peco una y otra vez, y sin embargo tú eres fiel para perdonarme cada vez. Que esa misma misericordia me inunde cuando piense en las personas en mi vida que necesitan ser perdonadas.

8 DE AGOSTO

A SU CUIDADO

Porque él es nuestro Dios.
Somos el pueblo que él vigila,
el rebaño a su cuidado.
SALMOS 95:7

Muchos de nosotros somos responsables del cuidado de otros, ya sean niños que no pueden cuidarse a sí mismos, empleados que necesitan nuestra orientación, o compañeros de estudio que necesitan estímulo en un proyecto grupal. Podemos tener la sensación de que todo reposa sobre nuestros hombros y que, si no cumplimos, se vendrán abajo proyectos, personas o empresas.

Ese es un peso grande que cargar, ya sea que la responsabilidad sea percibida o real. Es fácil olvidar que no somos nuestros propios cuidadores. Tenemos un Dios que cuida fielmente de nosotros. No todo depende de nosotros, incluso cuando sentimos que así es. Está bien dar un paso atrás, dejar algo sin hacer, admitir nuestra necesidad y permitir que Dios guíe nuestros corazones. Él ve cuáles son nuestras responsabilidades, y cuidará de nuestra alma y de nuestras necesidades físicas.

Dios, tú cuidas de mí. Qué alivio saber que no todo depende de que yo lo haga todo; tú te encargarás de todas las cosas que yo no puedo hacer, y te complaces en proveer para mí. Que descanse en ese conocimiento hoy.

Una mente en paz

Tú guardas en completa paz
a quien siempre piensa en ti
y pone en ti su confianza.
Isaías 26:3 RVC

Muchos despertamos en mitad de la noche y pensamos en todas las cosas que tenemos que hacer al día siguiente. Esas noches que inducen ansiedad nos dejan exhaustos y deseando tener un interruptor para apagar nuestras mentes. La preocupación puede paralizarnos, pero Dios ya ha recordado cada detalle; entonces, ¿por qué deberíamos convertirnos en esclavos de esa lista de tareas pendientes?

El amor de Dios por nosotros asegura que Él cuidará de cada pequeño detalle en nuestras vidas. Le encanta proveernos de maneras que podríamos considerar demasiado pequeñas para Él. La próxima vez que estemos ansiosos por todas las cosas que deben hacerse o preocupados por si olvidamos algo, debemos tranquilizar nuestros corazones sabiendo que Dios se preocupa por los detalles infinitesimales de nuestras vidas.

Dios, cuando comience a preocuparme, ayúdame a recordar que tú no eres olvidadizo. No pasas por alto las cosas, y puedo confiar en que me proveerás en los detalles grandes y pequeños de la vida. Que mi corazón y mi mente estén en paz en ti.

Su casa

¡Qué alegría para los que pueden vivir en tu casa cantando siempre tus alabanzas!
SALMOS 84:4

Si últimamente te has sentido insatisfecho, pregúntate en qué casa has estado viviendo. Nunca debiste comprometerte tanto en las aspiraciones del mundo como para olvidar seguir las cosas del Señor. ¿Has olvidado participar en una adoración verdadera y significativa más allá de solamente los domingos en la mañana? ¿Has priorizado tus metas en tu vida, dejando que los objetivos de santificación y el amor a Jesús se deslicen hacia el fondo de tu mente? ¿Te has involucrado en tantas otras actividades que pasar tiempo de calidad en la Palabra pocas veces sucede ahora?

Si has estado residiendo en tu propia casa, metafóricamente hablando, terminarás insatisfecho. Examina tu corazón, considera tus prioridades, y comprueba si necesitas regresar a la casa del Señor. Sus puertas están abiertas, y Él te recibirá con alegría.

Me resulta muy fácil enfrascarme en mis propias metas y aspiraciones, incluso siendo cosas buenas. Perdóname, Jesús, y ayúdame a regresar a tu casa donde participo en adoración, gratitud, y simplemente te amo y soy amado por ti.

A TRAVÉS DEL MAR

Te abriste camino a través del mar
y tu sendero atravesó las poderosas aguas,
¡una senda que nadie sabía que estaba allí!
SALMOS 77:19

El camino de Dios a menudo nos parece confuso. ¿Por qué llevaría a su pueblo a través del mar en lugar de por tierra seca? ¿Por qué nos guiaría a través de la infertilidad, la pérdida, la desilusión o la enfermedad? Él nos lleva a lugares donde, por nuestra propia cuenta, es muy probable que fallemos o seamos arrastrados por las emociones tumultuosas y las olas turbulentas del dolor y la confusión.

Dios hace eso para que recordemos nuestra comprensión limitada y su omnisciencia, nuestra fragilidad y su tierno cuidado, nuestra incompetencia y su omnipotencia. Si su camino nos lleva a través del mar, pasando por delante de tierra seca, hay una lección de confianza para encontrar la mejor ruta posible. Dios puede caminar sobre el agua y separar esos mares; Él nos tiene cubiertos.

Dios, hay maneras más fáciles de atravesar esta vida, pero por favor ayúdame a entender que solo conozco en parte y no puedo ver todo lo que estás haciendo. Ayúdame a confiar en ti incluso cuando no comprenda completamente tus caminos.

Belleza

Los cielos proclaman la gloria de Dios,
y la expansión anuncia la obra de sus manos.
SALMOS 19:1 LBLA

Es bueno recordar la belleza de Dios. En nuestras vidas tan ocupadas es posible que no observemos la maravilla que nos rodea, pero todo ello apunta a la gloria de Dios. La naturaleza es un testimonio de la increíble belleza de Dios. Su carácter es encantador; su sacrificio en la cruz es glorioso; y su gracia se ve en cada corazón transformado. Solo necesitamos mirar a nuestro alrededor. Su gloria se muestra en el sol naciente, en los pequeños rostros que nos miran, y en el modo en que Él habla a nuestros corazones para refrescarnos y transformarnos.

Es renovador observar su belleza hoy. Es refrescante observar su gloria mientras estamos al aire libre bajo el gran cielo. Es vigorizante notar la obra que Dios está haciendo en los corazones de las personas que nos rodean. Nos permite considerar nuestras vidas y la manera en que Dios nos transforma. Damos gracias por la belleza de su carácter. Lo alabamos por su bondad, gracia, justicia y amor. Hoy es un buen día para observar la belleza de Dios.

Señor, tu gloria llena la tierra. Perdóname por no observarla regularmente. Ayúdame a observar y dar gracias por la hermosa creación que me rodea.

SIN QUE FALTE NINGUNA BONDAD

El SEÑOR es sol y escudo;
Dios nos concede honor y gloria.
El SEÑOR no niega sus bondades
a los que se conducen con integridad.
SALMOS 84:11 NVI

Tal vez hoy te levantaste sintiéndote con derecho a ciertas cosas en tu vida. Trabajas duro, amas a Jesús, te sacrificas para que Dios sea glorificado y otros puedan ver su bondad. Sin embargo, a veces todo eso te hace sentir que te ganaste el derecho a ciertas cosas: un descanso, facilidad y comodidad, ¿o tal vez una casa más hermosa?

Si batallas con el sentimiento de merecimiento y te preguntas por qué algunas personas tienen cosas que tú no tienes, entonces necesitas este recordatorio: el Señor no negará ninguna bondad a quienes hacen lo que es correcto y caminan en integridad. Ninguna bondad. Ninguna. Dios da a sus justos todo lo que necesitan. En lugar de centrar tu atención en lo que crees que te falta, enfócate en amar al Señor y darle gracias por todo lo que sí provee. ¡Si es bueno para ti, Él te lo dará!

Dios, perdóname por ver todo lo que me falta en lugar de dar gracias por todo lo que ya me has dado. Deposito en la cruz estos sentimientos de merecimiento, y elijo vivir hoy con gratitud en mi corazón.

Crecer en estaciones secas

Así que no nos cansemos de hacer el bien.
A su debido tiempo, cosecharemos numerosas
bendiciones si no nos damos por vencidos.
GÁLATAS 6:9

A pesar de la falta de lluvia, las obstinadas enredaderas se abrieron camino a través de las grietas en la cerca, apoderándose de las tablas de madera y otras plantas por igual. Mientras todo lo demás sufría en la sequía, las malas hierbas parecían desarrollarse en la falta de agua. Sin el cuidado de un jardinero para arrancar las malas hierbas y regar las flores, las enredaderas asertivas pronto dominaron el área.

En las temporadas espiritualmente secas de nuestras vidas es fácil que malos hábitos, pensamientos erróneos y mentiras del enemigo ahoguen nuestro crecimiento espiritual. Es imperativo que sigamos buscando cosas que sabemos que ayudarán en nuestra relación con Cristo. Esto podría ser aún más importante cuando no sentimos nada o hemos perdido la sensación de su presencia. Buenos hábitos, como pasar tiempo en la Palabra, adoración colectiva con otros creyentes y responsabilidad con un amigo cercano nos ayudarán a seguir creciendo y finalmente salir de la sequía espiritual.

Señor, cuando esté luchando en mi relación contigo, por favor ayúdame a seguir haciendo lo que sé que es correcto y bueno y que beneficiará mi relación contigo. No quiero volverme perezoso, sino perseverar fielmente.

HERRAMIENTAS PARA CADA SITUACIÓN

Pero a cada uno de nosotros se nos ha concedido la gracia conforme a la medida del don de Cristo.

EFESIOS 4:7 LBLA

¿Alguna vez has estado en medio de la adoración, sintiendo fuertemente la presencia y el agrado de Dios, solo para ser arrastrado de regreso a la cruda realidad de la vida en la tierra por una situación desagradable? Tal vez fueron tus hijos peleando o tu compañero de cuarto quejándose de ti. En cualquier caso, todas las sensaciones de asombro y gloria desaparecen enseguida mientras la preocupación y la agitación llegan con rapidez. ¡Quieres gritar, o rebelarte, o hacer algo! ¡Qué grosero ser interrumpido en tu tiempo con Jesús solo para lidiar con esto!

Si bien las interrupciones son molestas y no deseadas, debes recordar que tienes las herramientas para superar las situaciones con gracia y tranquilidad. Se te ha concedido la gracia de Dios según lo que Él sabe que necesitas. Mantén tus ojos fijos en Él y recuerda la misericordia que te muestra diariamente. Deja que eso sea tu ejemplo mientras trabajas con las personas en dificultades y las circunstancias difíciles que te rodean.

Dios, me desespero con mucha facilidad, pero sé que ya me has dado lo que necesito para manejar cada situación con gracia.

Empoderado

Pero ustedes, mis queridos hijos, pertenecen a Dios. Ya lograron la victoria sobre esas personas, porque el Espíritu que vive en ustedes es más poderoso que el espíritu que vive en el mundo.

1 Juan 4:4

¿Alguna vez pensaste que deberías tener más cosas resueltas en la vida de las que realmente tienes? Tal vez sea tu edad, o el número de años que has caminado con el Señor, o las expectativas del mundo. Estos hitos pueden hacerte creer que deberías estar más avanzado en la vida de lo que pareces estar.

Cuando esos pensamientos te abrumen, no entres en pánico ni te preguntes cuánto tiempo seguirás luchando antes de entender la vida. En cambio, recuerda que vives empoderado por el Espíritu del Dios vivo. Su poder realmente vive dentro de ti, y puedes apoyarte en ese poder en tu vida cotidiana. Ya sea que estés lavando platos, respondiendo preguntas curiosas, manejando empleados o arreglando casas, has sido capacitado para esa vida. Eso no significa que nunca te cansarás; afortunadamente, significa que no te agotarás. Decide vivir empoderado por Dios para cualquier cosa que Él traiga a tu vida.

Señor, recuérdame que verdaderamente eres omnipotente y que tu poder habita en mí. No vivo la vida solo, ni siquiera para mí mismo, ¡sino solamente para ti!

DESCANSO

El SEÑOR protege a los que tienen fe como de un niño;
estuve frente a la muerte, y él me salvó.
Que mi alma descanse nuevamente,
porque el SEÑOR ha sido bueno conmigo.
SALMOS 116:6-7

La vida nos puede parecer muy desalentadora. ¡A veces ya queremos regresar a la cama justo después de levantarnos! Los niños no dejan de pelear, ya hemos recibido algunas malas noticias, y los titulares cuentan otra historia trágica. Es difícil aferrarse a las promesas de la bondad de Dios cuando nuestro día comienza con tanta pesadez. Queremos que Dios nos dé mañanas tranquilas, niños amables y obedientes, y que el drama al menos espere hasta después de tomar nuestro café.

La bondad de Dios brilla en nuestras vidas de muchas maneras, pero a veces se necesita dolor, angustia y circunstancias difíciles para que nuestros ojos distraídos puedan verla. A veces, Él nos quita cosas para darnos nuevos regalos. En ocasiones, nuestras dificultades revelan su mano llevándonos a través del caos. Por lo tanto, ya sea que nuestro día esté lleno de paz o ya se esté desmoronando, siempre podemos recordar que Dios tiene el control. Podemos relajarnos y descansar.

Señor, gracias porque, independientemente de cómo comience mi día, tú estás en control y tu bondad se mostrará en mí hoy. En este día confío en ti. No permitirás que sea derrotado.

Dispuesto a perdonar

¡Oh Señor, eres tan bueno; estás tan dispuesto
a perdonar, tan lleno de amor inagotable
para los que piden tu ayuda!
Salmos 86:5

¿Cómo deberíamos describirnos a nosotros mismos cuando se trata de guardar rencores? ¿Estamos «dispuestos a perdonar, tan llenos de amor inagotable»? ¿O es más preciso decir que somos «prontos a enojarnos y que nos cuesta soltar las ofensas»? Aunque a todos nos gustaría describirnos como lo primero, es posible que la última descripción sea la tendencia.

Dios ha soportado más rebelión, ofensa y odio de lo que cualquiera de nosotros podría imaginar; sin embargo, todavía es descrito como bueno y dispuesto a perdonar. ¡Ojalá pudiéramos abundar en amor inagotable como Él lo hace! Imagina ser herido más allá de lo posible, pero tan pronto como surge la oportunidad de perdonar, la aprovechamos. Eso es lo que Dios hace por nosotros cada vez que acudimos a Él con arrepentimiento. Pide a Dios esa gracia para perdonar hoy.

Señor, soy muy lento para soltar algunas ofensas. Guardo rencores y permito que eso me amargue hacia las personas que me han lastimado. Por favor, perdóname y ayúdame a crecer en misericordia para que pueda estar listo para perdonar cuando surja la oportunidad.

ESTE BUEN DÍA

Sácianos de tu gran amor por la mañana,
y toda nuestra vida cantaremos de alegría.
SALMOS 90:14 NVI

«¿Cómo estuvo tu día?», pregunta él cuando llegas a la casa. Respondes positivamente que conseguiste el ascenso por el que estabas trabajando, o que lo pasaste muy bien con tus amigas. Tal vez la única verdad sea que los niños no querían matarse entre ellos por una vez, ¡y eso es una buena noticia! ¿Cuántas veces nuestros buenos días están marcados por cosas que nos resultan placenteras o fáciles, o por cosas que salieron como esperábamos que salieran?

Cuando pensamos que un día es bueno solo cuando las cosas van bien para nosotros, reducimos el mundo a nuestro propio pequeño reino de uno mismo. Hacemos que todo se trate de nosotros. En realidad, nuestro mundo se extiende mucho más allá de nosotros mismos. Podemos considerar incluso buenos los días más difíciles cuando reconocemos la mano de Dios en ellos. ¿No conseguiste el ascenso? Agradece a Dios por su bondad de todos modos.

Dios, perdóname por hacer que mi día se trate solo de mí y por no reconocer cómo estás obrando incluso cuando las cosas no van como quiero. Veo este día como bueno incluso aunque todo salga mal.

SOLO UN SALVADOR

Oh SEÑOR, a ti acudo en busca de protección;
no permitas que me avergüencen.
Sálvame y rescátame,
porque tú haces lo que es correcto.
SALMOS 71:1-2

¿Observas alguna vez que cuando la vida se vuelve difícil hay ciertas cosas a las que recurres como escape? Tal vez sean relaciones que parecen mejores que la que tienes, o un viaje a un lugar nuevo donde no existe ninguno de tus problemas actuales. Quizá buscas aventuras en lugar de la monotonía, o incluso una buena noche de descanso. Todas estas cosas no satisfarán tus anhelos, no te rescatarán de tus problemas y no te proporcionarán el escape que crees que necesitas.

Sin embargo, ¿sabes qué lo hará? Dios, tu única esperanza, tu ayuda siempre presente en tiempos de dificultad y tu fuerza cuando eres débil. Por lo tanto, sé valiente incluso si la valentía significa simplemente sonreír en medio de tus dificultades en lugar de permitir que el cansancio se refleje en tu rostro. Tienes una hermosa herencia como hijo o hija del Rey. ¿Acaso no vale la pena sonreír por eso?

Oh Señor, ayúdame a verte como el verdadero Salvador, Aquel que puede satisfacer mis anhelos. Cuando comience a buscar otras cosas para satisfacerme, dame convicción y recuérdame que ponga mi esperanza en ti.

Anhelo de claridad

«Mis pensamientos no se parecen en nada a sus pensamientos
—dice el Señor—. Y mis caminos están muy por encima
de lo que pudieran imaginarse.
Pues así como los cielos están más altos que la tierra,
así mis caminos están más altos que sus caminos
y mis pensamientos, más altos que sus pensamientos».

Isaías 55:8-9

Es maravilloso tener claridad. Las instrucciones claras, fáciles de leer y en negro sobre blanco son muy valoradas por todos aquellos a los que no nos gusta adivinar. Posiblemente seamos los que leemos la Biblia como si fuera un manual de instrucciones. Buscamos las cosas por hacer y las listas en la Palabra para que la vida pueda entenderse fácilmente. Incluso si esto no nos describe por completo, es poco probable que anhelemos lo contrario: vivir en completa oscuridad sin ninguna dirección clara. Gran parte de la vida es confusa, pero afortunadamente para nosotros no estamos abandonados a nuestra propia suerte mientras recorremos nuestros días.

Como hijos de Dios, estamos conectados por gracia al único que nunca está confundido, nunca está inseguro de qué hacer a continuación y nunca pierde el control. Esto significa que no necesitamos vivir con miedo a la incertidumbre. Tenemos un guía que nos conducirá con fidelidad perfecta y nos proporcionará toda la gracia que necesitemos para cada día.

Señor, que nunca haga de la claridad un ídolo en mi vida. No necesito entender lo que está sucediendo; solo necesito confiar en Aquel que sí lo hace, que eres tú, Dios. ¿Puedo apoyarme hoy en ti en lugar de hacerlo en mi propio entendimiento?

PREPARADO PARA ESTO

En cambio, Dios eligió lo que el mundo considera ridículo para avergonzar a los que se creen sabios. Y escogió cosas que no tienen poder para avergonzar a los poderosos.

1 Corintios 1:27

¿Te resulta difícil sentirte «preparado» para lo que Dios te ha llamado a hacer en esta temporada? La mayoría de nosotros no nos sentimos lo suficientemente preparados en varios momentos de nuestras vidas, pero aquí hay un recordatorio en el versículo de hoy. Dios usa a los débiles para avergonzar a los fuertes, y te tiene exactamente donde necesitas estar. Te ha colocado entre aquellos con quienes tienes que estar, y estás haciendo lo que necesitas hacer en este momento de tu vida.

La obediencia sencilla y la disposición valiente es lo único que el Señor necesita de ti hoy. No necesitas sabiduría, talento o una personalidad más intrigante. Él sabía exactamente quién eras cuando te llamó, con todas tus peculiaridades y defectos. No está sorprendido ni decepcionado con quién has llegado a ser. Eres suficiente en Él. Alégrate en que Él te usará hoy.

Dios, gracias porque me has llamado a esta vida. Aunque a veces no me siento adecuado para ello, tu poder en mí y tu gracia para mí son suficientes. Ayúdame a confiar en que estoy exactamente donde tengo que estar.

DECLARACIONES

Bueno es dar gracias al SEÑOR,
y cantar alabanzas a tu nombre, oh Altísimo;
anunciar por la mañana tu bondad,
y tu fidelidad por las noches.
SALMOS 92:1-2 LBLA

Si hay una práctica que puede cambiar totalmente nuestra perspectiva de la vida, es la de dar gracias. Reconocer la bondad, fidelidad y provisión de Dios convertirá la envidia en contentamiento y la angustia en anticipación. Dios interviene de manera confiable y regular, y a menudo nuestro egoísmo nos impide ver todo lo bueno.

¿Cómo comenzaste tu día hoy? ¿Fue en adoración gozosa, declarando la bondad de Dios? ¿O fue con ansiedad, irritación o complacencia? Comenzar cada día con declaraciones de las cosas por las que estás agradecido asegurará que entres en el resto de tu día con un corazón lleno de paz y alegría. Del mismo modo, terminar tu día dando gracias a Dios por el modo en que te guio fielmente te ayudará a ver todo lo que salió bien en lugar de todo lo que salió mal. Desafíate a ti mismo a dar gracias mañana y noche esta semana y observa lo que eso hace por tu corazón.

Señor, hay mucho por lo que estar agradecido. Recuérdame declarar tu bondad día y noche; ¡eres muy fiel para conmigo!

Ayudados por la misericordia

Clamé: «¡Me resbalo!»,
pero tu amor inagotable, oh Señor, me sostuvo.
Cuando mi mente se llenó de dudas,
tu consuelo renovó mi esperanza y mi alegría.
Salmos 94:18-19

«Si el Señor no hubiera sido mi ayuda...». ¿Cómo podríamos completar esa frase? «Si el Señor no hubiera sido mi ayuda, habría caído en una vida de depresión y desesperanza». «Si el Señor no hubiera sido mi ayuda, habría renunciado a un matrimonio difícil». «Si el Señor no hubiera sido mi ayuda, habría dejado de buscar las cosas de Dios y estaría viviendo sin ningún propósito en este momento». Hay maneras infinitas en que se podría completar este pensamiento, pero gracias a Dios, ¡Él ha sido nuestra ayuda!

En los momentos en que pensamos que nuestros pies resbalan y no saldremos vivos, o al menos enteros, el Señor nos sostiene en su misericordia. Dios nos mantiene firmes en su amor, y no nos deja llevar solos nuestras cargas. Sean cuales sean las preocupaciones que nos angustien hoy, solo necesitamos recordar que nuestras preocupaciones también son del Señor. Él está listo para asumir nuestras cargas, brindar consuelo y misericordia, y darnos el amor que solamente Él es capaz de dar.

Dios, gracias porque tu misericordia y tu amor me mantienen lejos de una vida de destrucción y dolor. Aunque tropiece, tu mano me sostiene. Eres muy bueno.

NO MÁS

Delante de cada persona hay un camino que parece correcto, pero termina en muerte.
PROVERBIOS 16:25

Tal vez tu lucha contra el pecado no se manifiesta de manera ruidosa o evidente. ¿Significa eso que eres mejor cristiano que otros? ¿O tal vez significa que necesitas prestar más atención aún a los caminos del Señor? Aquellos que luchan internamente necesitan ser muy vigilantes. Es demasiado fácil comenzar a creer que un breve momento de pensamientos impuros, o la falta de fe en la capacidad de Dios para proveer, o albergar enojo hacia el cónyuge o los hijos no es realmente *tan* malo. El enemigo solo necesita un pequeño punto de apoyo en nuestros corazones para comenzar a trabajar su engaño y hacernos creer que sabemos más que Dios.

Si sientes eso en tu interior hoy, corre al trono de la gracia de Dios en arrepentimiento. No dudes por la vergüenza. Admite tu necedad y tu pecado y pide perdón. No te permitas pensar que sabes más que Dios. Ese es un camino seguro hacia la destrucción.

Señor, me siento muy humillado por tu misericordia cuando una vez más me he considerado más sabio que tú. Ayúdame a ver mi pecado como el pecado que es, y no permitas que piense que alguno de ellos es aceptable.

Mira hacia arriba

Alcen los ojos y miren a los cielos:
¿Quién ha creado todo esto?
El que ordena la multitud de estrellas una por una,
y llama a cada una por su nombre.
¡Es tan grande su poder y tan poderosa su fuerza,
que no falta ninguna de ellas!
Isaías 40:26 NVI

¿Alguna vez has notado que cuanto más oscuro está, mejor puedes ver las estrellas? ¿Puedes imaginar cómo se ven las estrellas en el desierto? Los israelitas vagaron por el desierto durante cuarenta años guiados por el Señor, pero desafortunadamente lo descuidaron. Se debatieron entre adorar al Dios todopoderoso con temor reverencial y maldecir su nombre mientras perseguían ídolos. Era como un vals pervertido entre dos amantes... o tres... o cuatro.

A veces, el Señor nos lleva al desierto por una temporada. Es seco y nos quejamos, pero Él nos hace sentir su presencia con fidelidad. No siempre se manifiesta en columnas de nube y de fuego, pero está ahí. Cuando caminamos por el desierto, simplemente necesitamos mirar arriba. Podemos ver los regalos gloriosos de Dios, esas increíbles estrellas, que nos ha concedido.

Jesús, que nunca esté tan consumido por el dolor en las temporadas de desierto que deje de buscar tu bondad. Gracias por el regalo de tu amor.

NUNCA ABANDONADOS

Una vez fui joven, ahora soy anciano,
sin embargo, nunca he visto abandonado al justo
ni a sus hijos mendigando pan.
SALMOS 37:25

Carla recibió malas noticias de su esposo: los pagos del préstamo estaban por vencer y eran mucho más altos de lo esperado. ¿De dónde vendría el dinero? Se preocupó, preguntándose qué podrían recortar de su presupuesto para hacer espacio para este gasto mensual más elevado. Como es común en estos escenarios, la ansiedad llenaba su corazón.

Cuando suceden cosas como esas, es fácil sentirse angustiado. Sabemos por experiencia que preocuparse no ayuda en nada a la situación; sin embargo, es difícil no hacerlo. Pero ¿cuándo nos ha abandonado Dios en nuestra necesidad? ¿No ha intervenido siempre en nuestra ayuda con total fidelidad? Hay mejores lugares para nuestras energías que entregarnos a pensamientos de ansiedad. En este día podemos entregar a Dios cualquier cosa que nos esté preocupando y enfocar nuestra mente en su fidelidad.

Señor, ¿cuántas veces he permitido que la preocupación dicte mis estados de ánimo y respuestas? Perdóname por olvidar tan rápidamente que has sido fiel en cuidar a tus justos. ¡No tengo que preocuparme!

Lo mejor

Me mostrarás el camino de la vida;
me concederás la alegría de tu presencia
y el placer de vivir contigo para siempre.
Salmos 16:11

¿Qué cosas buenas nos han estado distrayendo de lo mejor? Nuestras vidas están llenas de cosas increíbles. Tenemos hijos que nos mantienen ocupados, hogares que necesitan cuidados, jardines que requieren atención, trabajos que exigen dedicación y relaciones que necesitan que las cultivemos. Estas son cosas buenas y necesarias, pero también pueden servir como distracciones de lo mejor: pasar tiempo con Jesús.

El Salmo 16 nos dice que en la presencia de Dios hay plenitud de gozo. No solo un poco de gozo, sino gozo completo y pleno. En su mano derecha hay placeres eternos. Cuando descuidamos hacer tiempo en nuestras vidas ocupadas para lo mejor, nos estamos privando de un gozo completo y placer eterno. Suena a un desperdicio, ¿verdad? Anímate hoy a dejar a un lado algo bueno para hacer tiempo para lo mejor.

Señor, mi vida está llena de muchos y buenos regalos, pero me doy cuenta de que tiendo a tratarlos como distracciones que me apartan de lo mejor. Ayúdame a no descuidar el tiempo contigo por completar mi lista de tareas.

Llamado a una vida fiel

Dichoso el que resiste la tentación porque, al salir aprobado, recibirá la corona de la vida que el Señor ha prometido a quienes lo aman.

Santiago 1:12 NVI

Cuando somos jóvenes y ambiciosos, nos gusta pensar en todas las cosas emocionantes que haremos con nuestras vidas: viajar, comenzar un negocio, generar cambios en nuestro gobierno, encontrar una pareja y construir una vida hermosa juntos. La emoción de lo desconocido nos emociona y nos motiva.

A medida que envejecemos, nos damos cuenta de que la vida se trata más de fidelidad que de emociones. Todos los planes maravillosos requieren esfuerzo y perseverancia. Estas cosas no suceden de la noche a la mañana; sin embargo, una vida de fidelidad no es menos digna de un llamado que una vida de aventura y emoción. A veces, Dios nos lleva a temporadas en las que se necesita perseverancia diaria, pero cuando elegimos permanecer fieles en nuestro trabajo, en nuestros hogares, en nuestras relaciones, y especialmente en nuestra obediencia a Cristo, nos estamos preparando para una recompensa maravillosa en la vida venidera.

Dios, gracias por la oportunidad de permanecer fiel a ti incluso cuando la vida no es tan emocionante como esperaba. Ayúdame a despertar cada día y elegir hacer lo que es correcto ante tus ojos para poder agradarte.

AMA LO BUENO

¡Ustedes, los que aman al Señor, odien el mal!
Él protege la vida de sus justos
y los rescata del poder de los perversos.
SALMOS 97:10

Aquí tienes una pregunta desafiante. ¿Odiamos el mal, o justificamos algunas cosas que no son agradables a Dios? El Salmo 97 dice que aquellos que aman al Señor odiarán el mal, pero ¿realmente lo hacemos? ¿Toleramos algunas elecciones o comportamientos y buscamos excusas para ellos, para afirmar después que «no son tan malos»?

La protección de Dios y su rescate son beneficios para sus fieles. Los cristianos deben amar lo que es bueno y apartar las cosas que no estén en consonancia con los caminos de Dios. ¡No queremos perdernos esas cosas! Necesitamos examinar profundamente nuestras vidas hoy para asegurarnos de que estamos caminando en justicia y no damos cabida a cosas malas en nuestro corazón y nuestra mente.

Dios, soy culpable de permitir cosas en mi vida que sé que no son agradables a ti. ¡Por favor, perdóname. Ayúdame a ver las cosas como realmente son: ¡el mal como malo y lo justo como justo! ¡Que no me engañe a mí mismo!

Creados para conectar

Adviértanse unos a otros todos los días
mientras dure ese «hoy», para que ninguno
sea engañado por el pecado y se endurezca contra Dios.
Hebreos 3:13

Dios nos ha dado muchas cosas hermosas como hijos suyos. Uno de sus mayores regalos es el de la comunidad. Dios no nos creó para vivir la vida solos. Si recordamos el jardín del Edén, ¡creó a Adán y Eva para que se tuvieran el uno al otro! Pero ¿con qué frecuencia nos aislamos y luego batallamos en los momentos difíciles de la vida?

Fuimos creados para vivir juntos como el cuerpo de Cristo. Nuestra iglesia es para conectarnos, responsabilizarnos mutuamente y animarnos en nuestro caminar con el Señor. Cuando nos mantenemos alejados de esas amistades con otros creyentes nos resulta más fácil creer mentiras, nos sentimos solos en nuestras luchas contra el pecado, y pensamos que a nadie le importamos. Nada podría estar más lejos de la verdad. Desafiémonos a nosotros mismos a iniciar una conversación con un hermano en Cristo hoy. Veamos cómo podemos edificarnos mutuamente en el Señor.

Señor, a veces me parece más fácil estar solo, pero sé que no me creaste para eso. Ayúdame a ser valiente para buscar formas de conectar con otros creyentes y así poder seguir creciendo como tú lo deseaste.

Septiembre

Deseo cumplido
es dulzura para el alma,
pero abominación para
los necios
es apartarse del mal.

Proverbios 13:19 LBLA

ALÉGRENSE

Justos, alegraos en el SEÑOR,
y alabad su santo nombre.
SALMOS 97:12, LBLA

Siempre podremos encontrar razones para dejar de alegrarnos. Las cosas siempre serán más difíciles de lo que anticipamos; las cosas siempre nos decepcionarán. ¡Si alegrarse fuera fácil, probablemente no sería un mandato repetido en la Escritura! Dios sabía que, con todas las dificultades que hay en la vida, encontrar alegría en el Señor tendría que ser una elección diaria, ¡o tal vez incluso una elección por hora! Si esperamos hasta que las cosas sean lo suficientemente buenas antes de alegrarnos, entonces siempre habrá una razón para no hacerlo.

¿Eliges hoy la alegría en tu corazón a pesar de circunstancias que son menos que perfectas? Toma un momento ahora para dar gracias, si no hay nada en tu situación actual entonces por la bondad de quién es Dios. El recuerdo de su nombre es motivo suficiente para dar gracias y alegrarse, que es el hermoso mensaje en el versículo de hoy. Ten ánimo, amigo, y elige hoy la alegría.

Señor, ya que caminaste sobre la tierra, sé que puedes compadecerte de mis debilidades y dificultades para elegir alegrarme, pero te amo, Señor. Sé que eres bueno y digno de darte gracias incluso cuando estoy luchando con otras cosas. Ayúdame a alegrarme hoy.

Lo mejor de Él

Quedaron completamente asombrados
y decían una y otra vez:
«Todo lo que él hace es maravilloso».
Marcos 7:37

«Solo quiero hacer algo bien», decimos angustiados. Nadie quiere sentir que no puede dar lo mejor de sí mismo, pero a veces estamos tan agobiados que así es exactamente como terminamos sintiéndonos. Cuando nos sentimos de ese modo, hay dos cosas que recordar.

En primer lugar, Dios se agrada de nosotros incluso cuando no nos sentimos realizados. Nunca se enoja con nosotros debido a nuestra falta de habilidades o experiencias. Y, en segundo lugar, incluso cuando no podemos dar lo mejor de nosotros, Dios da lo mejor de sí mismo. Él hace todas las cosas bien. Es capaz de tomar nuestros esfuerzos débiles y convertirlos en oro. No se trata de un buen desempeño; se trata de que Dios reciba toda la gloria y el honor. Él se mostrará poderoso cuando nosotros seamos todo menos eso. Aférrate a Él hoy, amigo. Descansa en el conocimiento de que, incluso cuando no podemos dar todo lo que queremos, Él intervendrá y será todo lo que necesitamos que sea.

Dios, estoy aquí hoy dando todo lo que puedo, pero sé que podría ser mejor. Gracias porque no me juzgas según lo que hago, sino que ves mi corazón y lo amas.

Sin derecho a nada

No nos castiga por todos nuestros pecados;
no nos trata con la severidad que merecemos.
Salmos 103:10

Lo que merecemos de parte de Dios y lo que Él nos da son cosas inmensamente diferentes. Él nos da misericordia en lugar de juicio; vida eterna en lugar de separación eterna; y buenos regalos en lugar de castigo. Cuando somos tentados a pensar que Dios está siendo injusto o que la vida es injustamente difícil, también podemos recordar que todo en nuestras vidas es de gracia.

No tenemos derecho a cierto tipo de vida. No tenemos derecho a comodidad, facilidad o sueños cumplidos. Cada cosa buena en nuestras vidas se debe a la misericordia que Dios nos ha otorgado. Lo único que merecíamos era castigo y muerte. Si el mundo y la carne nos tientan a sentir que la vida no debería ser tan difícil, tan solo necesitamos recordar lo siguiente: «Porque por gracia habéis sido salvados por medio de la fe, y esto no de vosotros, sino que es don de Dios; no por obras, para que nadie se gloríe» (Efesios 2:8-9 LBLA).

Señor, cuando comience a sentirme con derecho a las cosas, por favor ayúdame a recordar que todo lo que tengo es debido a tu gracia y misericordia abundantes. ¡Gracias!

4 DE SEPTIEMBRE

COSECHA

Amados hermanos, cuando tengan que enfrentar cualquier tipo de problemas, considérenlo como un tiempo para alegrarse mucho porque ustedes saben que, siempre que se pone a prueba la fe, la constancia tiene una oportunidad para desarrollarse. Así que dejen que crezca, pues una vez que su constancia se haya desarrollado plenamente, serán perfectos y completos, y no les faltará nada.

SANTIAGO 1:2-4

Los hijos de Cristina llegaron a ella con pánico: «¡Mamá!», gritaron, «¡tus plantas de patata se están muriendo!». Tenían razón. Mientras todo lo demás en el jardín a finales del verano estaba floreciendo con un follaje verde espeso y cargado de frutas, las hojas de las plantas de patata estaban amarillentas y marchitas, un claro signo del final de su vida. Lo que sus hijos no sabían era que, debajo de la tierra, las patatas estaban bien y terminando su crecimiento antes de una cosecha abundante.

La vida también se parece a eso en ocasiones. Hay momentos en los que parece que las cosas no van bien. Estamos seguros de que eso significa que no habrá frutos de todo el esfuerzo que hemos hecho, pero por debajo Dios está haciendo cosas que no podemos ver. Al final, habrá una cosecha que superará nuestros pensamientos más osados. ¿Hacia qué tipo de cosecha estás trabajando hoy?

Dios, cuando las cosas no salen como esperaba, ayúdame a recordar que tú estás obrando de maneras que quizá no puedo ver. Ayúdame a perseverar y recoger una cosecha de justicia y fidelidad.

DESCANSO

Y Él respondió: Mi presencia irá contigo,
y yo te daré descanso.
ÉXODO 33:14 LBLA

El descanso está infravalorado y es difícil de encontrar. El mundo ensalza la ocupación como si fuera un premio. «¿Cómo estás?», nos preguntan las personas. Y siempre respondemos: «¡Ocupado!». No tomamos nuestro necesario descanso porque la cultura nos dice que estamos haciendo algo mal si la vida no está llena de actividad. No descansamos porque nos sentimos perezosos cuando lo hacemos. No descansamos porque tememos que las cosas saldrán mal si no estamos trabajando. No descansamos porque queremos demostrar que somos capaces.

Sin embargo, Dios quiere el descanso para nosotros. Eso lo honra. Él sabe que mantenernos corriendo a plena capacidad no nos hará bien; es el descanso con Él lo que nos restaura. Es cierto que algunas cosas podrían quedar sin hacer. La gente podría mirarnos extrañamente cuando no llenamos nuestros horarios al máximo. Tomará algo de tiempo acostumbrarse, pero pronto descubriremos que cuando apartamos tiempo para honrar a Dios y satisfacer nuestra necesidad de descanso, nos sentiremos renovados, evitaremos el agotamiento, y nuestras vidas estarán llenas de paz.

Dios, ayúdame a aprender a descansar, especialmente en tu presencia. Quiero que mi vida esté marcada por la paz y no por un horario lleno.

DESESPERACIÓN

Y será que cuando él clame a mí,
yo le oiré, porque soy clemente.
ÉXODO 22:27 LBLA

La desesperación es una compañera no deseada en muchas etapas de la vida y, como se evidencia en los Salmos, una emoción común a lo largo de la historia. Sin embargo, Dios no se cansa de nuestros clamores desesperados. Su compasión lo lleva a inclinar su oído a nosotros cuando clamamos en desesperación. No nos cierra la puerta como un padre irritado cuyo hijo no deja de llorar. En cambio, es paciente y compasivo con nosotros en nuestro estado de caos y desánimo.

Está bien clamar al Señor en desesperación. No tenemos que sentir la necesidad de recomponernos para presentar ante los demás a un hijo de Dios perfecto. Podemos ser pacientes con nosotros mismos mientras seguimos clamando, y sabemos que el Señor escuchará debido a su misericordia.

Dios, no me gusta sentirme desesperado porque quiero ser capaz y autosuficiente; sin embargo, no necesitas que sea de ese modo. No te incomodan mis llantos feos y mi corazón roto. Gracias por escuchar. Que pueda conocer tu presencia y consuelo en medio de mi desesperación.

Esperanza de restauración

Sí, el Señor derrama sus bendiciones,
y nuestra tierra dará una abundante cosecha.
Salmos 85:12

Necesitamos entender algo como seguidores de Dios. En este momento, las cosas en el mundo no son como deberían ser. La vida es difícil, complicada y problemática. Las relaciones están rotas y requieren mucho más trabajo del que anticipábamos. Nuestros esfuerzos se encuentran con decepciones. Suena deprimente, pero tenemos que recordar que no vivimos solamente para la vida en este mundo.

La Escritura pinta hermosas imágenes de cómo será la vida cuando Dios restaure su creación. No solo tenemos la eternidad por delante, sino que Él también nos da destellos de la gloria y la esperanza que están por llegar. Nuestras vidas estarán marcadas por un modo de vivir fiel y recto. Él proveerá lo bueno. Restaurará nuestras relaciones. Enjugará nuestras lágrimas. Por difícil que sea hoy, no pierdas la esperanza en que el Señor restaurará todas las cosas.

Señor, aunque la vida sea una lucha ahora, que no pierda la esperanza de que algún día traerás una restauración completa. Ayúdame a caminar con fidelidad a ti, sabiendo que tú eres fiel conmigo.

Incondicional

Pues las montañas podrán moverse y las colinas
desaparecer, pero aun así mi fiel amor por ti permanecerá;
mi pacto de bendición nunca será roto
—dice el Señor, que tiene misericordia de ti—.
Isaías 54:10

Sara sería la primera en admitir que su capacidad para amar era bastante precaria. Su cónyuge y sus hijos sabían que, aunque hacía todo lo posible por seguir el ejemplo de Dios de amar incondicionalmente, Sara en realidad imponía condiciones para que su amor fuera amable, tranquilo o paciente. Tal vez puedas identificarte.

El amor de Dios por nosotros no se parece en nada al amor que experimentamos entre nosotros. No importa lo que suceda en el mundo o en nuestras vidas, su amor por nosotros está garantizado; nada puede sacudirlo. El amor de Dios no se basa en lo que hacemos. Se basa en su carácter compasivo y en su pacto, ¡así que sabemos que es completamente seguro! Todos los días podemos darle gracias por la certeza de su amor. Podemos pedirle que nos capacite para amar como Él lo hace.

Señor, aunque me cueste admitirlo, sé que mi amor tiene condiciones. Ayúdame a aprender a amar como tú. Tu amor está lleno de compasión y me mira con favor a pesar de mis defectos y errores. ¡Quiero amar así!

Crecimiento con Dios

Por eso, de la manera que recibieron a Cristo Jesús como Señor, vivan ahora en él, arraigados y edificados en él, confirmados en la fe como se les enseñó y llenos de gratitud.

Colosenses 2:6-7 NVI

¿Qué estás haciendo para arraigar tu vida en Cristo? Llamarte a ti mismo cristiano o asistir a la iglesia de vez en cuando no será suficiente. Para sostener tu caminar con Dios en un mundo que constantemente jala de tu corazón y distrae tu mente hacia otras cosas, necesitas ciertos hábitos. Necesitas decisiones diarias que te arraiguen en Él. Esas decisiones serán de gran ayuda para el esfuerzo de vivir tu vida en Dios. El mundo ve a Dios como el enemigo, y la carne trata de alejarte de Él.

Examina tu vida ahora y pregúntate si estás establecido en cosas que te permitan edificarte en Cristo. Esto podría significar ser parte de una comunidad de creyentes que brinden aliento y se rindan cuentas. Dios desea vivir esta vida contigo; asegúrate de estar viviendo la vida con Él.

Señor, es muy fácil caer en hábitos que no apoyan una vida creciente contigo. Ayúdame a llenar mi vida con cosas que establezcan y edifiquen mi caminar contigo.

Deleite en la debilidad

Es por esto que me deleito en mis debilidades,
y en los insultos, en privaciones, persecuciones
y dificultades que sufro por Cristo.
Pues, cuando soy débil, entonces soy fuerte.
2 Corintios 12:10

El apóstol Pablo tenía una larga lista de adversidades en las que se deleitaba por el bien de conocer la fortaleza de Dios en su debilidad. Su lista probablemente sea más extrema que la que tú o yo podríamos crear, pero igualmente todos enfrentamos problemas y debilidades que hacen que la vida diaria sea desafiante. La intensidad de los problemas de otra persona no niega la dificultad de lo que tú enfrentas, así que tómate un momento hoy para hacer tu propia lista de cosas en las que elijas deleitarte por amor a Cristo al encontrar su gracia suficiente para ti.

Puede que te deleites en tus debilidades en áreas como la crianza de hijos como papá o mamá soltera, bebés enfermos, el sacrificio continuo del sueño, la pérdida de control sobre problemas laborales, cambios en los planes de viaje, estrés en la escuela o presiones matrimoniales. Por causa de Cristo, cuando eres débil eres fuerte.

Dios, es difícil deleitarme en las cosas que me hacen sentir débil, pero sé que tú das gracia para cada una de esas cosas, así que puedo enorgullecerme de tu fortaleza.

11 DE SEPTIEMBRE

Fidelidad perfecta

Señor, tú eres mi Dios;
te exaltaré y alabaré tu nombre
porque has hecho maravillas.
Desde tiempos antiguos
tus planes son fieles y seguros.
Salmos 95:6 NVI

Considera por un momento la perfecta fidelidad de los planes de Dios. Los planes de Dios nunca han tenido un fallo, un «¡vaya!» o un plan B. En el transcurso de la historia, a lo largo de miles de años y en generaciones de personas quebrantadas, su plan nunca se ha desviado. ¡Qué milagro! Por lo tanto, mientras que nuestros planes apenas pueden pasar un día sin necesitar ajustes, vivimos dentro de las manos de un Dios cuyos planes nunca han fallado, y por eso solo tiene sentido someter nuestras vidas a Él y confiar en que estamos seguros en sus manos, incluso cuando las cosas no salen como esperamos.

Hoy día es seguro decir que es probable que nuestros planes cambien. ¿Cómo responderemos? ¿Permitiremos que surja la frustración, o exaltaremos y alabaremos el nombre de Dios porque Él sabe exactamente lo que está haciendo?

Dios, cuando las cosas no salgan como yo planeo, ayúdame a confiar en que tu plan sigue en marcha. Tú estás en control, tienes mis mejores intereses en mente y eres bueno. Puedo alabarte, sabiendo que esto siempre es verdad.

Maravilloso amor y misericordia

Alaben al Señor, porque me ha mostrado
las maravillas de su amor inagotable;
me mantuvo a salvo cuando atacaban mi ciudad.
Salmos 31:21

¿Alguna vez experimentaste la misericordia y el amor de Dios de una manera asombrosa y maravillosa? Jobita lo hizo en su camino de regreso a la casa del trabajo una noche cuando se encontró con algo que nunca pensó que pudiera pasar. En el típico tráfico de la hora pico tuvo su primera experiencia real con la ira extrema en la carretera por parte de un desconocido. Fue milagrosamente librada del daño por un transeúnte que intervino en la situación. Se vio abrumada por el asombro, que lentamente se convirtió en sentimientos abrumadores de agradecimiento por la misericordia y protección de Dios.

A veces, el amor de Dios nos sustenta en silencio y otras veces nos sorprende con una misericordia maravillosa. Sea lo que sea que estés experimentando en tu vida hoy, alábalo por ello.

Dios, sé que no soy digno de tu amor. Me siento humilde de que me consideres un digno receptor de tu bondad y misericordia. ¡Que nunca lo dé por sentado y que nunca deje de presumir de ello! Elijo reconocer con gratitud todas las maneras en que te experimento.

Promesas

Y debido a su gloria y excelencia, nos ha dado grandes y preciosas promesas. Estas promesas hacen posible que ustedes participen de la naturaleza divina y escapen de la corrupción del mundo, causada por los deseos humanos.

2 Pedro 1:4

Como seguidores de Cristo tenemos acceso a una fuente de esperanza y aliento que nadie más tiene: las promesas de Dios. Independientemente de las circunstancias actuales, la vida no tiene por qué estar dominada por el desánimo. En cambio, podemos leer acerca de las promesas de Dios y encontrar gracia y aliento para superar todas nuestras pruebas.

¿Qué es verdad como hijo de Dios? Podemos declarar esas verdades en voz alta, cada uno de nosotros para nosotros mismos. Cada uno de nosotros es hijo de Dios. Solo la bondad y la misericordia nos seguirán. Tenemos todo lo que necesitamos para una vida completa de piedad. Hemos sido llamados por la gloria y la bondad de Dios. Dios está con nosotros y nos ayudará. El amor de Dios no se apartará de nosotros. Tenemos la promesa de la eternidad con Jesús. Cuando declaramos estas verdades para nosotros mismos, nos aferramos a la esperanza prometida por el propio Dios.

Dios, cuando el desánimo me abrume, ayúdame a recordar tus promesas. Esta vida no lo es todo. Tengo mucho que esperar en la eternidad. Dame la perspectiva adecuada con respecto a estas aflicciones ligeras y momentáneas.

NADA QUE VER CONTIGO

Sin embargo, cuando Dios nuestro Salvador dio a conocer su bondad y amor, él nos salvó, no por las acciones justas que nosotros habíamos hecho, sino por su misericordia. Nos lavó, quitando nuestros pecados, y nos dio un nuevo nacimiento y vida nueva por medio del Espíritu Santo.

TITO 3:4-5

Realmente no tiene nada que ver contigo. Eso puede parecer insultante, ¡pero también es un gran alivio! No importa si asistes a la iglesia sin fallar o si nunca has ido a la iglesia. No importa si gritas a tus hijos todos los días o si eres un padre gentil y positivo. No tiene nada que ver con lo que has hecho o no has hecho. Tu salvación depende enteramente de la misericordia de Dios.

Esto puede ser difícil de aceptar, ya que nuestra sociedad está muy orientada al desempeño. Pero ¿qué maravilloso es un regalo que no hemos hecho nada para ganar y nunca podremos devolver? Deja que la misericordia de Dios te humille hoy mientras piensas en tu salvación. Dios te ama porque te consideró digno de amor. No discutas con ese hecho. Simplemente abre tu corazón a Él con agradecimiento.

Dios, gracias porque tu salvación es un regalo y no algo que tengo que ganarme. Me siento humillado de que me hayas elegido para ser objeto de tu misericordia. Que también pueda extender esa misericordia a las personas en mi vida.

FORTALEZA PARA HOY

Pero los que confían en el SEÑOR
renovarán sus fuerzas;
levantarán el vuelo como las águilas,
correrán y no se fatigarán,
caminarán y no se cansarán.
ISAÍAS 40:31 NVI

Puede que no estés volando con alas como águilas en este momento. Puede que no estés corriendo sin cansarte. Tal vez apenas estás caminando, y ciertamente te sientes débil. Las etapas de la vida suben y bajan, y así como a veces el invierno dura demasiado, otras veces también persiste una temporada de cansancio.

Si te sientes particularmente agotado, pídele al Señor nuevas fuerzas. Siéntate delante de Él, aparta tus distracciones y espera que el Señor te dé fuerzas. Su fortaleza llegará incluso si es solo para caminar contigo por el camino que tienes ante ti. No te desanimes si aún no estás corriendo o volando; esos días llegarán. Acepta la fuerza que Él te da para caminar hoy. Acepta la nueva misericordia, la gracia suficiente y el poder divino. Son tuyos en Cristo Jesús.

Señor, gracias por darme fuerzas suficientes para hoy. Ayúdame a encontrar descanso continuamente en ti, apartando las cosas que me agotan la vida y la energía.

Riquezas de gracia

En Él tenemos redención mediante su sangre,
el perdón de nuestros pecados
según las riquezas de su gracia.
Efesios 1:7 LBLA

Elena está familiarizada con las riquezas de la gracia de Dios. Vivió por varios años en rebeldía contra Dios, siguiendo pasiones mundanas y placeres temporales. Siente el peso de la gracia que la atrajo al redil de Dios.

La gracia de Dios no es débil. No cubre solo pecados menores, no se agota después de un periodo de tiempo asignado y no discrimina a ciertos tipos de personas. Quizá por eso Pablo la describió como rica. No es escasa; está ahí en abundancia para los hijos de Dios. Y, justo cuando piensas que Dios no mostrará más, «da mayor gracia» (Santiago 4:6 LBLA). Por lo tanto, acéptala con gratitud sin importar cuán lejos estés y cuánto tiempo hayas huido de Dios. Su redención está lista para ti.

Dios, gracias porque tu gracia no se agota. No tengo que temer alejarme tanto de ti que tu gracia no pueda redimirme. Que pueda caminar en sumisión humilde a tus caminos, entendiendo las riquezas de tu gracia tanto hoy como todos los días.

Búsqueda intencional

Viviré con integridad en mi propio hogar.
Me negaré a mirar cualquier cosa vil o vulgar.
Salmos 101:2-3

El justo entiende la importancia de seguir lo bueno al buscar intencionalmente las cosas de Dios y no dejar simplemente que la vida «pase» ante él o ella. ¿Qué sucede cuando no somos intencionales con las cosas en las que empleamos tiempo, ponemos ante nuestros ojos, escuchamos y meditamos? Es entonces cuando las cosas del mundo comienzan a guiarnos. Esto es lo que el salmista llamó «vil o vulgar» (v. 3).

¿Estás caminando con integridad en todas partes, incluso cuando nadie más te ve? ¿Estás reflexionando sobre cosas que son irreprochables? ¿Estás esforzándote por apartar cualquier cosa impura o que no represente al Señor? La Palabra de Dios es clara sobre qué cosas debemos seguir. Si no tienes claridad sobre cómo buscar las cosas de Dios, dedica tiempo a estudiar los libros de la Biblia escritos por el apóstol Pablo a las diversas iglesias. ¡Dios no nos dejó preguntándonos cómo vivir una vida santa!

Dios, ayúdame a buscar intencionalmente cosas que me ayuden a crecer como seguidor tuyo. Que no me vuelva perezoso y caiga en los hábitos del mundo. ¡Espíritu Santo, guíame!

Guiado por la fidelidad

Me has hecho pasar por muchas angustias y males, pero volverás a darme vida; de las profundidades de la tierra volverás a levantarme.

Salmos 71:20 NVI

Aquí hay una promesa que puede sostenernos en tiempos difíciles: es la fidelidad del Señor la que nos hace pasar por tiempos difíciles. La Palabra nos dice que este movimiento del Señor es para nuestra santificación. Es para darnos una mayor comprensión del carácter de Dios y una manera de profundizar nuestra fe. Ofrece una vía para despertar cuando estamos estancados, e incluso a veces es un modo de mostrar el poder de Dios. Sin embargo, también es su fidelidad la que nos saca de esas dificultades.

Cuando entendemos que Dios no nos ha dejado, eso hace que los días, las semanas o los meses difíciles sean un poco más dulces. Dios no se deleita en nuestras dificultades, y tampoco nos deja en ellas para siempre. El salmista declaró lo que sabía que era verdad para él: Dios restauraría su vida y lo sacaría de las profundidades. Si Dios nos ha llevado a las profundidades, podemos estar seguros de que nos sacará de ellas nuevamente. Él es demasiado fiel para dejar a sus seres amados en tiempos amargos.

Dios, saber que estás conmigo y que me restaurarás hace que mi corazón espere aunque mis circunstancias sean difíciles.

MILAGROS A TU ALREDEDOR

Que todo lo que soy alabe al SEÑOR.
¡Oh SEÑOR mi Dios, eres grandioso!
Te has vestido de honor y majestad.
SALMOS 104:1

Sandra normalmente habría pasado por alto la intrincada red de una araña que brillaba con el rocío de la luz de la mañana. Fue su hija, moviéndose a su propio ritmo, quien la observó. No se iría hasta que su mamá le hubiera dado la debida admiración a la hermosa telaraña. Los niños tienen una manera única de recordarnos la gloria en la creación. Ellos observan los milagros que nos rodean y que los adultos a menudo pasamos por alto debido a vidas ocupadas y a multitud de distracciones.

El Salmo 104 nos detalla las maravillas que Dios creó. No olvidemos la belleza y la gloria que nos rodean diariamente. Propongamos como meta salir hoy y observar los milagros que nos rodean. Demos gracias por las maravillas en la creación de Dios y recordemos que, así como Él mantiene unido el mundo creado, también sostiene nuestras vidas milagrosas.

Dios, perdóname por no ver la gloria que me rodea, porque estoy demasiado consumido con mis propias preocupaciones. Ayúdame a ver tu creación como el milagro que es y a dar alabanza a Aquel que lo hizo todo con una excelencia sorprendente.

VIVOS

Pero Dios es tan rico en misericordia y nos amó tanto que, a pesar de que estábamos muertos por causa de nuestros pecados, nos dio vida cuando levantó a Cristo de los muertos. (¡Es solo por la gracia de Dios que ustedes han sido salvados!)

EFESIOS 2:4-5

Aquí tienes un desafío: considera de dónde vienes para que puedas contemplar la gloria y la bondad de dónde estás ahora. Los creyentes podemos quedar estancados en nuestros caminos con Cristo porque solo vemos dónde estamos fallando y quedándonos cortos; sin embargo, Dios no solo ve nuestras faltas; no nos ve como personas moribundas. Tú y el resto de nosotros en Cristo ya no somos niños bajo ira que solo seguimos las inclinaciones de la carne. Todos ahora estamos vivos en Cristo, llenos del Espíritu y sustentados por la gracia para cada día y cada situación.

No deberíamos vernos a nosotros mismos como víctimas de los ataques del enemigo y esclavos de nuestra naturaleza pecaminosa. Tampoco estamos irremediablemente defectuosos. Fuimos salvados por gracia y ahora estamos sentados con Cristo según la misericordia, el amor y la bondad de Dios. ¡Regocíjate!

Señor, gracias por darme una vida nueva cuando estaba atrapado en mi pecado. Ayúdame a agarrarme a la verdad de mi libertad en Cristo y a vivir como un vencedor, no como alguien esclavizado.

Temor

«Porque yo soy el Señor tu Dios,
que sostiene tu mano derecha;
yo soy quien te dice: "No temas,
yo te ayudaré"».
Isaías 41:13 NVI

¿De qué temor necesitas ser liberado? ¿Tienes miedo a ser malentendido? ¿Te aflige el miedo al rechazo? ¿Has sufrido el miedo a la humildad? ¿Temes innecesariamente los problemas futuros? La Biblia nos dice qué no temer: otros dioses, los miedos de otras personas, problemas de cualquier tipo, ser deshonrado y daño corporal. ¿Por qué no deberías temer estas cosas? Es porque Dios está contigo.

Entonces, si sabes que no necesitas temer esas cosas, ¿qué haces en cambio? Isaías 8:13 dice que temas al Señor de los ejércitos y lo consideres santo. Isaías habló sobre dar a Dios una entrega adoradora, temor reverencial y el respeto obediente que merece. No tendrás tiempo ni capacidad mental para temer otras cosas si estás asombrado ante un Dios santo.

Señor, soy culpable de temer muchas cosas y de no darte el temor santo que mereces. Ayúdame a enfocarme en ti. ¡Sé que puedes salvarme de cualquier cosa que temería!

Canta

¡Canten al Señor una nueva canción!
¡Que toda la tierra cante al Señor!
Canten al Señor, alaben su nombre; cada día
anuncien las buenas noticias de que él salva.
Salmos 96:1-2

La mayoría de nosotros hemos estado en un lugar oscuro en alguna ocasión. Puede ser difícil ver algo bueno en la vida o incluso en Dios cuando nuestras mentes están atrapadas en la negatividad, pero hay una cosa que podemos hacer cuando sentimos que nos estamos deslizando hacia ese lugar bajo y profundo, y es cantar. Hay poder en elevar nuestras voces a Dios para declarar su bondad, poder y fidelidad. Es difícil quedarse atascado en ese lugar oscuro cuando estamos cantando la verdad en cantos y alabanzas.

Los Salmos están llenos de exhortaciones sobre cantar al Señor. No es coincidencia que los Salmos también estén llenos de lamentos, gritos desesperados y oraciones que piden rescate. Los salmistas conocían algunos lugares muy oscuros, pero descubrieron igual que nosotros que declarar la verdad en cantos produce una alegría y un espíritu de superación que no pueden ser derribados fácilmente.

Señor, cuando sienta que mi espíritu se vuelve pesado, recuérdame que cante. Sé que es un mandato frecuente por una buena razón. Devuélveme tu esperanza y alegría cuando eleve mi voz a ti en canto.

Día de reposo

Solo en Dios halla descanso mi alma;
de él viene mi salvación.
Salmos 62:1 NVI

El día de reposo es un reflejo contracultural y contraintuitivo de la gracia de Dios para nosotros en el sentido de que intencionadamente no logramos nada, y Dios aún derrama su amor sobre nosotros. El mundo prácticamente nos grita que hagamos más, vendamos más, compremos más, trabajemos más y tengamos más éxito. Sin embargo, el mensaje de Dios desde el principio del tiempo fue trabajar arduamente y luego permitir el descanso.

Dios no necesita que trabajemos incesantemente para amarnos. Dios no necesita que cumplamos todos los elementos de nuestras listas de tareas pendientes. Dios no exige éxito como lo exige el mundo. En cambio, nos invita a no hacer nada intencionalmente. Al hacerlo, descubrimos que estamos mejor que si hubiéramos seguido adelante sin detenernos a descansar. Acepta el llamado al descanso, amigo, y descubre que eres restaurado por Dios.

Señor, ayúdame a tomar en serio el mandato de descansar. Tomar un día de reposo es casi un arte perdido, pero no quiero que sus beneficios se pierdan para mí. Que siempre descubra que, cuando tengo mi descanso en ti como una prioridad, tú me respaldas en todas las cosas que necesitan hacerse el resto de la semana.

Perfección

Y estoy seguro de que Dios, quien comenzó la buena obra en ustedes, la continuará hasta que quede completamente terminada el día que Cristo Jesús vuelva.
Filipenses 1:6

Si la perfección es nuestra meta en la vida, nos agotaremos antes de levantarnos de la cama en la mañana. Mientras el mundo nos insta a mejorarnos a nosotros mismos, mejorar nuestras vidas y mejorar nuestras posibilidades de éxito, el Señor nos dice que renunciemos a las metas que el mundo promueve. ¿Qué nos gustaría perseguir en su lugar? El sacrificio personal.

No es un tema del que se hable mucho en estos tiempos. Cristo mostró el sacrificio personal de una manera que ninguno de nosotros jamás podrá replicar completamente. Él estableció un ejemplo y un estándar para nosotros con el fin de que podamos crecer para ser más como Él. Él usa las pruebas de la vida diaria para purificarnos y hacer crecer nuestra fe. Es probable que nunca seamos perfectos a los ojos del mundo, pero morir a nuestras propias metas, sueños y deseos nos hará ser cada vez más parecidos a la imagen de nuestro Dios perfecto.

Señor, gracias por darme un ejemplo a seguir en tu muerte en la cruz. Ayúdame, Espíritu Santo, a negarme a mí mismo para ser más semejante a Cristo y alcanzar la perfección en Él que Él promete.

TODO SE TRATA DE ÉL

Nuestros antepasados en Egipto no quedaron conmovidos ante las obras milagrosas del Señor. Pronto olvidaron sus muchos actos de bondad hacia ellos; en cambio, se rebelaron contra él en el mar Rojo. Aun así, él los salvó: para defender el honor de su nombre y para demostrar su gran poder.

SALMOS 106:7-8

Si hubo un grupo de personas que debería haber entendido el poder y la fidelidad de Dios, fueron los israelitas a quienes Dios rescató de Egipto. Es sorprendente cómo olvidaron con rapidez todo lo que Dios hizo y se volvieron a otros dioses. Pero ¿en realidad somos diferentes nosotros? A las 6:30 de la mañana cuando los niños están peleando, olvidamos bastante rápido que esos mismos niños son milagros de Dios.

Sin embargo, esto es lo interesante: Dios no muestra su poder, bondad o fidelidad solo para que lo notemos y se lo agradezcamos. Lo hace porque tiene planes de dar a conocer su poder en todo el mundo. ¡Lo que sucede en nuestras vidas tiene menos que ver con nosotros y más que ver con su gloria! La vida no se trata de nosotros cuando Él en realidad hace que las cosas giren en torno a Él. Cuando olvidamos sus atributos asombrosos y hacemos que las cosas apunten a nosotros, Él seguirá siendo bondadoso porque nos ama y porque su poder debe ser conocido.

Señor, ayúdame a reconocer que mi vida tiene sorprendentemente poco que ver conmigo. ¡Estoy aquí para alabarte! Que promueva tu gloria en todo lo que haga hoy.

REVELADO

Jesucristo es el mismo ayer,
hoy y por siempre.
HEBREOS 13:8 NVI

De vez en cuando, o prácticamente a diario para algunos de nosotros, ciertas situaciones revelan que no somos las personas que pensábamos que éramos. Nuestra paciencia se agota cuando repetidamente tocan nuestros puntos sensibles. La ira estalla y se revela un temperamento que no sabíamos que teníamos. Nos irritamos fácilmente por circunstancias y personas inesperadas. Ya sea en el matrimonio, la crianza de los hijos, con compañeros de cuarto o compañeros de trabajo que nos provocan, no somos tan santos como creíamos ser.

¡Alabado sea Dios entonces porque es quien dice ser! Nunca habrá una situación que lo revele como diferente de lo que sabemos que es. Podemos engañarnos a nosotros mismos creyendo que somos mejores de lo que realmente somos, pero Dios siempre es plenamente y verdaderamente quien su Palabra dice exactamente que es. ¡Qué gran consuelo saber que Él es el mismo ayer, hoy y por siempre!

Gracias, Dios, porque no cambias como las sombras cambiantes. Puedo confiar en tu carácter bueno y santo con todo mi corazón.

CONSISTENCIA

«En esos días, cuando oren, los escucharé. Si me buscan de todo corazón, podrán encontrarme».
JEREMÍAS 29:12-13

En ocasiones, Dios parece estar muy distante. Incluso quienes hemos caminado con Dios durante la mayor parte de nuestras vidas sentimos a veces que olvidamos cómo buscarlo. No vemos fruto, nos falta motivación, y estamos confundidos y desorientados en nuestra temporada actual de vida.

Sin embargo, hay algo que decir sobre la consistencia. Si hacemos lo que sabemos hacer, es decir, si leemos la Palabra, oramos a nuestro Señor y adoramos con otros creyentes, entonces el sentimiento de estar separados de Dios no durará. Si pensamos en los atletas, todos se cansan de entrenar en algún momento. Sus músculos están adoloridos, sienten que han alcanzado un límite y no están haciendo progresos notables. La chispa y emoción del entrenamiento desaparecieron hace mucho tiempo atrás, pero saben que empujarse constantemente resultará en progreso incluso cuando parece lejano. Esto también es cierto para nuestro entrenamiento espiritual; por lo tanto, que esto nos anime y nos mantenga buscando a Dios. ¡Lo hallaremos!

Señor, cuando esté cansado y me falte la motivación, ayúdame a buscarte de todos modos. Tú prometes que te encontraré; por lo tanto, que eso me impulse incluso cuando no sienta tu presencia.

PALABRA VIVA

El principio de la sabiduría es el temor del SEÑOR;
buen entendimiento tienen todos
los que practican sus mandamientos;
su alabanza permanece para siempre.
SALMOS 111:10 LBLA

Cata no podía creer que la misma Biblia que había sido escrita siglos atrás todavía pudiera ser relevante en la actualidad. «No hay nada nuevo en ella», dijo. «¿Cómo puede seguir instruyendo y hablando a nuestros corazones?». Estaba comenzando a entender la verdad del mensaje en Hebreos 4:12: la Palabra de Dios está viva y es poderosa. Cata estaba escuchando que la Palabra de Dios tiene el poder de hablar en el presente como lo hizo cuando fue escrita por primera vez.

Seguir la Palabra de Dios es lo más sabio que podemos hacer. La Palabra de Dios no necesita cambiar con los tiempos. Siempre proporcionará la verdad que la humanidad necesita: somos pecadores que necesitamos un rescate del corazón. Dios, en su misericordia, nos dio una manera de hacer precisamente eso. Es pura alegría pasar mucho tiempo en la Palabra. Nunca pasará de moda, nunca perderá su relevancia y nunca será desperdiciada.

Señor, cuando empiece a dudar del poder de tu Palabra, por favor recuérdame que la condición de mi corazón no es diferente a la condición de los corazones de las personas a las que primero viniste a salvar. Todos necesitamos gracia y todos necesitamos la sabiduría que ofrece tu Palabra.

EL LÍMITE DE TI MISMO

Jesús se acercó y dijo a sus discípulos: «Se me ha dado toda autoridad en el cielo y en la tierra».
MATEO 28:18

Todos tenemos días en los que sentimos que hemos llegado completamente al límite de nuestras fuerzas. Nos damos cuenta de que no somos tan capaces o autosuficientes como pensábamos. El día de trabajo fue duro, la casa es un desastre, los niños tienen demasiadas actividades y estamos emocionalmente desconectados de amigos o seres queridos. ¡Hay demasiado que hacer para una sola persona!

Esos momentos en los que sentimos que hemos llegado al límite, por incómodos que sean, no deben evitarse. En cambio, debemos aceptarlos. Cuando no podemos decir «Puedo con esto», entonces finalmente podemos comprender que Jesús puede con ello. Nuestra carencia es siempre una invitación a recordar su poder y su capacidad. No hay nada en el cielo o en la tierra que pueda detenerlo o hacerlo incapaz. Estamos en buenas manos. Podemos apoyarnos en esos momentos y descubrir que el poder de Jesús es más que suficiente.

Jesús, estoy muy agradecido de que se te haya dado todo el poder sobre cada situación. Ayúdame a apoyarme en ti cuando claramente mi propio poder no sea suficiente. Tú eres bueno, y te amo.

Misericordia para todos

Que alaben al Señor por su gran amor y por las obras maravillosas que ha hecho a favor de ellos.
Salmos 107:15

Si necesitas ánimo hoy, lee el Salmo 107. Los cuarenta y tres versículos detallan la misericordia de Dios que muestra a cualquiera que clame a Él. Nuestra naturaleza humana tiende a reservar la misericordia para aquellos que hacen lo correcto, o que se arrepintieron de lo malo y demostraron ser dignos; sin embargo, la misericordia de Dios no es solamente para aquellos que finalmente enderezaron sus caminos. Está disponible para cualquiera que clame a Dios.

Dios recibe a aquellos que están en un lugar oscuro en sus vidas (vv. 4-6), aquellos que están encarcelados debido a su rebelión contra Dios (vv. 10-14), aquellos que han vivido imprudentemente y han traído problemas sobre sí mismos (vv. 17-20), y aquellos que han sido atrapados por las tormentas de la vida (vv. 23-30). Sin importar dónde te encuentres en este momento, ya sea que estés caminando fielmente con Dios o no, su misericordia está disponible si clamas a Él.

Dios, gracias porque no tengo que ganarme tu misericordia. Que nunca sea demasiado orgulloso para admitir que necesito tu rescate misericordioso. Me alegraré en tu salvación y tu amor fiel hoy.

OCTUBRE

Sobre este monte el SEÑOR
de los Ejércitos preparará
para todos los pueblos un
banquete de manjares especiales.
Un banquete de vinos añejos,
las mejores carnes
y vinos selectos.

ISAÍAS 25:6 NVI

PLENITUD DE VIDA

Es mi deseo que experimenten el amor de Cristo, aun cuando es demasiado grande para comprenderlo todo. Entonces serán completos con toda la plenitud de la vida y el poder que proviene de Dios.

EFESIOS 3:19

La vida abundante fue algo que Jesús nos prometió en Juan 10:10. El enemigo busca destruirnos en cada paso con cosas que parecen buenas, pero el deseo de Jesús para nosotros es vida de verdad y llena de su amor. ¿Por qué es tan importante para el cristiano conocer el amor de Dios?

Cuando sabemos lo mucho que Dios nos ama, podemos discernir las mentiras del enemigo, confiar en la bondad de Dios incluso en medio del dolor, demostrar el mismo amor bondadoso a otros en nuestras vidas, y tener la «plenitud de la vida» de la que habla Efesios 3:19. Tenemos la sabiduría, el poder y el amor incondicional de Dios que fluye a través de nosotros hacia los demás. Podemos hacer esta oración escrita por el apóstol Pablo sobre nuestras propias vidas hoy, y realmente experimentar toda la plenitud de la vida que proviene de Dios.

Dios, te pido que me fortalezcas con tu poder a través del Espíritu Santo y que Cristo habite en mi corazón a través del don de la fe. Que esté arraigado y establecido en tu amor y llegue a entenderlo más completamente para que pueda ser lleno de la plenitud de la vida que tú ofreces.

Bajar el ritmo

Pero yo pondré mis ojos en el Señor, esperaré en el Dios de mi salvación. Mi Dios me oirá.
Miqueas 7:7 NBLA

A veces necesitamos bajar el ritmo de nuestros corazones. Algunas cosas nos ralentizan durante el día, y preferiríamos no lidiar con ellas. Los niños curiosos se detienen a oler las flores; nuestros familiares se enferman o se hacen daño; los nuevos compañeros de trabajo parecen necesitar mucha ayuda y dirección. Evitamos esas cosas porque no nos gustan las demoras y porque nuestra sociedad nos dice que lo rápido es lo mejor.

Sin embargo, el Señor no siempre trabaja con rapidez. Su pueblo estuvo esclavizado en Egipto por cuatrocientos años antes de que Él los rescató. Permitió que los israelitas vagaran por el desierto por cuarenta años antes de entrar en la Tierra Prometida. Judá estuvo cautiva en Babilonia por setenta años antes de regresar para reconstruir el templo. Aunque las demoras no suelen estar en nuestro plan, a menudo forman parte del plan de Dios. Podemos unirnos a Él en la obra que está haciendo en nuestros corazones o resistirnos.

Señor, a menudo soy impaciente cuando me haces bajar el ritmo, pero ayúdame a aceptar la temporada de lentitud. Que aprenda a esperar contigo y no siempre esté esperando lo que hay más allá de la demora.

MÁS DE JESÚS, MENOS COSAS MATERIALES

Más vale lo poco de un justo que la abundancia
de muchos malvados; porque el brazo de los malvados
será quebrado, pero el Señor sostendrá a los justos.
Salmos 37:16-17 NVI

Cuando compras en tu almacén local, abres tus aplicaciones de redes sociales o hablas con otra mamá u otro papá en el equipo de fútbol de tu hijo, enseguida comienzas a pensar que necesitas más y mejores cosas. El materialismo es una adicción importante en nuestra cultura. Dios deja claro que no importa cuánto tengas porque todo puede ser arrebatado en cualquier momento. Caer en la trampa de necesitar más no merece tu tiempo, atención o recursos.

¿Qué merece tu tiempo y atención? ¿Dónde deberías poner tu confianza y tu tesoro? La respuesta radica en la búsqueda de Cristo. El Salmo 37 dice que el Señor sostiene a los justos incluso cuando, ante los ojos del mundo, no tienen nada. Camina con confianza sabiendo que no necesitas seguir todas las modas para que Cristo te cuide. Mira con confianza esa aplicación de redes sociales, sabiendo que lo que tienes en comparación con esa otra persona no importa a la luz de la eternidad.

Señor, ayúdame a no caer en el ciclo de llenar mi casa y mi mente de cosas, en especial si no me estoy llenando de ti. Tú eres todo lo que necesito.

Un alma que descansa

¡Ya puedes, alma mía, estar tranquila,
porque el Señor ha sido bueno contigo!
Salmos 116:7 NVI

Tal vez hoy necesitas este recordatorio: no tienes que saber todas las respuestas. No tienes que tener preparado un plan perfecto. No tienes que pasar horas todas las noches con tus ansiedades, tratando de resolver todos los problemas en tu vida. Deja que tu corazón, tu mente y tu alma descansen y estén tranquilos. El Señor siempre ha estado contigo.

La bondad de Dios nunca ha dejado abandonados a sus justos sin esperanza. ¿Significa eso que no hacemos nada en cuanto a los problemas que enfrentamos? No. Seguimos actuando con sabiduría, hacemos planes y los sometemos al Señor. Usamos las habilidades que Dios nos ha dado para aprovechar al máximo la situación actual, pero no dejamos que nuestras ansiedades nos consuman. Entrégale a Dios lo que te preocupa; su bondad no te dejará con las manos vacías.

Señor, gracias porque puedo confiarte las cosas que me preocupan. Cuando comience a sentirme ansioso, recuérdame que primero debo entregarte mis preocupaciones y luego pedir tu sabiduría para manejar la situación. Gracias, porque nunca has abandonado a tus justos.

Lo que tiene que cambiar

Oh Dios, apresúrate a librarme;
apresúrate, oh Señor, a socorrerme.
Salmos 70:1 NBLA

Todos hemos hecho una oración como esta en algún momento: «¡Dios, apresúrate a ayudarme! ¡Sálvame, Dios!». Normalmente no oramos así porque nos estemos enfrentando a un peligro grave, sino más bien porque estamos incómodos, molestos, o no estamos recibiendo lo que creemos que merecemos. A veces, cuando clamamos pidiendo un rescate, es nuestra mentalidad la que necesita ser rescatada y no nuestras circunstancias.

¿Estamos asumiendo el papel de víctima, compadeciéndonos de nosotros mismos o quejándonos? Es poco probable que Dios nos salve de la situación. Es más probable que, con su gracia, nos revele que nuestra mentalidad necesita ser transformada. Dios nos ama demasiado como para rescatarnos de las cosas que están destinadas a revelar nuestra necesidad de Él. En cambio, permitirá que su Espíritu hable a nuestros corazones y nuestras mentes, trayendo revelación y convicción de que es nuestra actitud la que necesita ser cambiada. ¿Lo escucharás?

Dios, perdóname por clamar pidiendo un rescate solo porque no me gusta mi situación. Dame tu perspectiva para que pueda ver que no son mis circunstancias las que necesitan cambiar, sino mi actitud hacia las circunstancias. Quiero ser más como tú.

Gran poder

También pido en oración que entiendan la increíble grandeza del poder de Dios para nosotros, los que creemos en él. Es el mismo gran poder que levantó a Cristo de los muertos y lo sentó en el lugar de honor, a la derecha de Dios, en los lugares celestiales.

Efesios 1:19-20

Tendemos a olvidarnos del poder que vive dentro de nosotros. El plan nunca fue que lucháramos solos en la vida. El Espíritu de Dios habita en nuestro interior, dándonos acceso a su sabiduría y su poder.

¿Qué significa usar este poder a diario? Podría ser, por ejemplo, pedir sabiduría antes de lidiar con nuestro hijo desobediente; a menudo veremos que Dios nos da una solución creativa que no se nos habría ocurrido por nuestra cuenta. Podría ser pedirle a Dios una palabra de ánimo para un amigo que está atravesando dificultades; ¡las palabras que vienen del Espíritu Santo nos animarán también a nosotros! Podría ser pedir a Dios la gracia y la fuerza para superar un día difícil; más adelante nos daremos cuenta de que Él verdaderamente nos ayudó. Invitar a Dios a entrar en estas áreas de nuestras vidas nos recordará las maneras en que su gran poder obra en nosotros y a través de nosotros. ¡Solo tenemos que pedirlo!

Gracias, Señor, por el increíble poder que has dado a todos los creyentes. Ayúdame a recordar que me pertenece.

CORAZONES QUE CRECEN

Por el camino de Tus mandamientos correré,
porque Tú ensancharás mi corazón.
SALMOS 119:32 NBLA

Una de las alegrías de vivir totalmente dedicado a la búsqueda de Dios es la satisfacción de nuestros corazones por la propia búsqueda. Cuanto más leemos la Palabra, estudiamos las promesas de Dios y seguimos sus mandamientos, más deseamos hacer esas cosas todo el tiempo. El Salmo 119 dice que, mientras perseguimos una vida dedicada al Señor, Dios «ensanchará» nuestros corazones para entender más y querer más del evangelio. Y, a medida que nuestros corazones crecen en amor por las cosas de Dios, las cosas del mundo comenzarán a perder su atractivo.

Si intentamos aferrarnos continuamente a las cosas del mundo mientras también intentamos seguir el camino de Dios, descubriremos que no tenemos tanta hambre de Dios. Estaremos saciando nuestros apetitos con aperitivos en lugar de esperar al banquete. Si no estamos satisfechos, podemos preguntarle al Señor qué necesitamos rendirle para ir tras Él de todo corazón.

Señor, perdóname por llenarme de «comida chatarra» y no permitirme tener hambre de lo único que realmente puede satisfacerme. Ayúdame a no cansarme de buscarte y, mientras lo hago, por favor trae alegría y deleite verdadero a mi alma.

LLAMADO Y REDIMIDO

«No temas, que yo te he redimido;
te he llamado por tu nombre; tú eres mío».
ISAÍAS 43:1 NVI

Tal vez te resulta difícil pensar que eres digno de amor. Ves tus defectos y tus errores; cada interacción es otra oportunidad para ver cómo podrías haberlo hecho mejor. Aunque te veas de ese modo, el Señor te ve de manera muy diferente. Te ve cubierto de misericordia, no de errores. Te ve como alguien a quien redimió a propósito e hizo suyo.

No te adoptó en la familia de mala gana. Te conoce por tu nombre, no por tus fracasos. Te ve con los ojos amorosos de un Padre que tú, como un simple mortal, no puedes ni comenzar a entender. En este día, pídele esos mismos ojos de amor a través de los cuales puedas verte a ti mismo. Eres digno de amor; has sido redimido; Dios te conoce y te ha llamado.

Dios, a veces puede ser muy difícil aceptar todos mis defectos e imperfecciones. Veo cuántas veces fallo, y en ocasiones me cuesta incluso agradarme a mí mismo. Señor, necesito tu perspectiva. Ayúdame a verme a mí mismo a través de la lente de la gracia con la que tú me ves y a conocer la verdad sobre tu amor por mí.

Una oración para el día

Hazme oír cada mañana acerca de tu amor inagotable, porque en ti confío. Muéstrame por dónde debo andar, porque a ti me entrego

Salmos 143:8

¿Comienzan tus mañanas con dulzura? ¿Tienes un espacio tranquilo, una buena vista y una taza de café o té caliente? ¿O son tus mañanas apresuradas y caóticas, llenas de frustración al salir de la casa? Ya sea que tus días comiencen pacíficamente o con mucho drama, puedes encaminarte hacia un buen día con esta sencilla oración del salmo de hoy: «Hazme oír cada mañana acerca de tu amor inagotable, porque en ti confío. Muéstrame por dónde debo andar, porque a ti me entrego».

El salmista pide primero un recordatorio del amor de Dios. ¿Qué mejor manera de comenzar el día que sabiendo que eres amado? Esto une tu identidad al amor de Dios. No te identificas por lo que logras, cómo actúas o lo que otros piensan de ti. El salmo continúa pidiendo dirección, reconociendo que es Dios quien guía la vida. Esta simple rendición declara que Dios está contigo y es digno de confianza, sin tener en cuenta cómo vaya el día.

Señor, que hoy pueda conocer tu amor y dirección. Este día es tuyo; ¡que se haga tu voluntad, no la mía! ¡Tú eres bueno, y confío en ti!

Temporada de fidelidad

La palabra del Señor es justa;
fieles son todas sus obras.
Salmos 33:4 NVI

Si tienes la bendición de vivir en un lugar con estaciones cambiantes, es posible que estés comenzando a sacar sudaderas calentitas y bufandas largas. Tal vez estás colocando calabazas en el jardín o saboreando el primer café con especias de calabaza de la temporada. El inicio de una nueva estación siempre es un buen momento para reflexionar sobre la anterior y tomar nota de la fidelidad del Señor en tu vida. Hacer esto te ayuda a estar atento a las maneras en que Dios está obrando en tu vida. Te hace menos propenso a atribuirte a ti mismo tus éxitos o las cosas buenas que te ocurren.

Tómate un momento ahora para mirar atrás a los últimos meses y ver cómo Dios ha demostrado ser tu proveedor y protector, así como tu fuente de gozo y de paz. Reconoce su bondad, alábalo por su liderazgo, y adéntrate en el otoño con la determinación de ver su fidelidad de maneras todavía mayores.

Señor, has sido muy bueno conmigo. Me has guiado con una fidelidad perfecta en las montañas y los valles de esta última temporada. Gracias, y permíteme seguir reconociendo las maneras en que tu gracia me rodea en esta nueva estación.

Gracia abundante

Pero la gracia de nuestro Señor fue más abundante con la fe y el amor que es en Cristo Jesús.
1 Timoteo 1:14 RVC

¿Alguna vez te sorprendieron actuando mal de niño, pero tu papá o tu maestro respondió a ese mal comportamiento con una gracia que no se correspondía con la fechoría? Eso probablemente te confundió, ¡pero qué alivio también! En nuestras vidas con Cristo, muchos de nuestros errores no son castigados como merecen. En cambio, recibimos lo que el apóstol Pablo llamó «gracia abundante» no porque la hayamos ganado, sino porque Dios es misericordioso.

Como uno de esos cubos que se llenan y se vacían en las zonas de juegos acuáticos para niños, la gracia de Dios se derrama constantemente sobre nosotros en los momentos en que menos la merecemos. Es una verdad que nunca pasará de moda. No podemos volvernos insensibles al poder de convicción del Espíritu. Nunca debemos creer que tenemos que vivir la vida solos; debemos mantenernos abiertos a una vida de humildad y transparencia. Hoy alabamos a Dios por su gracia desbordante que está presente en nuestras vidas.

Dios, me siento indigno de tu gracia, la cual sigues derramando, pero estoy muy agradecido de que me consideres digno. Que nunca pierda el aprecio por tu bondad. Mantenme humilde para que nunca crea que he hecho algo por mi cuenta para ganar tu amor.

RESGUARDADO

El Señor está cerca de los quebrantados de corazón,
y salva a los de espíritu abatido.
Salmos 34:18 NVI

La vida es dulce, sí, pero sería ingenuo creer que nunca nos enfrentaremos a la desilusión incluso siendo seguidores de Jesús. Ya sea que hayamos atravesado ese dolor en el pasado, estemos pasando por él actualmente, o no nos hayamos sentido verdaderamente desconsolados todavía, esta promesa del salmo de hoy está cargada de paz: Dios está cerca de los quebrantados de corazón.

Qué buena imagen del dulce amor: que Dios se acerca a aquellos que están sufriendo. Cuando experimentamos dolor, a muchos de nosotros nos gusta ser abrazados por alguien a quien amamos, que nos acerquen y nos resguarden. Incluso si esa persona no puede resolver nuestro problema e incluso si no dice nada, el consuelo de su presencia es de gran ayuda. De la misma manera, aunque no podemos verlo, sabemos que el Señor está cerca de los que sufren. Si esa situación te describe a ti hoy, deja que el conocimiento de la cercanía de Dios produzca paz en tu corazón.

Dios, gracias por acercarte a mí cuando estoy abatido. Qué consuelo es saber que estoy resguardado en tu abrazo y que no enfrento mi dolor solo.

PLANTAR Y COSECHAR

Los que siembran con lágrimas
cosecharán con gritos de alegría.
SALMOS 126:5

Las profundas tonalidades verdes del verano están haciendo la transición ahora hacia los colores rojos, naranjas, amarillos y marrones del otoño, mientras las hojas comienzan a caer lentamente al suelo. En esta temporada se nos recuerda una vez más que todas las cosas en la vida, a medida que comienzan a morir, se están preparando para algo mejor. Los árboles desnudos parecen estar muertos después de meses de mostrar un hermoso color verde vivo, pero esa muerte tiene un propósito mayor. Las hojas viejas, a medida que se descomponen en los pastos y jardines, liberan nutrientes vitales en el suelo para el crecimiento de la primavera del próximo año.

De manera similar en la vida, a veces nos estamos preparando con dolor para un nuevo crecimiento y una temporada diferente a través de nuestras lágrimas y angustias. Lo que parece lo suficientemente doloroso como para matarnos nos preparará para una cosecha de alegría cuando el Señor nos restaure para ser algo nuevo y hermoso. Confía en que la obra de Dios no terminará en tristeza sino en gran alegría.

Señor, muchas temporadas de la vida las siento como si estuviera perdiendo, pero sé que me estás preparando para algo mejor. Ayúdame a confiar en tu proceso, aunque duela.

DE TODO CORAZÓN

Hazme entender tu ley, para cumplirla;
la obedeceré de todo corazón.
SALMOS 119:34 RVC

Decir que haremos algo de todo corazón es una declaración importante. En un mundo lleno de distracciones que captan nuestra atención, es difícil enfocarnos por completo en algo. Sin embargo, Dios no quiere solo una parte de nosotros hoy y luego encontrarnos distraídos con otra cosa mañana. Él quiere nuestro compromiso total, el mismo tipo de compromiso que Él nos demostró a nosotros y que lo llevó a la cruz. Cristo debe ser lo primero en nuestras vidas con diferencia, o nada. No hay término medio.

Esta es una gran decisión que tomar en nuestras vidas; por eso Jesús nos dijo que debemos tomar nuestra cruz y seguirlo (Mateo 16:24). Sin embargo, cuando dejamos de lado todos los demás amores y distracciones para seguir a Cristo de todo corazón, encontramos una alegría y dulzura en la vida que no se comparan con nada. ¿Qué nos está distrayendo hoy de darle a Dios todo nuestro corazón?

Dios, me distraigo fácilmente con las cosas buenas de este mundo. Ayúdame a entender realmente que nada de esto se compara con la alegría de seguirte con todo mi corazón. Persigue mi corazón, Dios.

15 DE OCTUBRE

Repetición

Es por esto que nunca nos damos por vencidos.
Aunque nuestro cuerpo está muriéndose,
nuestro espíritu va renovándose cada día.
2 Corintios 4:16

Nosotros nos cansamos de la repetición, pero Dios no se cansa. La naturaleza gira en torno a patrones repetitivos. Nuestro Señor estableció los patrones del amanecer y el atardecer, el florecimiento y la siembra de las plantas y el ciclo de las cuatro estaciones a lo largo del año. Los animales y los humanos traen a sus crías al mundo para comenzar el ciclo de la vida una y otra vez. La repetición no es aburrida ni inerte; ¡está llena de vida!

La gloria de Dios está entretejida en todos los momentos repetitivos de nuestras vidas, pero podemos perderla porque se vuelve cotidiana. Solo con pedirlo, Dios abrirá nuestros ojos a la belleza y la gloria que pasamos por alto por ser ordinaria y repetitiva. El Espíritu Santo está listo para revelarse a sí mismo en las pequeñas cosas de la vida mientras renueva nuestras almas diariamente. ¿Qué veremos hoy en las cosas ordinarias simplemente por tener abiertos nuestros ojos espirituales?

Dios, perdóname por pasar por alto las maravillas que has creado porque son repetitivas. Que mis ojos vean tu gloria en los pequeños momentos. Gracias porque tú usas cada día para crear vida en mí y a mi alrededor.

Intencional

Amo a los que me aman,
y los que me buscan con diligencia me hallarán.
Proverbios 8:17 NBLA

Cuando encontramos algo que amamos, hacemos tiempo para ello aunque nuestras agendas estén llenas. Algunas personas no pueden sacar tiempo para hacer ejercicio, pero para aquellos que lo aman es una prioridad. Algunas personas no sacan tiempo para leer, pero para otros es un gozo que no están dispuestos a sacrificar. La intencionalidad es la clave para sacar tiempo para hacer algo.

En nuestra relación con el Señor, buscarlo intencionalmente nos lleva a enamorarnos más profundamente de Él. Las cosas más pequeñas, cuando se hacen con intención, nos llevan a una relación que no podríamos haber tenido de otro modo. El crecimiento se produce cuando escogemos un versículo para memorizar cada semana, escuchamos la Escritura mientras nos preparamos para el día o llevamos a los niños a la escuela, o cuando escogemos un salmo sobre el cual orar durante el día. Encontrarnos con Dios en esos momentos cotidianos nos hará seguir enamorándonos más de Él. ¿Qué podemos hacer hoy de manera intencional para crecer espiritualmente?

Señor, perdóname por pensar que puedo crecer en mi amor por ti sin profundizar de manera intencional en mi conocimiento de ti y pasar tiempo en tu Palabra. Ayúdame a buscarte a ti primero. ¡Tú nunca decepcionas!

17 DE OCTUBRE

Iluminación

Pido que les inunde de luz el corazón, para que puedan entender la esperanza segura que él ha dado a los que llamó—es decir, su pueblo santo—, quienes son su rica y gloriosa herencia.

Efesios 1:18

Necesitamos iluminación. Y no me refiero a la sensación del razonamiento percibido o automejora que fue la búsqueda de los pensadores del siglo XVIII. Sin la guía de Dios, nuestras mentes no pueden captar la increíble esperanza que tenemos como resultado de nuestro llamado a su familia. Necesitamos que el Espíritu de Dios abra nuestros ojos para entender la esperanza que tenemos porque amamos a Dios.

¿Estás viviendo con la seguridad de que, independientemente de lo que suceda en tu vida ahora mismo, tienes un futuro seguro? ¿Eres consciente de que en la eternidad serás más feliz de lo que puedas imaginar? Si sientes que estás viviendo solo con una comprensión tenue de esa esperanza hoy, pídele al Espíritu que te ilumine. Pídele que inunde tu corazón con el conocimiento de que tu futuro está saturado de esperanza.

Señor, me enredo en la vida cotidiana y olvido que tengo una herencia increíble para el futuro. Que pueda vivir hoy con una comprensión total de la esperanza de la eternidad contigo.

Lo has hecho

Ayúdame, Señor, Dios mío, sálvame conforme a Tu misericordia; y que sepan que esta es Tu mano, que Tú, Señor, lo has hecho.
Salmos 109:26-27 NBLA

A menudo oramos pidiendo rescate porque estamos demasiado centrados en nosotros mismos. Pocos disfrutamos el sufrimiento o las dificultades, así que por supuesto que es natural querer ser salvados de cualquier cosa que nos esté desafiando. Sin embargo, mientras que el salmista también ora por rescate, no es solo por su propia comodidad. También está orando para que la gente sepa lo que Dios ha hecho y lo que es capaz de hacer.

Dios nos rescata porque nos ama, sí, pero también lo hace porque quiere que su glorioso nombre sea exaltado y engrandecido en toda la tierra. Necesitamos examinar nuestros corazones y ver de dónde vienen nuestras oraciones por liberación. ¿Deseamos únicamente nuestra propia seguridad, conveniencia o tranquilidad? ¿O podemos orar como el salmista por salvación porque deseamos que la gloria de Dios sea revelada? «No a nosotros, oh Señor, no a nosotros, sino a tu nombre le corresponde toda la gloria» (Salmos 115:1).

Dios, deseo que tu gloria sea conocida, pero tal vez no tanto como deseo mi propia comodidad. Perdóname y ayúdame a tenerte en la más alta estima.

Poder sobre el temor

El Señor está de mi parte, por tanto no temeré.
¿Qué me puede hacer un simple mortal?
Salmos 118:6

¿De qué tienes miedo? ¿Temes la desaprobación de tu cónyuge? ¿Temes la desobediencia de tus hijos? ¿Te inquieta el rechazo de tus amigos? Puedes dejar que el temor al juicio de los demás domine tu corazón, creando una cárcel en tu mente; o puedes recordar, como hizo el salmista, que no tienes nada que temer porque Dios está contigo.

¿Qué poder tiene el hombre para dañarte o insultarte en comparación con el poder de Dios para salvarte, protegerte y proveer para ti? Si confías en el hombre, entonces temerás el rechazo, los insultos y la humillación. Sin embargo, si confías en Dios sabrás que, independientemente de las acciones del hombre, Dios te llevará al triunfo. Decide declarar hoy tu confianza en el Dios todopoderoso.

Dios, es muy fácil caer en la trampa de vivir dominado por el miedo al juicio de los demás. Cuando me encuentre atrapado en el ciclo de temer los pensamientos negativos y la desaprobación de quienes me rodean, por favor ayúdame a recordar que tú estás conmigo; estoy completamente protegido.

Lo que adoras

Tributen al Señor la gloria que merece su nombre; adoren al Señor en la hermosura de su santidad.
Salmos 29:2 NVI

Una lucha que enfrentan los cristianos en la actualidad es el desafío de enfocarnos en adorar a Dios aun estando rodeados de circunstancias imperfectas. Con la llegada de las redes sociales, tenemos una ventana a los hogares de todos. Por desgracia, lo que en realidad nos impacta son las cosas buenas. Ahora sentimos la presión de ocultar nuestros hogares desordenados, nuestras relaciones imperfectas o incluso nuestras vidas normales. Hemos elevado la perfección a un estatus digno de adoración, pero no merece ese lugar; solo el Dios vivo merece nuestra adoración.

¿Es eso lo que reflejan tus actitudes y acciones? ¿Estás tan enfocado en crear hogares, hijos o aventuras dignas de Instagram que terminas adorándolos en lugar de adorar a Dios? Cuando apartas la mirada de las vidas perfectas de los *influencers* en las redes sociales y la diriges hacia Jesús, la necesidad de perfección se desvanece y puedes deleitarte en conocer al único Dios verdadero. Es una alegría ser conocido solo por Él, incluso con las vidas desordenadas y ordinarias que realmente vivimos.

Señor, soy culpable de estar demasiado enfocado en hacer que mi vida parezca perfecta. Comienzo a adorar la idea de la perfección en lugar de la perfección que eres tú. ¡Perdóname! Solo tú mereces mi alabanza.

21 DE OCTUBRE

PROMESAS DE ESPERANZA

Recuerda la promesa que me hiciste;
es mi única esperanza.
SALMOS 119:49

Con una recompensa especial, no es difícil persuadir a los niños para hacer algo que no disfrutan o aprecian. Si pueden tener un premio después de ayudar en el supermercado, o pizza y una película después de un día de trabajo en el jardín, la tarea es casi disfrutable. A todos nos incentivan las cosas buenas; hacen que las pruebas y el trabajo duro sean más llevaderos.

Dios sabía esto cuando nos dio promesas de la gloria que nos espera en la eternidad y que encontramos en su Palabra. Si la vida ha sido difícil últimamente, o si sentimos el peso de un mundo que gime por su restauración, solo tenemos que mirar las promesas que Dios hace en su Palabra a su familia: la corona de la vida, el fin del sufrimiento y la tristeza, así como cosas gloriosas y magníficas que ni siquiera podemos comenzar a imaginar. Nuestra esperanza brota de las promesas que Él nos ha dado a conocer, ¡y lo alabamos por todas ellas!

Gracias, Señor, por las muchas promesas que me has dado en la Escritura de cosas buenas que están por llegar. Ayúdame a mantener mi mente puesta en esas promesas y no abrumarme tanto por la dificultad de mis circunstancias actuales.

Despertado por el sufrimiento

Impárteme conocimiento y buen juicio,
pues yo creo en tus mandamientos.
Antes de sufrir anduve descarriado,
pero ahora obedezco tu palabra.
Salmos 119:66-67 NVI

¿Alguna vez subestimaste al Señor cuando la vida está tranquila? Cuando las cosas están estables, es posible que te sientas seguro de tu capacidad para enfrentar lo que llegue a tu camino. Puedes suponer que es tu trabajo duro y tus habilidades las que te impulsan hacia adelante en la vida. Incluso puedes dejar que tu corazón divague y no buscar intencionalmente al Señor durante una temporada de calma.

A veces, Dios usa circunstancias dolorosas para despertarnos y recordarnos que no tenemos un control real sobre nuestras vidas. Todo lo bueno que tenemos viene de Dios. El salmista reconoció para sí mismo que antes de ser afligido se había extraviado. Después de sufrir, pidió discernimiento y buen juicio porque se dio cuenta de que necesitaba ser guiado por la Palabra de Dios y no por sus propias capacidades. En este día, nosotros elegimos en quién confiar, ya sea en la calma o en el caos.

Dios, ayúdame a no pensar nunca que lo que tengo en la vida es por mi propio mérito. Cualquier bien que tengo ha venido de ti. Guíame por tu Espíritu y ayúdame a seguir eligiéndote a ti día tras día.

AMOR DURADERO

«Con amor eterno te he amado;
por eso te he prolongado mi fidelidad».
JEREMÍAS 31:3 NVI

¿Por qué Dios sigue siendo bondadoso con nosotros? ¿Por qué sigue amándonos cuando lo rechazamos, lo menospreciamos, nos burlamos de Él, desobedecemos y lo metemos en el fondo del armario? Aunque no estemos despreciando a Dios abiertamente, todos hemos puesto otras cosas por delante de Él en algún momento de nuestras vidas. Seguramente todavía lo hacemos. Sin embargo, su amor por nosotros perdura. Su bondad hacia nosotros permanece inalterada. Su misericordia fluye constantemente sobre nosotros como el agua de un manantial.

El amor de Dios es simplemente incomparable. Por mucho que nos alejemos de Él, siempre estará esperando nuestro regreso. Por mucho que pongamos otras cosas por delante de Él, Dios seguirá eligiéndonos: siempre. Podemos olvidarnos de Él, pero Él no se olvidará de nosotros. Si hemos estado persiguiendo otras cosas, podemos regresar a casa hoy; su amor está esperando.

Señor, perdóname por preferir otras cosas antes que a ti. Doy valor a actividades sin sentido en lugar de dárselo al tiempo que paso contigo. Ayúdame a reconocer cuando estoy amando algo más que a ti. Ayúdame a arrepentirme rápidamente.

La lucha por mantenerse firme

Afirma mis pasos en Tu palabra,
y que ninguna iniquidad me domine.
Salmos 119:133 NBLA

Dios se aseguró de desmentir el mito de que Él solo usa a personas perfectas para su obra, por si alguna vez somos tentados a pensar así. Una lectura rápida de la Escritura es suficiente para ver cuán imperfectas son las personas que lo siguen: Moisés, en su ira, mató a un hombre; David cometió adulterio; Pedro negó conocer a Jesús; y Pablo persiguió a los creyentes antes de convertirse a Cristo.

Los Salmos están llenos de clamores a Dios. Los que escribieron los Salmos suplican al Señor que los mantenga firmes en el camino de la rectitud, dejando de lado el pecado. Si estás luchando con el pecado en tu vida, no creas la mentira de que no puedes ser usado por Dios. Mejor ora como lo hizo el salmista, para que Dios mantenga firmes tus pasos de modo que siempre estés creciendo en fidelidad hacia Él. Ya seas una madre que grita, un amigo que envidia, o un empleado deshonesto, disfruta de la misericordia de Dios que toma a personas quebradas y luchadoras y las redime para su gloria.

Gracias, Señor, por usar a una persona quebrada y luchadora como yo para tus propósitos. Gracias por no requerir perfección. ¡Gracias por no renunciar a hacerme santo! ¡Me humillo ante tu misericordia!

El equipo ganador

«Yo lo libraré, porque él me ama;
lo protegeré, porque conoce mi nombre».
Salmos 91:14 NVI

A veces olvidamos que amar al Señor tiene muchas ventajas. Con frecuencia, el mundo hace que los cristianos parezcan los raros, los marginados, los que eligen renunciar a las cosas buenas de la vida; pero, en realidad, ¡tenemos ventaja! Gracias a que amamos a Dios, tenemos promesa tras promesa de cosas buenas. No lo tendremos todo en esta vida, pero esta vida no lo es todo.

Gracias a que amamos a Dios, somos parte de una familia que no está unida por sangre o descendencia. Gracias a que amamos a Dios, tenemos una seguridad que ninguna cantidad de dinero, armas o provisiones puede darnos. Gracias a que amamos a Dios, nuestros enemigos no pueden tocarnos aunque nos maten. Gracias a que amamos a Dios, vivimos bajo la cobertura de la misericordia y la soberanía de un Dios bueno. Gracias a que amamos a Dios, podemos vivir rodeados de injusticia sabiendo que al final nuestros enemigos serán derrotados. Gracias a que amamos a Dios, somos salvos.

Señor, perdóname por haber creído alguna vez que al seguirte estoy perdiendo algo. Tú das buenos regalos a los que te aman. Que nunca los dé por supuestos, y que continúe amándote con todo mi corazón.

Promesas nocturnas

Me quedo despierto durante toda la noche,
pensando en tu promesa.
Salmos 119:148

Seguro que todos hemos tenido nuestras noches de insomnio. Ya sea porque tomamos café demasiado tarde en el día, hay un recién nacido en la casa que piensa que es hora de fiesta, o nuestros pensamientos ansiosos no se apagan, hay momentos en los que el sueño nos elude. Ver pasar las horas causa mucha ansiedad cuando pensamos en lo cansados que estaremos al día siguiente.

El salmista también tenía falta de sueño, pero en lugar de dejar que su mente divagara en preocupaciones o abrumarse por el agotamiento, eligió meditar en las promesas de Dios durante toda la noche. ¿Qué pasaría si nosotros hiciéramos eso? Podríamos recordar que Dios es quien está en control, no nosotros. Podríamos agradecer que no todas las noches son de insomnio. Podríamos adorar al Dios que creó el día y la noche, el trabajo y el descanso, y la promesa de la eternidad donde la falta de sueño nunca nos volverá a molestar. La próxima vez que nos encontremos dando vueltas en la cama, dirijamos nuestros pensamientos a las promesas de Dios.

Dios, gracias por crear nuestros cuerpos para necesitar descanso. Perdóname por permitir que la ansiedad gobierne mis momentos de insomnio nocturno. Ayúdame a enfocar mis pensamientos en ti y permite que tu paz gobierne mi corazón.

BUENOS PLANES

Muchos son los planes en el corazón de las personas,
pero al final prevalecen los designios del SEÑOR.

PROVERBIOS 19:21 NVI

María se despertó con un plan. Había mucho por hacer, y nada se interpondría en su agenda. No toleraría niños rebeldes, vecinos charlatanes, cierres de carreteras o artículos agotados. ¡Ella iba a hacer que las cosas sucedieran! Solo que resultó que Dios tenía otros planes. A lo largo del día, el cumplimiento de uno tras otro de los elementos en la agenda de María se veía imposibilitado. Su frustración creció hasta que finalmente el Espíritu le trajo a la mente este versículo de Proverbios: «Muchos son los planes en el corazón de las personas, pero al final prevalecen los designios del Señor».

Dios se asegurará de que su plan esté en marcha incluso si va completamente en contra del nuestro; sin embargo, en los días en que nuestros planes se trastocan, debemos recordar que su plan es mejor que el nuestro. Su plan nos guía por caminos más rectos de los que jamás podríamos trazar por nosotros mismos. Hoy presentamos nuestras agendas al Señor. ¡Lo invitamos a arruinarlas si eso significa que su camino se cumple!

Dios, permíteme flexibilizar mi compromiso con mis planes lo suficiente como para poder ver el propósito de los tuyos. Sé que tu camino se cumplirá, así que enséñame a estar dispuesto a someterme a tu plan bueno y perfecto.

Preparado para la batalla

Sean fuertes en el Señor y en su gran poder.
Efesios 6:10

Las mentiras del enemigo están por todas partes en nuestro mundo hoy en día. Sin una comprensión adecuada de la verdad, podemos ser fácilmente abrumados por sus tácticas y caer en sus engaños. Qué alivio, entonces, saber que Dios nos ha dado todo lo que necesitamos para mantenernos firmes en la verdad a través de la lectura de su Palabra y la presencia del Espíritu Santo.

Reconocer la batalla espiritual es el primer paso, y reconocer nuestra dependencia de Dios es el segundo. Pablo escribió a la iglesia en Éfeso que no es nuestra fuerza, determinación o cualquier cosa que hagamos lo que nos hace permanecer firmes en nuestra lucha contra el enemigo. Es la fuerza de Dios y lo que Él provee lo que nos hace fuertes. La verdad de su Palabra, la justicia, la paz, la fe y el empoderamiento del Espíritu es donde encontramos nuestra fuerza. Podemos revestirnos de estas cosas y orar pidiendo discernimiento. Entonces podremos distinguir entre el bien y el mal en las batallas espirituales que enfrentamos diariamente.

Gracias, Dios, porque no me has dejado luchar mis batallas solo. Has provisto todo lo que necesito para derrotar al enemigo. Ayúdame a ser consciente de las tácticas de Satanás para que pueda permanecer firme en mi lucha.

Cuidar las apariencias

Pero el Señor dijo a Samuel:
—No te dejes impresionar por su apariencia ni por su estatura, pues yo lo he rechazado. La gente se fija en las apariencias, pero yo me fijo en el corazón.
1 Samuel 16:7 NVI

¿Cuántas horas hemos pasado tratando de ser aceptables ante los ojos de nuestra sociedad? El mundo nos dice que tenemos que tener la ropa lavada, esconder las canas, mantener nuestras casas limpias y evitar que los niños se ensucien. Cuidar las apariencias es un trabajo a tiempo completo diseñado por el diablo para evitar que cuidemos nuestros corazones.

Sin embargo, Dios no valora las cosas que valora el mundo. Él prefiere que nos centremos en nuestras relaciones con los demás que en lo que llevamos puesto. Él prefiere que perdonemos los pecados de nuestro vecino que está equivocado en lugar de luchar contra esa injusticia en los tribunales. Él prefiere que invirtamos tiempo en desarrollar nuestro carácter en lugar de nuestra apariencia. Tenemos que analizar las maneras en que nos estamos haciendo aceptables para el mundo pero fallando en mantener nuestros corazones rectos delante del Señor. ¿Qué debemos cambiar hoy?

Señor, perdóname por poner mi enfoque en mi apariencia externa y en la de mi hogar, en lugar de ponerlo en el estado de mi corazón. Ayúdame a saber cómo usar mi tiempo con sabiduría, en qué invertir mi energía, y cómo complacerte y glorificarte.

Ganar

Dado que Dios los eligió para que sean su pueblo santo y amado por él, ustedes tienen que vestirse de tierna compasión, bondad, humildad, gentileza y paciencia. Sean comprensivos con las faltas de los demás y perdonen a todo el que los ofenda. Recuerden que el Señor los perdonó a ustedes, así que ustedes deben perdonar a otros. Sobre todo, vístanse de amor, lo cual nos une a todos en perfecta armonía.

Colosenses 3:12-14

«¡Gané!», gritas triunfalmente. Ya sea que estés en desacuerdo con tu hermano o demostrando a un amigo que tienes la razón, es fácil darle mucho valor a tener la razón y que las cosas vayan como tú quieres; sin embargo, ganar de verdad no es que todo vaya como quieres.

Eres un verdadero ganador cuando respondes a tu amigo o a tus circunstancias de la manera en que Jesús quiere que lo hagas. Es anticipar que la bondad y la gracia de Dios serán diferentes a tu forma de pensar natural. Es quedarte callado en un desacuerdo incluso cuando sabes que tienes la razón porque valoras la relación más que ganar la discusión. ¿Qué significaría para ti ganar hoy?

Dios, ayúdame a valorar las cosas que tú valoras amando a mi prójimo más que tener la razón. Enséñame a responder con amabilidad y humildad cuando alguien me ofenda.

UN ESTUDIANTE DISPUESTO

La enseñanza de tu palabra da luz,
de modo que hasta los simples pueden entender.
SALMOS 119:130

En la universidad, Mirta se sorprendió por el pensamiento crítico que requerían sus profesores. Nada en la vida le preparó para analizar un texto y escribir ensayos de la manera que ahora se esperaba que lo hiciera. Su mente no podía entender las ilustraciones abstractas que supuestamente tenían gran profundidad y significado. Se sentía inútil en las discusiones en clase.

Probablemente, todos hemos experimentado esa frustración o confusión en diferentes situaciones. Puede dejarnos sintiéndonos abrumados, inútiles e ineficaces. Afortunadamente, la vida cristiana no requiere que tengamos todas las respuestas para ser usados por Dios. Solo hay que tener un corazón dispuesto empapado en la Palabra. El Salmo 119 dice que la Palabra de Dios trae discernimiento, luz y revelación a los que la estudiamos y la leemos con nuestras mentes y corazones abiertos a la convicción del Espíritu Santo.

Dios, gracias por tu Palabra que me da discernimiento mientras medito en ella. Que siempre sea guiado por tu Espíritu para poder crecer en el conocimiento de ti. Mi corazón está dispuesto. Por favor, úsame, Señor.

Noviembre

«La sal es buena, pero si deja
de ser salada, ¿cómo le pueden
volver a dar sabor?
Que no falte la sal entre ustedes,
para que puedan vivir en paz
unos con otros».

Marcos 9:50 NVI

LOS OJOS PUESTOS EN LA META

Este es mi consuelo en medio del dolor:
que tu promesa me da vida.
SALMOS 119:50

La Escritura está repleta de historias de santos que sufrieron. En Hebreos 11:35-38 leemos sobre aquellos que amaron a Jesús lo suficiente como para soportar circunstancias horribles por su causa, confiando plenamente en su bondad y sus planes. Santiago 5 relata el sufrimiento de los profetas que proclamaron fielmente las palabras que Dios les dio. ¿Cómo se mantuvieron fieles a su Amado en medio de tanta persecución? Mantuvieron sus ojos en la meta final: la esperanza de la promesa de Dios de eternidad.

Al enfrentar nuestros propios desafíos en el presente es fácil sentirnos abrumados y derrotados; sin embargo, al igual que los profetas de antaño, si fijamos nuestra mirada en la alegría eterna prometida por Dios, podemos soportar cualquier cosa. Ya sea que enfrentemos persecución, conflictos familiares, problemas en el trabajo, infertilidad o pérdidas personales, debemos poner los ojos en la promesa del gozo eterno que está por llegar.

Dios, sé que permites que suframos, pero se que puedo confiar en tu plan. Tu pueblo ha mantenido sus ojos fijos en ti para perseverar en medio de las pruebas. También lo puedo hacer. ¡Ayúdame a permanecer firme en ti!

Egoísmo o sacrificio

Así que procuremos lo que contribuye
a la paz y a la edificación mutua.
Romanos 14:19 NBLA

«Cada uno a lo suyo» es una frase que escuchamos a menudo hoy en día, y tal vez incluso tú mismo la has dicho. Es otro gesto hacia el reinado de la individualidad que inunda nuestra cultura. Pone el enfoque en lo que es mejor según una persona en lugar de lo que es mejor según Dios. Nos hace pensar menos en los sacrificios que podemos hacer por otras personas y centra nuestro enfoque en complacernos a nosotros mismos.

¿Estamos exaltando el egocentrismo en nuestra sociedad de «cada uno a lo suyo»? ¿Y si nos dijéramos a nosotros mismos: «¿Qué me gustaría que hiciera Dios en esta situación?». Claro, no fácil decir eso, pero nos permite considerar cómo beneficiar a otros y bendecir al Señor. Jesús fue el ejemplo supremo de autosacrificio. ¡Veamos a Jesús como nuestro ejemplo!

Señor, a veces es más fácil aceptar las normas culturales que considerar cuál podría ser una alternativa mejor. Todo lo que hiciste fue en última instancia por tu amor a las personas. Quiero que mi vida también refleje eso. Ayúdame a hacer lo que sea mejor para los demás y a glorificarte a ti.

Agradecimiento

Den gracias al Señor, porque él es bueno;
su gran amor perdura para siempre.
Salmos 136:1 NVI

Noviembre es conocido por muchos como un mes para dar gracias. Este mes pasamos más tiempo considerando las cosas buenas que hay en nuestras vidas y agradeciendo a Dios por sus bendiciones. Por supuesto que sabemos que la gratitud no se limita solamente a este mes del año, y si ya la practicamos, entonces conocemos la alegría y la satisfacción que produce.

El Salmo 136 es el modelo perfecto a seguir para reconocer lo que el Señor ha hecho y alabarlo por su fidelidad. Si nos cuesta ser agradecidos o estamos de mal humor, podemos aplicar el salmo de hoy a nuestras vidas para reconocer nuevamente la bondad de Dios. Comenzamos nombrando sus atributos, hablando de las cosas poderosas que Él ha hecho, y reconociendo las maneras en que ha mostrado su amor. Su amor perdura para siempre; ¡que nuestras alabanzas sigan su ejemplo!

Gracias, Dios, por tu fidelidad a tu pueblo por miles de generaciones. Que no me quede en una mentalidad de agradecimiento solamente este mes, sino todos los días del año. Eres bueno y digno de mi alabanza en todo momento.

Anticipar lo bueno

Encomienda al Señor tu camino;
confía en él y él actuará.
Salmos 37:5 NVI

La anticipación de las cosas buenas que tendremos en la eternidad puede darnos motivación y determinación durante una temporada difícil cuando estamos cansados. Sin embargo, ¿qué sucede cuando anticipamos las cosas buenas de la vida que están por llegar y arrastramos los pies por los momentos menos magníficos de esta vida?

Ciertamente, nuestra esperanza se basa en la promesa de la eternidad, pero cuando nos enfocamos solo en lo bueno que esperamos que llegue en esa vida, entonces nos perdemos todo lo bueno que Dios quiere darnos en este momento. Podemos perdernos la belleza de las temporadas difíciles y desordenadas. Pidámosle al Espíritu Santo que cambie nuestra mentalidad para que anticipemos lo que Él hará hoy en nuestras vidas normales y a veces difíciles. Perderemos mucho si solo esperamos los mejores momentos más adelante.

Señor, sé que tienes cosas buenas para mí aquí mismo, en este momento. Ayúdame a no obsesionarme tanto con lo que espero que llegue, que me pierda los regalos que me estás dando hoy.

Sin registro de la ofensas

Señor, si llevaras un registro de nuestros pecados, ¿quién, oh Señor, podría sobrevivir? Pero tú ofreces perdón, para que aprendamos a temerte.
Salmos 130:3-4

¿Te imaginas si Dios llevara un registro de nuestros errores? «Vaya, volvió a gritarles a sus hijos... ¡esa es la cuarta vez hoy!». O quizá: «Increíble, esta es la décima vez que cuenta un chisme este mes». Suena un poco absurdo, pero eso es solo porque sabemos que la atención de Dios no se concentra en registrar nuestros errores; si lo hiciera, ¡quedaría poco tiempo para cualquier otra cosa!

No, nosotros que hemos sido limpiados por la sangre de Cristo no tenemos que temer que haya una larga lista de nuestros errores. Después de la salvación, su perdón es lo que define nuestras vidas. Qué dulce realidad tenemos al ser hijos de Dios. En nuestras propias vidas y en las de aquellos que están cerca de nosotros, ¿guardamos algún registro de ofensas, incluso si es solo en nuestra mente? Necesitamos esforzarnos por ofrecer el mismo perdón que Dios nos demuestra a diario.

Señor, sé que sin tu perdón nunca podría estar en tu presencia. Y, sin embargo, has demostrado misericordia de una vez por todas cuando yo merecía castigo. Oh Dios, enséñame a hacer lo mismo con las personas a mi alrededor.

MÁS FORTALEZA

En el día que invoqué, me respondiste;
me hiciste valiente con fortaleza en mi alma.
SALMOS 138:3 NBLA

Algunos días nos agotan por completo. Damos todo lo que podemos físicamente, emocionalmente e incluso espiritualmente. En los días en que estamos «con el tanque vacío» necesitamos clamar al Señor; una y otra vez a lo largo de la historia, Él ha encontrado a su pueblo en su angustia y les ha dado lo que necesitaban en el momento en que lo necesitaban.

El Salmo 138 dice que, cuando clamamos a Dios, Él aumenta la fortaleza dentro de nosotros. ¿Qué significa para cada uno de nosotros hoy que Dios nos fortalezca? ¿Necesitamos fuerza para superar un día de trabajo agotador y tener la gracia suficiente para ser amables con nuestros compañeros? ¿Necesitamos fuerza para ser un oído atento para alguien que está luchando, incluso cuando ya estamos emocionalmente agotados? ¿Necesitamos fuerza para responder con gentileza a nuestro cónyuge o nuestros hijos cuando nos están molestando? Solo tenemos que pedirle al Espíritu Santo la fuerza que necesitamos hoy, ¡y Él la proveerá!

Dios, estoy muy agradecido de que no me hayas dejado vivir la vida solo. Cuando me sienta agotado, por favor, fortaléceme para hacer lo que me has llamado a hacer con la gentileza, la paciencia y la bondad que solo tú puedes dar.

Preciosos

Qué preciosos son tus pensamientos acerca de mí, oh Dios. ¡No se pueden enumerar! Ni siquiera puedo contarlos; ¡suman más que los granos de la arena! Y cuando despierto, ¡todavía estás conmigo!

Salmos 139:17-18

¡Qué declaración tan especial! Los pensamientos de Dios hacia nosotros son preciosos. Nos preguntamos qué piensan las personas sobre nosotros, ¿no es así? Mientras compramos, mientras interactuamos con nuestros hijos en lugares públicos, mientras trabajamos y asistimos a la iglesia, nos preguntamos cómo somos percibidos, y esperamos que nos vean de manera favorable.

¡Qué regalo es entonces que no necesitemos preguntarnos cómo nos percibe Dios! El Salmo 139 nos dice que sus pensamientos hacia nosotros son preciosos e innumerables. Dios no tiene solo uno o dos buenos pensamientos sobre cada uno de nosotros; ¡son incontables! Podemos descansar en la confianza de saber que el Dios que nos hizo nos considera preciosos.

Es reconfortante, Dios, saber que no necesito preguntarme qué piensas de mí. Incluso en mis peores días me consideras digno de amor y sin defectos. Ayúdame a prestar más atención a tus pensamientos sobre mí que a los pensamientos de los demás. Quiero caminar con confianza hoy sabiendo que soy amado.

Refugio

A ti, Señor, te pido ayuda; a ti te digo: «Tú eres mi refugio, mi porción en la tierra de los vivientes».
Salmos 142:5 NVI

«Revisé el radar y la tormenta no nos alcanzará», dijo Sonia con confianza a su hija, que estaba nerviosa. Sin embargo, cinco minutos después toda la familia estaba reunida en el sótano mientras las sirenas de tornado sonaban y la lluvia y el viento golpeaban violentamente contra la casa. A veces no tenemos tiempo para prepararnos para las tormentas que llegan, pero el lugar donde nos refugiamos marca la diferencia en el resultado.

¿Te refugias en tu trabajo? ¿Estás poniendo toda tu energía mental en el trabajo para distraerte de la realidad? ¿Te refugias en programas de televisión? ¿Estás ahogando tu propia vida mientras inviertes energía emocional en las vidas artificiales de otros? ¿Te refugias en las aplicaciones de tu teléfono? ¿Te desconectas porque el estrés en la vida real es demasiado difícil? Cuando nos refugiamos en esas cosas podemos encontrar satisfacción temporal, pero habrá decepción cuando un evento o problema real nos haga regresar a la realidad. Refúgiate mejor en Cristo. Él es tu buena porción aquí y ahora, en medio de cada prueba o tormenta.

Señor, cuando me refugie en una esperanza falsa, llámame de regreso a la realidad de que tú eres mi verdadero refugio y el único que siempre satisfará mi corazón.

Digno de gracia

Israel, confía en el Señor, porque el Señor es misericordioso; ¡en él hay abundante redención!
SALMOS 130:7 RVC

La gracia a veces nos irrita, ¿verdad? Nos irrita porque queremos que la reciban personas que creemos que se la han ganado. Algunas personas no merecen gracia según nuestros estándares, y sin embargo, el Señor les muestra su gracia de todos modos; ¡eso es molesto! ¿Y qué pasa con aquellos de nosotros que hemos trabajado duro para ser dignos de los buenos regalos de Dios, especialmente su amor y su compasión?

Pero ¿acaso no es ese el objetivo de la gracia? Siempre es inmerecida. Siempre se da porque el dador es generoso y no según lo que alguien ha hecho o no ha hecho. No nos corresponde elegir a quién ama Dios y a quién decide favorecer. Dios dará una redención abundante al que ha elegido. Podemos parecernos más al carácter de Dios si buscamos en nuestros corazones a quién podríamos estar negando gracia y damos como Jesús daría. Podemos pedirle al Señor que revele nuestra propia necesidad de gracia para aprender a mostrarla a los demás.

Espíritu Santo, ayúdame a entender mi necesidad desesperada de gracia. No quiero ser alguien que ha seguido todas las reglas externamente, pero está ocultando una ofensa contra otro. ¡Perdóname y enséñame a ser indulgente!

NO HAY QUE IMPRESIONAR

No se complace en la fuerza del caballo ni en el poder del ser humano. No, el SEÑOR se deleita en los que le temen, en los que ponen su esperanza en su amor inagotable.

SALMOS 147:10-11

A Dios no le impresionan nuestros mejores esfuerzos. No le impresiona nuestra fuerza, nuestra independencia, nuestros talentos, nuestro nivel de responsabilidad o nuestro arduo trabajo. Podemos tener el día más exitoso en nuestra mente, pero haber fallado estrepitosamente según Dios. ¿Por qué? Porque Dios valora nuestra esperanza en su amor infalible y nuestra adoración a Él como único Dios.

¿Reflejan nuestras vidas una comprensión y una creencia de que a Dios no le impresionan en absoluto todas las cosas que hacemos? Él no necesita un currículum perfecto, un hogar impecable, hijos bien educados o varias carreras Ironman. Más que nada, desea un corazón dedicado a sus caminos, una disposición a sacrificar la aprobación de los demás, y la humildad para vivir una vida que dependa de Él.

Señor, ayúdame a creer en la verdad de que te complaces más en un corazón cautivado solo por ti. Que todas las demás cosas caigan en su lugar cuando la esperanza en tu amor infalible sea lo más importante en mi vida.

En todo

Él es anterior a todas las cosas,
que por medio de él forman un todo coherente.
Colosenses 1:17 NVI

Hay belleza en darse cuenta de que la vida tal como la conocemos es gracias a Jesucristo. Nuestros días existen porque Jesús los hizo posibles inicialmente y los hace posibles día tras día. Él está profundamente conectado con todo lo que decimos y hacemos, y ninguna parte de nuestras vidas le es desconocida, oculta u olvidada. Él está ahí en las noches de insomnio cuando hubiéramos querido dormir, en las pilas de ropa sucia, en el traslado de los niños a las actividades extraescolares, en la preparación de las comidas y en los paseos. Está presente en las preocupaciones, las presiones, el amor y los afanes que llenan nuestros corazones y nuestras mentes. Él lo sabe todo.

Si nos sentimos perdidos en el ajetreo de la vida diaria, si estamos solos y sin amigos o simplemente estamos demasiado cansados, podemos saber que no estamos viviendo la vida por nuestra cuenta. Dios está profundamente involucrado en cada aspecto de nuestras vidas. Podemos conversar con Él sobre cualquier cosa. Podemos orar, llorar, gritar o cantar. Él está feliz de interactuar con nosotros en esta vida que nos ha dado.

Gracias, Jesús, por estar presente conmigo en cada parte de mi vida. Ayúdame a creer que estás conmigo. Ayúdame a ver todas las maneras en las que tienes el control y sostienes todas las cosas.

MUCHO QUE APRENDER

¿Quién ha conocido la mente del Señor
o quién ha sido su consejero?
ROMANOS 11:34 NVI

Nunca dejaremos de aprender cosas nuevas sobre Dios. Siempre hay algo nuevo por descubrir. Aprendemos de la Escritura, del cuerpo de Cristo, y como se nos revela por el Espíritu Santo. Si alguna vez sentimos que hemos descifrado a Dios, simplemente necesitamos pedirle al Espíritu que rompa las cajas en las que lo hemos encerrado, incluso si lo hemos hecho sin saberlo. Deberíamos orar para que Dios nos refresque con una nueva perspectiva y nos muestre algo que hayamos pasado por alto antes.

En este día, podemos desafiarnos a nosotros mismos a leer un pasaje de la Escritura que ya hayamos leído antes, pero esta vez debemos leerlo con la intención de encontrar algo que no habíamos notado antes; buscando, por ejemplo, algo sobre el carácter de Dios, sobre lo que Él hace o sobre sus interacciones con la humanidad. Luego podemos pedirle al Espíritu que nos guíe para seguir descubriendo cosas nuevas; su Palabra viva y activa no nos decepcionará.

Dios, perdóname por pensar alguna vez que he llegado al final de aprender acerca de ti. Tus caminos son mucho más altos que los míos, ¡y siempre hay algo nuevo que aprender!

Coronado

Me redime de la muerte y me corona
de amor y tiernas misericordias.
Salmos 103:4

¿Recuerdas lo que ocurre en los cuentos de hadas cuando un hombre es nombrado caballero o una doncella es coronada reina? Siempre se hace cuando se ha demostrado que el caballero o la doncella es digno de honor. Las coronas nunca caen del cielo, y un hombre nunca tropieza con la espada con la que es nombrado caballero. En cambio, hay una ceremonia formal en presencia de otras personas.

Ahora bien, con eso en mente, lee el versículo del salmo de hoy: «Me redime de la muerte y me corona de amor y tiernas misericordias». El amor y la misericordia de Dios no te encuentran de casualidad. No caen del cielo y se asientan sobre ti como por magia y sin explicación. Son intencionales y atentos. Son una corona sobre tu cabeza porque Dios te ha encontrado digno de honor. Usa tu corona con confianza, hermana, hermano. Es una bendición y un honor ser elegido por el Señor.

Gracias, Dios, por considerarme digno de tu amor y misericordia. Ayúdame a recibirlos y a caminar en amor y misericordia hacia los demás hoy.

PALABRAS

¡Cantaré al Señor toda mi vida!
¡Cantaré salmos a mi Dios mientras exista!
Quiera él agradarse de mi meditación;
yo, por mi parte, me regocijo en el Señor.
Salmos 104:33-34 NVI

¿Qué actitud reflejan más tus palabras? ¿Fluye la alabanza desde tu corazón con palabras que demuestran agradecimiento, contentamiento y gracia? ¿O tienden tus palabras a reflejar un corazón que está descontento? ¿Te quejas o chismorreas? ¿Derribas con tus palabras a quienes te rodean en lugar de edificarlos?

Si tu corazón está enfocado en derramar alabanza, te resultará cada vez más difícil usar tus palabras para algo que no dé gloria a Dios. Reflexiona hoy sobre la forma en que hablas. Examínate a ti mismo para ver si tus palabras reflejan un corazón que está contento en el Señor. Si te encuentras quejándote o usando tus palabras para lastimar a otros, pídele al Espíritu que te dé convicción y te cambie.

Dios, sé que no siempre uso mis palabras de maneras que te complacen. Perdóname. Por favor, dame un corazón sensible a tu Espíritu para que pueda ser consciente de los momentos en que no te estoy glorificando.

Gracia en su lugar

No nos reprenderá todo el tiempo
ni seguirá enojado para siempre.
Salmos 103:9

¿Alguna vez alguien que se negó a escuchar la verdad de tu inocencia te acusó injustamente? ¿O tal vez hiciste algo malo a alguien y luego te disculpaste, pero se te negó el perdón? La ira reprimida y albergada es destructiva en las relaciones y no deja espacio para el crecimiento. Aunque podemos experimentarla en nuestras relaciones con otros, es un gran consuelo saber que no tenemos que vivir con la ira de Dios, aunque todos hemos merecido su ira.

Nuestra relación con Dios puede ser la única en nuestras vidas en la que recibimos perdón completo cuando merecemos ira y resentimiento. Entonces, ¿cuáles deberían ser nuestras respuestas? Como dijo Pablo en Romanos 6: «¡de ninguna manera!» debemos seguir pecando para que la gracia abunde sobre nosotros; en cambio, nuestras vidas están dedicadas al Señor y a vivir en justicia porque entendemos el castigo que merecemos y, sin embargo, la gracia con la que vivimos. ¡Alabado sea el Señor!

Gracias, Dios, por la gracia abundante que me muestras incluso cuando merezco tu ira. Que tu misericordia me mantenga humilde y que yo responda con una vida dedicada a buscar la justicia.

Enfoque

Que las palabras de mi boca y la meditación
de mi corazón sean de tu agrado, oh Señor,
mi roca y mi redentor.
Salmos 19:14

¿Está divagando tu mente hoy? Es difícil concentrarse en estos tiempos. Las noticias causan ansiedad, nuestros trabajos llevan estrés a nuestros hogares, y nuestros hijos nos bombardean con preguntas curiosas; todo esto hace que nuestra mente salte de una cosa a otra, y al final no tenemos dirección para nuestros días o para nuestros corazones. Considera las cosas que pueden estar causando que tu mente divague: puede haber estrés en tu lugar de trabajo o en tu vida familiar, puede que estés mirando tu teléfono en todos los ratos libres, o tal vez te faltan metas para el día.

Ahora, estabiliza tu corazón en las cosas que harán que tu mente se enfoque en lo que realmente importa: has sido comprado por la sangre de Jesús y eres esclavo de la justicia; has sido llamado y equipado para la tarea que tienes entre manos; tienes la esperanza de la eternidad con Jesús. Afírmate en estas verdades y ora pidiendo gracia para enfocar tu mente en cosas que sean agradables al Señor.

Dios, ayúdame a ver qué puedo dejar ir para enfocarme mejor en la verdad y en cosas que me lleven a una comprensión más profunda de ti.

Mostrar amor

Así que ahora les doy un nuevo mandamiento: ámense unos a otros. Tal como yo los he amado, ustedes deben amarse unos a otros.

Juan 13:34

¿Qué fue lo último que alguien hizo por ti que te hizo sentir amado? Es probable que no fuera algún gesto extravagante que incluyera un grupo de baile y un restaurante de cinco estrellas. Tal vez fue una nota de un amigo, que tu hijo o tu cónyuge completaran alguna tarea sin habérselo pedido, o un elogio en un día en el que no te veías bien a ti mismo.

Cuando Jesús nos dio el mandamiento de amarnos unos a otros no esperaba extravagancia. En cambio, quería que usáramos lo que tenemos en nuestras manos y nuestros corazones. Puede ser el gesto más pequeño, pero realmente puede bendecir a alguien. No te dejes llevar por la creencia de que debes hacer algo perfecto o muy grande para mostrar amor. No pienses que no puedes tener dificultades para poder ayudar a otra persona. ¿Qué tienes en tus manos hoy? ¿Qué cosa, aunque sea pequeña, puedes hacer para demostrar el amor de Jesús? Ofréceselo a alguien y observa cómo Jesús lo multiplica como los panes y los peces.

Dios, a veces me siento indigno de mostrar amor cuando yo mismo estoy luchando, pero ayúdame a recordar que tú no requieres perfección. Que pueda aprovechar cada oportunidad para mostrar amor así como tú lo haces por mí.

Paciencia

Esperé pacientemente al Señor,
y Él se inclinó a mí y oyó mi clamor.
Salmos 40:1 NBLA

Todos somos bastante buenos exigiendo paciencia a los demás, pero no necesariamente buenos practicándola nosotros mismos. Cuando tenemos problemas, rogamos al Señor que nos salve y nos libre de la lucha. ¿Y qué pasa si no responde de inmediato? Nuestra fe puede menguar y buscamos maneras de resolver el problema por nosotros mismos.

Sin embargo, ¿qué tal si pudiéramos aprender, como escribió David en el Salmo 40, a esperar pacientemente al Señor? ¿Y si pudiéramos pedir alivio y luego agradecer a Dios por la prueba, todo en el mismo aliento? Tal vez estamos esperando algo en nuestras vidas hoy. Quizá hemos estado luchando año tras año, preguntándonos cuándo responderá Dios a nuestras oraciones. Podemos estar seguros de que Él escucha nuestro clamor. Conoce nuestras luchas y sabe lo bueno que llegará si somos pacientes en medio de ellas. Podemos pedir al Señor paciencia hoy y agradecerle por hacer solo lo que es bueno, incluida la espera.

Señor, tiendo a pensar que sé lo que es mejor para mí, pero en realidad tú lo sabes mejor. Ayúdame a ser paciente incluso cuando esté sufriendo, sabiendo que estás haciendo mucho más de lo que podría comprender.

Poderoso

Todo eso sucedió para que siguieran los decretos
del Señor y obedecieran sus enseñanzas.
¡Alabado sea el Señor!
Salmos 105:45

Si alguna vez necesitas un recordatorio del poder soberano de Dios, lee el Salmo 105. Es un resumen de la historia de Israel desde el pacto que Dios hizo primero con Abraham, pasando por el tiempo en que liberó a los israelitas de la esclavitud hasta que los llevó a la Tierra Prometida cuatro décadas después. Una y otra vez se nos recuerda el poder de Dios para salvar a su pueblo, derribar a quienes trabajan en su contra, y guiar y proteger a sus elegidos. ¿Y cuál fue el propósito de todos estos actos asombrosos? Que su pueblo respetara sus mandamientos y lo obedeciera con temor reverencial.

¿Puedes hacer tu propia lista de las cosas poderosas que el Señor ha hecho para mostrarse fiel y digno de tu obediencia? Es posible que no incluya la separación de las aguas de un mar o que brote agua de las rocas en el desierto, pero el Dios al que servimos hoy es el mismo Dios poderoso que rescató a su pueblo hace miles de años atrás. Considera ahora las maneras en que Dios se ha mostrado digno de tu reverencia.

Señor, tu poder ha cubierto mi vida fielmente. Que nunca dé por sentadas las maneras en que te has mostrado soberano y fiel.

Crecimiento latente

Ciertamente, yo soy la vid; ustedes son las ramas.
Los que permanecen en mí y yo en ellos producirán mucho fruto porque, separados de mí, no pueden hacer nada.
Juan 15:5

A medida que el otoño da paso al invierno, las señales de vida a nuestro alrededor se adormecen. Los árboles desnudos, la hierba marchita y los frutos arrebatados de los jardines de verano nos recuerdan que el mundo natural se toma una temporada de descanso durante la estación fría, esperando el crecimiento que se producirá cuando regresen el calor y el sol.

Este estado latente se produce en el mundo natural, pero no tiene por qué ocurrir en nuestras almas. Los inviernos de la vida no tienen por qué hacer que hibernemos de los desafíos o las oportunidades para crecer. Los momentos de descanso y respiro son buenos momentos para permitir que surjan cosas nuevas. No necesitamos escondernos esperando la primavera para crecer. Podemos perseguir lo que Dios ha planeado para nosotros incluso durante los meses en los que experimentamos ese estado latente en nuestra vida. Él tiene planes para nuestras almas en esta temporada de invierno.

Señor, no permitas que me esconda durante las temporadas difíciles. Cuando la vida a mi alrededor se sumerge en el descanso, abro mi corazón a lo que has planeado para mí.

21 DE NOVIEMBRE

Permanecer en la verdad

Conocerán la verdad, y la verdad los hará libres.
Juan 8:32

¿Cómo es nuestro diálogo interior la mayor parte del tiempo? Nuestros pensamientos tienen un gran poder para influir en la manera de vernos a nosotros mismos. Los pensamientos que alimentamos se transforman rápidamente en creencias, por eso es tan importante conocer y meditar en la verdad de la Palabra de Dios. Pensamientos simples como «No estoy hecho para esto»; «No puedo hacerlo; es demasiado difícil» son solo el primer paso para caer en un patrón de pensamiento derrotista y destructivo.

Esto nos llevará inevitablemente a vivir nuestros días con una actitud negativa en todos los aspectos de la vida. Necesitamos desesperadamente llenar nuestras mentes con pensamientos basados en la verdad de la Palabra para contrarrestar estos pensamientos destructivos. Deberíamos vivir y caminar en la piedad, no simplemente vivir y sobrevivir. No estamos sujetos al pecado, las malas actitudes o el egoísmo. Tenemos el poder del Espíritu que nos capacita para vivir bien hoy. ¡Que la verdad guarde nuestros corazones y nuestras mentes en Cristo Jesús hoy!

Dios, gracias por la verdad que me libera. Tu Palabra trae vida, no condenación. Lléname de tu verdad y ayúdame a reconocer patrones de pensamiento destructivos para poder permanecer arraigado en ti a lo largo de mi día.

Amado para amar

Nosotros amamos porque él nos amó primero.
1 Juan 4:19 NVI

A veces, el tipo de amor que exigimos a los demás es un amor que no comete errores, no titubea y siempre hace lo que deseamos, pero si ese fuera el tipo de amor que Dios nos exigiera a nosotros, ¡nunca lo habríamos recibido! Dios no esperó a que obedeciéramos antes de amarnos primero. Su amor no nos abandona ni establece un límite y dice: «Has cometido demasiados errores». Su amor no nos reprende enojado. Es paciente y amable, lleno de gracia, y siempre nos persigue.

¿Qué tipo de amor estás ofreciendo a las personas que te rodean? ¿Tu amor da gracia sobre gracia, o lo revocas fácilmente? ¿Tu amor persigue continuamente o deja de hablar a los demás cuando te enojas? ¿Tu amor espera pacientemente incluso en el sufrimiento, o abandona a la primera señal de controversia o desacuerdo? Recuerda el amor con el que tu Salvador te ha amado, y ora para que ese mismo amor fluya por medio de ti hacia las personas que te rodean.

Jesús, me has amado para que pueda amar a los demás. Tu amor es humilde, paciente y amable. Por favor, ayúdame a recordar tu amor a lo largo de mi día y a amar de la misma manera.

Bendiciones

Bendito sea Dios, Padre de nuestro Señor Jesucristo, que nos ha bendecido en las regiones celestiales con toda bendición espiritual en Cristo.

Efesios 1:3 NVI

Las bendiciones de Dios están ocultas en el día a día, pero solo notamos sus muchos regalos cuando los buscamos conscientemente. Hay muchas cosas que podrían impedirnos ver, escuchar o recibir sus bendiciones hoy. Podemos distraernos y no ver a Dios en nuestras vidas debido al agotamiento, la enfermedad o el conflicto. Las distracciones pueden enfocar nuestros pensamientos en nosotros mismos con tanta intensidad, que nos perdemos las bendiciones que Dios nos está ofreciendo.

Independientemente de cuáles sean nuestras circunstancias hoy, podemos pedirle a Dios que mantenga nuestros ojos abiertos, nuestros oídos atentos y nuestros corazones receptivos a las cosas que Él quiere hablarnos. Podemos decidir fijarnos en la bondad que Él nos ofrece. Si comenzamos nuestros días poniendo nuestra mente en la verdad y le pedimos al Espíritu Santo que nos mantenga enfocados, entonces no permitiremos que Satanás robe las bendiciones que Dios nos está dando.

Señor, no quiero tener una visión limitada hoy, viendo solo los desafíos que surgen y los problemas que me persiguen. Quiero ampliar mi campo de visión, fijándome en la bondad que tienes para mí y en las oportunidades que tengo de amar a los demás como tú me has amado.

Sin arcos ni espadas

No confío en mi arco ni dependo de que mi espada me salve. Tú eres el que nos da la victoria sobre nuestros enemigos; avergüenzas a los que nos odian. Oh Dios, todo el día te damos gloria y alabamos TU nombre constantemente.

Salmos 44:6-8

¿En qué deberíamos confiar para traer victoria a nuestras vidas? ¿Tendemos a confiar en nuestros talentos, riquezas, inteligencia, determinación o resistencia? Naturalmente, recurrimos a nuestras fortalezas para alcanzar la victoria, pero la realidad es que incluso nuestras características más fuertes no serán suficientes para rescatarnos. Entonces, ¿dónde está nuestra esperanza? Siempre podemos confiar en que el Señor nos llevará a la victoria.

Sea cual sea el desafío que enfrentes hoy, sea cual sea la batalla que estés librando o el pecado con el que estés luchando, no pongas tu confianza en tu «arco» o tu «espada». Te fallarán, pero el Señor no lo hará. Clama a Él en tus luchas. Depende de su fuerza para liberarte y sostenerte. Admite ante Él tu incapacidad para manejar la situación incluso con tus mejores capacidades. Él acudirá en tu ayuda.

Dios, suelo recurrir a mis propios talentos para salir adelante, pero sé que fallaré una y otra vez. Ayúdame a recordar que incluso mis mayores habilidades no me llevarán a la victoria.

RECEPTORES DE MISERICORDIA

Antes no tenían identidad como pueblo, ahora son pueblo de Dios. Antes no recibieron misericordia, ahora han recibido la misericordia de Dios.
1 PEDRO 2:10

Érase una vez cuando no éramos nadie. Estábamos atrapados en el pecado, condenados a muerte y sin esperanza de salvarnos. Entonces Dios, en su misericordia, nos escogió para ser parte de su familia. Pasamos de ser irreconocibles a ser posesión de Dios, elegidos y buscados. Somos las personas elegidas para alabarlo y receptores de su misericordia.

En respuesta a esta gran verdad, deberíamos vivir nuestras vidas con menos quejas y más agradecimiento. Debería haber menos «quiero» y más «¿cuál es tu voluntad?». Deberíamos vivir menos en busca de lo creado y más en busca del Creador. Aquel que nos consideró dignos de llevar su imagen y reflejar su gloria nos ha hecho su pueblo. ¿Vivimos de tal modo que demostramos que creemos que esta es nuestra verdadera identidad? Hoy lo alabamos por su misericordia.

Gracias, Dios, por tu bondad al elegirme para recibir tu misericordia. Tomaste a alguien merecedor de la muerte y me diste vida. Quiero vivir mi vida en respuesta a esa misericordia dando gracias, alabándote y hablando de tu bondad a todas las personas con las que me encuentre.

El regalo de la comunidad

Y no dejemos de congregarnos, como lo hacen algunos, sino animémonos unos a otros, sobre todo ahora que el día de su regreso se acerca.

Hebreos 10:25

En la sociedad actual, nuestras vidas a menudo están enterradas bajo montañas de trabajo. Muchas veces consume nuestro tiempo, nuestra energía y claridad mental y nuestro bienestar emocional. Además, podemos terminar aislados porque simplemente no tenemos tiempo o capacidad para conectarnos con otros. Sin embargo, Dios nos creó para vivir en comunidad, especialmente con otros creyentes.

Cuando nuestras vidas están tan consumidas por nuestro trabajo que no tenemos oportunidades para estar con otras personas que aman a Jesús, nuestra relación con el Señor sufre. El agotamiento llega con mucha más rapidez cuando estamos sobrecargados de trabajo, pero cuando interactuamos con creyentes recibimos la bendición de su compañía y su aliento. Salimos de nuestro tiempo compartido llenos y listos para superar cualquier obstáculo que se presente. Si hemos descuidado la comunidad con el cuerpo de Cristo, deberíamos planificar en este momento pasar tiempo con un amigo o un grupo de amigos. Necesitamos ese tiempo juntos para animarnos mutuamente.

Señor, ¡sé que la familia de Dios es un regalo! No permitas que me vuelva tan ocupado con el resto de mi vida que descuide participar en la comunidad que creaste para que viva en ella.

Gracia y bondad

Que el favor del Señor nuestro Dios esté sobre nosotros.
Confirma en nosotros la obra de nuestras manos;
sí, confirma la obra de nuestras manos.
Salmos 90:17 NVI

¿Qué deberíamos buscar en la vida hoy? Tendemos a vivir por cosas que nos hacen sentir bien o que nos complacen y satisfacen nuestros deseos; sin embargo, ¿qué pasaría si comenzáramos los días buscando evidencia de la gracia y la bondad de Dios? ¿Y si, en lugar de enfocar nuestros corazones en el éxito o en conseguir lo que queremos, los enfocáramos en ver todas las indicaciones de la fidelidad de Dios que podamos encontrar?

Si oramos hoy para tener ojos para ver precisamente eso, podríamos notar pequeños indicios de gloria. Podríamos ver la bondad de Dios al llegar seguros a trabajo. Lo alabaríamos por proveer para un gasto inesperado en el auto. Podríamos agradecerle por la hermosa mañana para pasarla con nuestros hijos. Eso no son coincidencias ni tampoco es el karma. Es Dios que muestra su gracia y su amor, cuidando bien de cada uno de nosotros que somos sus hijos.

Dios, me rodeas con favor como un escudo. Gracias por la evidencia de tu bondad y fidelidad que llena cada momento de mi día. Dame ojos para ver tu gracia en mi vida. ¡Que nunca deje de alabarte por ello!

Propósito

El Señor llevará a cabo los planes que tiene para mi vida, pues tu fiel amor, oh Señor, permanece para siempre.
Salmos 138:8

A veces establecemos un curso o dirección en nuestras vidas. Entonces, un día nos despertamos dándonos cuenta de que estamos haciendo por inercia todo lo que tenemos que hacer sin realmente saber por qué lo hacemos. Esa falta de propósito puede hacer que sintamos que no estamos siendo útiles para Dios. Luego cuestionamos si estamos haciendo lo que se supone que debemos hacer. Es una espiral de derrota.

Si bien no está mal querer sentir el propósito de Dios en nuestras vidas o saber que Dios nos encuentra útiles, el deseo de esos sentimientos no puede ser nuestro objetivo. En cambio, nuestro objetivo debería ser la fidelidad a la tarea en cuestión. Necesitamos mantener nuestra mirada enfocada en Jesús como nuestro ejemplo de fidelidad. Podemos preguntarle diariamente cuál es su voluntad para nosotros, incluso en cada momento. Todo tendrá sentido al final, y nuestra fidelidad bendecirá a Aquel que establece nuestro propósito en la vida desde el principio.

Señor, quiero saber que estoy siendo usado por ti, pero perdóname cuando permito que eso se convierta en una necesidad. Tú me has pedido que permanezca fiel en mi camino de piedad. Puedo confiar en que me estás usando de maneras que no puedo ver ni imaginar cuando estoy haciendo lo que sé que me has llamado a hacer.

Apartado

Me viste antes de que naciera. Cada día de mi vida estaba registrado en tu libro. Cada momento fue diseñado antes de que un solo día pasara.

Salmos 139:16

Incluso cuando no entendemos el porqué de las cosas que ocurren en nuestras vidas, podemos encontrar consuelo en saber que Dios planeó nuestros días antes de que ninguno de ellos comenzara. Fuimos apartados y escogidos (v. 14) para su obra antes de que nuestras vidas comenzaran a existir. La palabra hebrea que se usa en el versículo 14 es *palah*, que significa «ser distinto, marcado, ser separado, distinguirse, ser maravilloso». Nuestras vidas, que a menudo están llenas de cosas que no entendemos, fueron escritas por un Dios que nos apartó para un tiempo y llamado específicos.

A veces hay cosas en nuestras vidas que no entendemos. Esa es una buena razón para agradecerle hoy al Señor por haber escrito nuestras historias antes de que nuestras vidas comenzaran. Podemos declarar nuestra confianza en su buen plan para nuestras vidas. No tenemos que intentar reescribir ninguna parte de nuestras historias porque Dios ya las ha escrito de manera perfecta.

Gracias, Señor, por apartarme para ser parte de tu plan para la historia. Me siento humillado de que me hayas elegido y hayas escrito mi historia con una fidelidad perfecta.

Recuperar lo robado

Sean de espíritu sobrio, estén alerta. Su adversario, el diablo, anda al acecho como león rugiente, buscando a quien devorar. Pero resístanlo firmes en la fe, sabiendo que las mismas experiencias de sufrimiento se van cumpliendo en sus hermanos en todo el mundo.

1 Pedro 5:8-9 NBLA

Es saludable para el cristiano recordar que tenemos un enemigo que desea destruirnos. A diferencia de la vida abundante que Jesús desea para nosotros, Satanás hará todo lo posible para destruirnos y hacernos dudar de la bondad de Dios.

Deberíamos tomarnos el tiempo para considerar si hay algún área en nuestras vidas que Satanás pueda identificar como objetivo. Podría ser algo que quizá durante años haya estado empeñado en robarnos. Podría ser una buena relación con un padre o hermano que él quiere arruinar. Podríamos ser culpables de tener una visión incorrecta de nosotros mismos. Posiblemente haya una adicción que nos ha quitado años de energía y de vivir enfocados. ¿Cómo podría Dios querer restaurar ese área y traer sanidad y comprensión de la verdad?

Dios, sé que mi enemigo es real y anhela destruirme. Ayúdame, por el poder de tu Espíritu, a caminar siendo consciente de mi enemigo para que pueda luchar por la libertad.

DICIEMBRE

Guíame con tu verdad
y enséñame,
porque tú eres el Dios
que me salva.
Todo el día pongo en ti
mi esperanza.

SALMOS 25:5

MÁS GRACIA

Pero él nos da más gracia.
SANTIAGO 4:6 NVI

Justo cuando crees que has llegado al final del deseo de Dios de intervenir en tu favor, Él vuelve a intervenir. Ten eso en mente con lo que enfrentes hoy o en esta temporada de la vida en la que estás ahora. La vida en este momento, con sus desafíos únicos, puede ser maravillosa.

Sirves a un Dios que da fuerza y gracia nuevas cada día. Pídele la capacidad de elegir la esperanza en medio de la dificultad o de las rutinas cotidianas. Encuentra lo bueno que Él te da hoy; regocíjate y elige la gratitud sin importar tus decepciones. Considera la actitud que reflejas a las personas en tu vida. ¿Estás demostrando esperanza en un Dios bueno y fiel? Dedica tiempo ahora a agradecerle por la gracia que nunca se agota. Encuentra las maneras específicas en que la gracia se manifiesta en tu vida hoy.

Dios, quiero que mi vida refleje mi creencia en tu capacidad para proveer todo lo que necesito para cada día. Que nunca pierda la fe en tu capacidad de intervenir en mi favor. Que mis palabras y conductas demuestren mi esperanza en tu fidelidad y tu bondad en todo momento.

2 DE DICIEMBRE

Reverencia

Y ahora, Israel, ¿qué te pide el Señor tu Dios? Simplemente que le temas y andes en todos sus caminos, que lo ames y le sirvas con todo tu corazón y con toda tu alma, y que cumplas los mandamientos y los estatutos que hoy el Señor te manda cumplir, para que te vaya bien.

Deuteronomio 10:12-13 nvi

La reverencia no es algo que vemos mucho en la cultura actual. Descartamos muchas cosas hoy día porque la mayoría de las cosas que eran reverenciadas en tiempos pasados han sido despojadas de valor. Hay muchos ejemplos de esto, desde nuestra aceptación de la moda rápida y los artículos de un solo uso hasta nuestra comprensión de lo que significa temer al Señor.

Cuando realmente reverenciamos a Dios, queremos complacerlo a toda costa. ¿Estamos dispuestos a renunciar a cosas para complacer a Dios? Podemos estar aferrándonos a un objeto o un sueño a costa de no poner a Dios por encima de todo. ¿Creemos tan firmemente en la bondad y fidelidad de Dios que sacrificaríamos incluso las posesiones y deseos más costosos, como demostró Abraham? ¿Cómo podemos mostrar reverencia al Señor hoy?

Dios, quiero que mi vida refleje que respeto profundamente tu Palabra y tus mandamientos, y que te amo con todo lo que soy. Muéstrame si hay áreas de mi vida que estoy reteniendo, y ayúdame a entregarlas a ti para que pueda caminar en plena rendición a tus caminos perfectos.

Los mandamientos más importantes

«Ama al Señor tu Dios con todo tu corazón, con toda tu alma y con toda tu mente». Este es el primer mandamiento y el más importante.
Hay un segundo mandamiento que es igualmente importante: «Ama a tu prójimo como a ti mismo».
Mateo 22:37-39

¿Te distraes de los dos mandamientos más importantes: amar a Dios con todo tu ser y amar a los demás como a ti mismo? ¿Llenas tu mente y tu corazón con otras cosas y olvidas que la vida cristiana se reduce a estos dos mandamientos?

Ora en este día para ser guiado por el Espíritu en tu amor. Ora por oídos que escuchen cada susurro del Espíritu Santo para tender una mano y escuchar la voz de alguien. Ora por manos y pies que obedezcan rápidamente el llamado de Dios para servir a alguien en necesidad. Ora por ojos para ver dónde se necesita más amor. Ora por una mente creativa que busque satisfacer el clamor silencioso de alguien. Ora para ser sensible al Espíritu, para que recibas su guía y camines según su sabiduría. Ora para reflejar su carácter en todo momento. ¡Para eso te creó!

Señor, deseo amar como me creaste para amar. Perdóname por distraerme de los dos mandamientos más importantes con tantas cosas insignificantes. Ayúdame a ser sensible a tu guía para que pueda amar bien a ti y a los demás.

Cambio de corazón

Acérquense a Dios, y Él se acercará a ustedes. Limpien sus manos, pecadores; y ustedes de doble ánimo, purifiquen sus corazones.

Santiago 4:8

El pecado es principalmente un problema de origen interior y no algo causado por circunstancias externas. Esto es difícil de aceptar porque nos obliga a enfrentar la fuente de nuestro pecado, que es nuestro propio corazón. Queremos creer que nuestros problemas son causados por nuestro cónyuge, nuestros compañeros de trabajo o incluso por las diversas dificultades que enfrentamos. Sin embargo, en realidad el pecado habita en nuestros corazones y nunca lo superaremos señalando con el dedo a las personas o los sucesos a nuestro alrededor.

La sabiduría en la Palabra de Dios nos enseña a enfrentar este problema interior. Pero ¿no es maravilloso que ya no necesitamos seguir una larga lista de cosas que hacer y no hacer como tenían los israelitas bajo el antiguo pacto? No depende de nosotros salvarnos perfeccionando nuestra capacidad de seguir instrucciones. Hay una gracia que nos encuentra continuamente en cada nueva situación y después de cada nuevo error. Esta gracia salva, y esta gracia hace que nuestros corazones respondan al Dios misericordioso que sabía que nunca podríamos salvarnos por nosotros mismos.

Dios, tu gracia me humilla continuamente. Gracias por ver mi corazón pecaminoso y proveer una manera para que sea limpiado. Quiero ver mi necesidad de cambio de corazón en lugar de culpar a los demás por mi pecado

Llamado a bendecir

Ahora que saben estas cosas,
Dios los bendecirá por hacerlas.
Juan 13:17

La vida toma un rumbo diferente cuando dejamos que Dios orqueste nuestros días en lugar de perseguir ambiciones egoístas. «No tengo ganas» o «estoy demasiado cansado» son frases que usamos con demasiada frecuencia para excusarnos de esas oportunidades que el Señor pretende que sean bendiciones. ¿Y si Jesús hubiera dicho esas cosas en lugar de sanar a los enfermos y predicar a miles de personas cuando realmente quería estar solo (Mateo 14)?

¿A quién podría llamarte el Señor a servir hoy, incluso si no tienes ganas? ¿Cómo puedes abrirte a la posibilidad de ser usado por Él en lugar de encerrar tu corazón allí donde se siente seguro pero en realidad se deteriorará? Fuimos creados para buenas obras (Efesios 2:10) y llamados a ser una bendición para otros (Génesis 12:2). Si elegimos caminar dispuestos a lo que el Espíritu de Dios quiera hacer hoy, seremos testigos de sus bendiciones mientras bendecimos a otros.

Señor, no quiero perseguir el egoísmo y, por lo tanto, perder oportunidades de ser útil para ti al bendecir a otros. Ayúdame a abrir mi corazón al servicio sin importar cómo me sienta.

CONTADO

Entonces, cuidarías mis pasos
en lugar de vigilar mis pecados.
JOB 14:16

Necesitamos que nos recuerden esto a menudo: hay Alguien que observa cada uno de nuestros movimientos, cuenta nuestros pasos y nos guarda a lo largo de nuestro día. También conoce cada cosa que hacemos en secreto, cada palabra que decimos que no deberíamos, y cada pensamiento malvado o poco amable. Pero, en su misericordia, elige cubrir nuestras faltas y no llevar la cuenta de ellas. Cuenta nuestros pasos, no nuestros pecados. Nos ve como justos, no como pecadores. Nos llama amados, no miserables.

En este día, alabemos a Aquel que podría castigarnos por todo lo malo que hacemos, pero elige en cambio vernos como preciosos y honrados (Isaías 43:4), nuevas creaciones (2 Corintios 5:17), y dignos de gozo (Sofonías 3:17). También tenemos que recordarnos a nosotros mismos decidir conscientemente ver a los demás de esa manera. No llevamos la cuenta de las ofensas de los demás contra nosotros o de ninguno de sus muchos errores. Necesitamos verlos cubiertos de gracia y dignos de amor, tal como el Señor nos ve a nosotros.

Señor, gracias porque aunque ves todo, solo llevas la cuenta de mis pasos y no de mis faltas. Nunca daré por hecho la gracia que derramas diariamente sobre mí

Conocer a Dios

Y esta es la vida eterna: que te conozcan a ti, el único Dios verdadero, y a Jesucristo, a quien tú has enviado.
Juan 17:3 NVI

¿Estás buscando a Dios como si fuera lo más importante que harás en la vida? Jesús vino a la tierra con un objetivo en mente: rescatar a los pecadores para que pudieran conocer al único Dios verdadero. ¿Cómo lo conoceremos si es solo un elemento en nuestras largas listas de tareas del día? Nuestras vidas están llenas, pero nunca deberían estar tan llenas como para descuidar lo único que nuestra alma necesita.

Sea cual sea la temporada de la vida en la que estemos, siempre podemos recordar este principio: Jesús nos trajo aquí para llevarnos más profundo. Ya sea en la universidad, trabajando duro en una carrera desafiante, criando hijos en casa o jubilados, el objetivo de esta vida es conocer más a Dios. Deberíamos preguntarnos periódicamente si algo nos impide hacer de nuestra relación con Jesús la máxima prioridad sobre todo lo demás. Necesitamos ser implacables en eliminar de nuestras vidas cualquier cosa que nos impida profundizar en Dios.

Señor, revélame ahora cualquier cosa que haya hecho más importante que tú. Recuérdame que, cuanto más te conozco, más confío en ti. Quiero que mi vida esté marcada por una confianza pura porque he hecho de conocerte mi objetivo.

Manifestar a Cristo

Por todos lados nos presionan las dificultades, pero no nos aplastan. Estamos perplejos pero no caemos en la desesperación. Somos perseguidos pero nunca abandonados por Dios. Somos derribados, pero no destruidos. Mediante el sufrimiento, nuestro cuerpo sigue participando de la muerte de Jesús, para que la vida de Jesús también pueda verse en nuestro cuerpo.

2 Corintios 4:8-10

Hemos sido salvados para que la vida de Jesús se manifieste a través de nosotros. ¿Reflejamos constantemente alegría en nuestras dificultades, agradecimiento en todas las circunstancias y esperanza en tiempos difíciles? ¿Buscamos servir en lugar de sucumbir a ser víctimas? ¿Nos dejamos abatir por los desafíos de la vida, permitiendo que problemas y decisiones injustas nos lleven a la desesperación? ¿Tendemos a compadecernos de nosotros mismos, lo cual nos hace paralizarnos o retroceder?

El Espíritu de Dios vive dentro de nosotros, dándonos el poder para superar cualquier problema que enfrentemos. Consideremos hoy si estamos actuando bajo el poder del Espíritu Santo o permitiendo que el miedo, la ansiedad o la autocompasión gobiernen nuestras vidas. Oramos para que seamos fortalecidos por Cristo en cada ocasión.

Señor, quiero que las personas vean a Cristo dentro de mí cuando me miren. Perdóname por permitir que otra cosa que no seas tú gobierne mis respuestas. Ayúdame a vivir hoy por el poder del Espíritu Santo.

El descanso correcto

«Vengan a mí todos ustedes que están cansados y agobiados; yo les daré descanso».
Mateo 11:28 NVI

«Vengan a mí... yo les daré descanso». A menudo nos aferramos a esta promesa cuando nuestras vidas se ven abrumadas con tareas. Hemos dicho sí demasiadas veces a demasiadas posiciones en la iglesia; hemos aceptado más de lo que podemos manejar en el trabajo; nuestros niveles de estrés están por las nubes. Entonces, acudimos a Jesús en busca de un descanso; Él promete descanso, ¿verdad?

Sí, por supuesto que nos da descanso, pero eso no significa que nos cantará una nana para que nos durmamos. Significa que tomará nuestros pensamientos ansiosos sobre nuestras muchas responsabilidades y los reemplazará por alegría y vitalidad para hacer el trabajo que *Él* nos ha llamado a hacer. Eso puede significar evaluar prioridades porque no siempre es bueno hacer todo lo que consideramos necesario indiscriminadamente. Dios tiene que estar presente en la agenda del creyente. La temporada navideña se vuelve ocupada para muchos de nosotros, pero mientras oramos a Jesús, podemos preguntarle a qué nos ha llamado. Debemos pedirle que nos dé la alegría y la fuerza para seguir esa agenda. Todo lo demás podemos dejarlo a un lado.

Dios, quiero estar ocupado con el trabajo al que tú me has llamado. Sé que suplirás todas mis necesidades para el trabajo que me has encomendado. Ayúdame a discernir qué puedo dejar de lado para poder concentrarme en lo que es importante.

10 DE DICIEMBRE

No es la meta

La siguiente declaración es digna de confianza, y todos deberían aceptarla: «Cristo Jesús vino al mundo para salvar a los pecadores», de los cuales yo soy el peor de todos.

1 Timoteo 1:15

Cuando es necesario hacerlo, la mayoría de nosotros podemos admitir que pasamos nuestros días buscando cosas que nos hagan felices. Compramos cuando necesitamos un estímulo: ¿alguien se identifica con la terapia de compras? Nos servimos una copa de vino cuando los niños están dormidos porque nos lo merecemos: ¿alguna mamá o papá amante del vino por ahí? Desgraciadamente, llevamos esta actitud de «debo sentirme bien» incluso a nuestra relación con Jesús. Tal vez no le preguntamos realmente a Jesús cómo es que nos hará sentir bien, pero el modo en que lo tratamos revela lo que hay en realidad en nuestros corazones.

Sin embargo, Jesús no vino como el Salvador para hacernos sentir mejor. Vino para arrancar las cosas en nuestros corazones y nuestras vidas que nos destruirán. Aunque algunas cosas podrían parecer buenas, como la aceptación, el éxito o incluso las posesiones materiales, pueden conducir a la muerte si las tenemos en nuestros corazones con la motivación incorrecta. Aunque la obra de Jesús en nosotros puede ser dolorosa por un tiempo, produce un resultado que vale mucho más del que pueden producir estos placeres temporales.

Jesús, soy culpable de buscarte solamente para que puedas mejorar las cosas en mi vida. ¡Perdóname! Tú sabes lo que necesito.

Restauración venidera

Tú has tomado en cuenta mi vida errante;
pon mis lágrimas en Tu frasco;
¿acaso no están en Tu libro?
SALMOS 56:8 NBLA

La «época más maravillosa del año» simplemente no es la más maravillosa para algunas personas. Tal vez la Navidad trae recuerdos dolorosos para ti, o es un recordatorio de cosas que una vez tuviste y que has perdido. Quizá tienes buenos recuerdos de momentos juntos en familia, o de seres queridos que ya fallecieron, o tiempos más fáciles en la vida. Si la temporada navideña es difícil para ti, hay buenas razones para que no te sientas cargado o triste.

Recuerda en cambio que este es el momento en el que celebramos la vida de Aquel que vino a restaurar todas las cosas tristes. Jesús nos dará gozo en lugar de lamento por todas las cosas que se han quebrado o perdido. Él vino una vez, y volverá de nuevo. No solo eso, sino que conoce el dolor que sientes ahora. Él ve tu corazón roto y las partes de tu historia que producen angustia a tu alma. Ora por esperanza incluso en el dolor porque la restauración está en camino.

Dios, gracias por conocer mi dolor y preocuparte por cada parte de mí. Me anima saber que no estoy solo. Dame esperanza en la restauración final que tú llevarás a cabo.

MANTENER EL RUMBO

¡Alabado sea el Señor!
¡Qué felices son los que temen al Señor
y se deleitan en obedecer sus mandatos!
Salmos 112:1

Algunos días nos despertamos listos para enfrentar cualquier cosa que llegue a nuestro camino, mientras que otros días nos sentimos exhaustos e irritables por no haber dormido lo suficiente y deseando poder regresar a la cama. En esos días particularmente desafiantes es crucial que permanezcamos firmes en nuestro compromiso con la rectitud, confiando en la fuerza del Espíritu Santo.

Puede que incluso intentemos justificar nuestras acciones cuando no hacemos lo que agrada a Dios o lo que sabemos que es correcto. Sin embargo, independientemente de cómo nos sintamos, es esencial mantener nuestro enfoque en lo eterno en lugar de en las dificultades temporales. El Salmo 112 destaca los beneficios de caminar con Dios y hacer lo bueno. No es una lista exhaustiva de cosas que sucederán a todos los creyentes, sino una lista de bendiciones que podemos anticipar si seguimos la rectitud incluso en nuestros días malos. Las palabras del Salmo 112 nos sirven como recordatorio de que, sin importar lo que suceda hoy, Él es digno de que mantengamos el rumbo.

Dios, cuando esté cansado y de mal humor y no tenga ganas de caminar rectamente, por favor recuérdame que siempre vale la pena hacer lo que es correcto ante tus ojos.

Nuevos planes

Pon todo lo que hagas en manos del Señor,
y tus planes tendrán éxito.
Proverbios 16:3

Por lo general, en esta época del año comenzamos a pensar en lo que viene a continuación. Un año nuevo trae consigo nuevos objetivos, nuevas oportunidades, y la posibilidad de dejar atrás lo que no salió tan bien en el año actual. A veces usamos el próximo año nuevo como excusa para dejar de intentarlo ahora en los últimos días de este año, prefiriendo esperar hasta enero para un nuevo comienzo. En ocasiones trazamos tantos planes y objetivos, que nos abrumamos desde el inicio. Otras veces no planeamos nada porque entonces no podremos decepcionarnos si no cumplimos nuestros objetivos.

Dondequiera que estemos en nuestra planificación para el año nuevo, los creyentes necesitamos poner en manos del Señor todos nuestros planes, sueños y deseos para el próximo año. Podemos hablar sobre cada esperanza o aspiración y preguntarle a Dios: «¿Es esto algo que quieres para mí?» y «¿Este objetivo me beneficiará en mi caminar con el Señor y mis relaciones con los que me rodean?». Si encomiendas tu camino al Señor, *Él* actuará (Salmos 37:5). Con ese tipo de planificación, no podemos equivocarnos.

Señor, al acercarse el final de este año, que pueda presentarte todos mis planes y metas para el próximo año. Quiero caminar contigo sabiendo que, contigo como mi guía, no puedo equivocarme.

Amar a otros

Amarás al Señor tu Dios con todo tu corazón,
con toda tu alma y con toda tu fuerza.
Deuteronomio 6:5 NBLA

Si no cultivamos primero un amor profundo por Jesús, careceremos gravemente de las cosas que necesitamos para vivir bien junto a otras personas. En Él tendremos paciencia, lentitud para enojarnos y gracia. Necesitamos entender los caminos de Dios antes de poder impartir sus atributos y reflejarlos a otros en nuestras vidas. ¿Cómo podemos cultivar nuestro amor por Dios esta semana en nuestros corazones y nuestras mentes? ¿Cómo podemos cambiar verdaderamente nuestros hábitos y actitudes?

Podemos pensar en maneras de sumergirnos en un amor más profundo por el Señor. Podríamos escuchar podcasts cristianos o una Biblia en audio mientras cocinamos o conducimos en el auto. Podemos elegir un pasaje de la Escritura para memorizar con los niños o con nuestro cónyuge. Podríamos reemplazar el tiempo que pasamos en el teléfono por tiempo dedicado a leer la Biblia. Cualquier tiempo que pasamos con Dios nunca es desperdiciado ni fútil, y descubriremos en nosotros mismos la capacidad y la gracia para demostrar amor a otros cuanto más tiempo y esfuerzo pasemos cultivando nuestro amor por el Señor.

Señor, si debo amar a las personas que pones en mi vida, sé que primero debo amarte bien a ti. Ayúdame, Dios, a buscarte continuamente y a hacer crecer mi amor también por los que me rodean.

DELEITE EN EL ESTUDIO

En la Ley del SEÑOR se deleita
y día y noche medita en ella.
SALMOS 1:2 NVI

¿Cómo describirías tus tiempos de lectura en la Palabra últimamente? ¿Es un estudio por compromiso, o lo disfrutas? El Salmo 1 promete bendición abundante para aquel que se deleita en la instrucción del Señor: todo lo que hace prospera. La mejor manera de tener éxito en la vida es deleitarte en las instrucciones del Señor.

¿Qué te está impidiendo deleitarte en la Palabra de Dios? ¿Estás distraído por otras cosas? ¿Te estás dando solo un pequeño espacio de tiempo para estudiar y leer? ¿Tratas la Palabra de Dios como algo que hay que marcar en la lista, en lugar de algo que haces porque realmente quieres aprender? Nada se compara con la bendición del estudio que produce deleite. Pídele al Señor que revele lo que necesitas rendir para volver a deleitarte en la Palabra.

Dios, no quiero que mi tiempo en tu Palabra sea algo que hago solo porque creo que debo hacerlo, o porque he desarrollado un hábito de hacerlo sin desearlo verdaderamente. Muéstrame las cosas a las que estoy dando más importancia que deleitarme en tus instrucciones, para que pueda volver a tener un corazón que realmente te ama.

En el fracaso

De su plenitud todos recibimos gracia sobre gracia.
JUAN 1:16

La vergüenza aumenta cuando cometemos continuamente los mismos errores o batallamos repetidamente en la misma área de la vida. Nos sentimos incapaces de superarlo; Satanás quiere que creamos que estamos atrapados en nuestro pecado. Sin embargo, la gracia de Dios está presente con nosotros tanto en nuestros fracasos como en nuestros éxitos, y podemos acceder a ella en cualquier momento.

Piensa en cómo sería tener una respuesta al éxito basada en la gracia en esa área de lucha. Podría ser agradecimiento inmediato a Dios por estar a tu lado y ayudarte a responder correctamente. ¿Y qué pasa con el fracaso? Acceder y responder a la gracia podría significar que primero te arrepientes y luego agradeces a Dios por su misericordia. Después, puedes mirar hacia adelante para ver cómo puedes hacerlo mejor la próxima vez, en lugar de sumirte en la vergüenza o la autocompasión. Aprovecha la gracia que Dios te da hoy.

Gracias, Señor, porque tu gracia está disponible en mis luchas y en mis éxitos. Ayúdame a recordar que tengo acceso a tu trono de gracia en cualquier momento. ¡No necesito escuchar nunca las mentiras de Satanás!

RESPONDE

En verdad, Dios ha manifestado a toda la humanidad su gracia, la cual trae salvación y nos enseña a rechazar la impiedad y las pasiones mundanas. Así podremos vivir en este mundo con dominio propio, justicia y devoción, mientras aguardamos la bendita esperanza, es decir, la gloriosa venida de nuestro gran Dios y Salvador Jesucristo. Él se entregó por nosotros para rescatarnos de toda maldad y purificar para sí un pueblo elegido, dedicado a hacer el bien.

TITO 2:11-14 NVI

El día ya iba mal incluso antes de comenzar. Un extraño dolor mantuvo a Lena despierta hasta altas horas de la noche, dejándola exhausta en la mañana. Sus hijos despertaron malhumorados y discutiendo, y las emociones de Lena estaban descontroladas gracias a las hormonas. Ella sabía que tenía que tomar una decisión para ese día: permitir que sus circunstancias dictaran su estado de ánimo, o responder ante la bondad de Jesús en esta situación menos que ideal.

Todo lo que sucede en nuestras vidas es una herramienta de Jesús para acercarnos a Él. Los momentos hermosos hacen que nuestros corazones respondan con asombro y reverencia, y los momentos difíciles pueden llevarnos a responder a la fidelidad de su carácter. Tenemos muchas oportunidades para acercarnos al carácter de Cristo cada día.

Señor, gracias porque debido a que eres bueno y digno de confianza puedo responderte con un corazón agradecido y humilde. Puedo elegir la alegría en cada situación.

LA ELECCIÓN DIARIA

«Si alguno de ustedes quiere ser mi seguidor,
tiene que abandonar su propia manera de vivir,
tomar su cruz cada día y seguirme».
LUCAS 9:23

Gran parte de la vida implica elegir hacer el bien cuando no hay beneficio o recompensa inmediata para nosotros. ¿Por qué elegiríamos esta vida de sumisión a los caminos de Dios, negándonos a nosotros mismos y tomando nuestra cruz *a diario*? La respuesta no es muy popular en nuestra cultura de gratificación instantánea. Descubrimos, con el tiempo, que la obediencia a Dios vale la pena totalmente. Esta gratificación demorada significa que nuestra plenitud en Cristo puede no ser mañana, el próximo año, en diez años, o incluso dentro de nuestra vida terrenal, pero con certeza descubriremos que esta gloriosa sumisión vale la pena cuando lleguemos a la eternidad.

Cada día que despertamos debemos elegir a Jesús. Elegimos deliberadamente negar el viejo yo que murió y revestirnos del nuevo yo que está vestido de justicia. Cada día es una nueva oportunidad para elegir a Cristo o al yo natural. Oramos para que Dios nos dé su gracia para ayudarnos a tomar nuestra cruz hoy.

Señor, es difícil caminar fielmente cuando la recompensa parece estar lejos. Dame la gracia para elegirte de nuevo cada día y tomar mi cruz con alegría, sabiendo que valdrá la pena al final.

Gozo firme

¡Aun así me alegraré en el Señor!
¡Me gozaré en el Dios de mi salvación!
Habacuc 3:18

¿En qué has anclado tu alegría últimamente? ¿Está tu alegría arraigada en la afirmación que otros te dan? ¿Solo encuentras felicidad cuando tus hijos tienen éxito y están felices? ¿Son tus éxitos en tu trabajo o en tus pasatiempos las únicas cosas que te hacen verdaderamente feliz? Si tu alegría está anclada en cualquier cosa que no sea Cristo, se desvanecerá rápidamente con el cambio de las estaciones y la inevitabilidad de las circunstancias imperfectas.

La alegría que tenemos en el Señor perdura a través del dolor, la dificultad y las cosas que no salen como deseamos. En Habacuc 3:17-19, el profeta enumera todas las cosas que podrían haber salido mal para él: «Aunque... y aunque...», pero en lugar de terminar su canto de oración con una declaración de victimismo, dice: «¡Aun así me alegraré en el Señor! ¡Me gozaré en el Dios de mi salvación!». ¿Cuáles son tus «aunque»? Declara hoy que aun así te gozarás en el Señor, tu verdadera fuente de alegría completa y perfecta.

Dios, aunque las cosas salgan mal y mis días no sean como me gustaría, aun así elegiré gozarme en ti. ¡Gracias por darme la oportunidad día tras día de elegir anclar mi alegría en Cristo!

AMAR A NUESTROS ENEMIGOS

«Ustedes han oído que fue dicho: "Amarás a tu prójimo, y odiarás a tu enemigo". Pero yo les digo: Amen a sus enemigos, bendigan a los que los maldicen, hagan bien a los que los odian, y oren por quienes los persiguen, para que sean ustedes hijos de su Padre que está en los cielos».

MATEO 5:43-45 RVC

La hija de Dana, que tenía siete años, acudió a ella llorando. Los amigos del barrio estaban jugando felices con ella, pero pronto se fueron a jugar entre ellos y la dejaron sola y sintiéndose rechazada. «¿Por qué son tan malos?», quería saber. El drama de las niñas pequeñas puede ser difícil de manejar, pero Dana hizo todo lo posible para encontrar una manera de instruir a su hija sobre cómo lidiar con su propio corazón herido.

A decir verdad, como adultos a menudo nos seguimos preguntando por qué la gente es tan mala, ¿no es cierto? Dios no promete relaciones perfectas, pero nos da sabiduría para saber cómo manejarlas. Ámalos. Ora por ellos. Quienesquiera que sean nuestros enemigos hoy, podemos pedirle al Espíritu Santo que nos ayude a amarlos orando por ellos y otorgándoles la misericordia que Él nos concedió primero a nosotros.

Dios, es muy difícil amar a aquellos que me hacen mal, pero se me olvida rápidamente que yo era el que te hacía mal cuando tú me mostraste amor. Ayúdame a ser misericordioso como tú eres misericordioso, y a amar a mis enemigos.

Disciplina fiel

Él es la Roca; sus obras son perfectas.
Todo lo que hace es justo e imparcial. Él es Dios fiel;
nunca actúa mal. ¡Qué justo y recto es él!
Deuteronomio 32:4

Dios no hace nada mal. Su fidelidad es constante, influyendo en cada aspecto de su carácter y de nuestras vidas. Incluso su disciplina es un acto de fidelidad y una expresión de amor hacia nosotros. Muestra su profundo cuidado porque quiere que crezcamos y que se produzcan cosas buenas en nuestras vidas. Su disciplina nos produce santidad y paz; no debemos evitarla ni oponernos a ella.

En el día de hoy necesitamos tomar tiempo para considerar cuán perfecta y justa ha sido la disciplina de Dios. Produjo los frutos de paz y justicia en nuestras vidas. Si alguna vez nos desviamos y su disciplina nos hizo regresar, tenemos un testimonio poderoso de su disciplina fiel. Si hemos perseguido cosas que no eran buenas para nosotros y Él las quitó para evitar que sufriéramos, podemos hablar sobre el corazón de Dios. Podemos agradecerle a Dios hoy por la disciplina que nos proporciona porque a través de ella crecemos en sabiduría.

Señor, aunque nunca es agradable en el momento, gracias porque me amas lo suficiente como para disciplinarme. Tú quieres mi corazón, mi justicia y lo mejor para mí.

La meta

Ustedes lo aman a pesar de no haberlo visto;
y aunque no lo ven ahora, creen en él y se alegran
con un gozo indescriptible y glorioso, pues están
obteniendo la meta de su fe, que es su salvación.
1 Pedro 1:8-9 NVI

Todo esto del cristianismo es difícil, pero el resultado final de esta negación diaria del yo y la vida de fe desafiante está claramente escrito para nosotros de una manera que nos motiva a seguir adelante. La meta a la que apuntamos es la salvación de nuestras almas. La salvación es nuestra meta. No buscamos la felicidad temporal, el éxito en nuestros trabajos, ni un hogar o una familia hermosos.

En nuestro mundo siempre cambiante, el regalo de la salvación es una constante en la que podemos confiar. Nunca nos será arrebatado incluso cuando tengamos dificultades. Viene de Dios, y no tenemos que obtenerlo trabajando duro. Una vez que hemos llegado a Dios, nunca nos rechazará. Podemos descansar siempre en el conocimiento del buen regalo de la salvación de Dios.

Señor, gracias por el regalo de la salvación. Qué bendición saber que no es algo que tengo que ganar ni algo que me será arrebatado ni siquiera cuando tenga dificultades. Ayúdame a caminar firmemente en tu salvación. ¡Qué maravillosa meta a la que apuntar!

Paz

Cristo es nuestra paz.
Efesios 2:14 NVI

¿Dónde buscas la paz en tu vida? Podría ser en la aprobación de tu cónyuge, tu jefe o tus amigos. Puedes encontrar paz cuando todo va según lo planeado en tu día. Tal vez, si eres una mamá o un papá joven, encuentras paz en el silencio durante la siesta o después de que los niños se acuestan. Sin embargo, Pablo nos dijo en Efesios que Cristo mismo es nuestra paz; Isaías dijo que los que caminan rectamente reciben paz (Isaías 67:2).

En otras palabras, nuestra obediencia al Príncipe de Paz mismo nos lleva a tener corazones pacíficos. Ese es el único lugar donde la paz no se desvanece incluso cuando otras cosas no suceden o no perduran. Se nos dice que vivamos en paz con todos en la medida en que dependa de nosotros (Romanos 12:18), pero sabemos que todos nuestros esfuerzos no garantizan relaciones pacíficas. Por eso, nuestra paz debe encontrarse solamente en Cristo. Incluso hoy, podemos hacer mucho para fijar nuestra mente en la paz de Cristo, comenzando con el versículo de Efesios 2.

Dios, sé que tú eres la verdadera fuente de paz que no depende de ninguna circunstancia. Ayúdame a fijar mi mente en ti hoy, confiando en tu bondad y no exigiendo que todo vaya como yo quiero.

Compromiso total

Debes comprometerte con todo tu ser a cumplir cada uno de estos mandatos que hoy te entrego. Repíteselos a tus hijos una y otra vez. Habla de ellos en tus conversaciones cuando estés en tu casa y cuando vayas por el camino, cuando te acuestes y cuando te levantes. Átalos a tus manos y llévalos sobre la frente como un recordatorio.

Deuteronomio 6:6-8

La Palabra de Dios y sus mandamientos están estructurados para ser un estilo de vida. Es algo que los demás ven constantemente en nuestras vidas. Compañeros de trabajo, amigos y vecinos, cónyuges e hijos entenderán mejor la importancia de los mandamientos de Dios si les damos un lugar de importancia en nuestra vida diaria.

Nuestros compañeros de trabajo sabrán que seguimos a Jesús por nuestra ética laboral. Nuestros vecinos sabrán que amamos a Dios por nuestra manera de hablar y las actividades en las que participamos en el vecindario. Nuestros cónyuges saben que Jesús es lo más importante en nuestras vidas porque somos rápidos para perdonar. Debemos considerar qué lugar hemos dado a los mandamientos de Dios en nuestras vidas. La manera en que mostramos a los demás la importancia de Jesús para nosotros es importante.

Dios, no quiero que haya ninguna duda para los demás de que te amo. Que pueda dar a tus mandamientos el lugar más importante en mi vida para que todos sepan a quién amo y sirvo.

Parecido a nosotros

Era preciso que en todo se pareciera a sus hermanos, para ser un sumo sacerdote fiel y compasivo al servicio de Dios, a fin de obtener el perdón de los pecados del pueblo.

Hebreos 2:17 NVI

Jesús se hizo hombre. Cada año lo recordamos y, a medida que crecemos en Dios, cada año se vuelve más y más increíble. Jesús, el Rey soberano de todo, vino a la tierra y fue hecho como nosotros en todos los aspectos. Él sabe lo que sentimos porque fue como nosotros. Él caminó en nuestros zapatos para mostrarnos misericordia. Él está ahí y lo entiende todo cuando llegamos a esas situaciones difíciles en nuestras vidas porque Él es nuestro sumo sacerdote fiel.

Podemos afirmarnos en su Palabra y recordar que Él fue antes que nosotros, por nosotros. Él sufrió y fue hecho perfecto a través de eso (Hebreos 2:10). De la misma manera, sufriremos y seremos perfeccionados a través de este camino en la vida. ¡Por lo tanto, regocíjate! Cada día es un regalo en el que podemos experimentar la alegría de saber que Cristo vino para que podamos experimentar la alegría de la salvación.

Jesús, mientras celebramos el día en que lo dejaste todo para venir a la tierra, recuérdame nuevamente cuán maravilloso es pertenecer a un Dios que no se consideró demasiado importante como para caminar en mis zapatos. Gracias por la misericordia y el amor que me mostraste ese día, y todos los días desde entonces.

Desde el corazón

¡Alabado sea el Señor! ¡Qué bueno es cantar alabanzas a nuestro Dios! ¡Qué agradable y apropiado!

Salmos 147:1

A veces, el corazón no parece ser el lugar adecuado desde el que cantar. Con todas nuestras dificultades diarias y la tristeza que a veces llena nuestras vidas, nuestros corazones se vuelven pesados y cargados, pero a veces Dios nos pide que cantemos de todos modos. Y, cuando lo hacemos, cuando cantamos para Él, nuestros corazones son cambiados. De repente, cantarle a Él es nuestra mayor alegría. Todo lo demás se vuelve poco interesante. La mayor distracción pierde su poder, y lo único que importa es su deleite en nuestro deleite por Él.

Confía en Jesús, amigo. Él no comete errores, y conocía los problemas y las pruebas de hoy mucho antes de que viviéramos. Su plan es el mejor, y se cumplirá. Nada puede detenerlo. Canta, por lo tanto, porque es bueno cantar alabanzas a nuestro Dios. Nos deleitaremos en Él y cantaremos de todo corazón, aunque esté roto o cargado.

Señor, gracias porque sabías todo lo que yo experimentaría hoy. Gracias porque puedo confiarte mi día. Gracias porque puedo alabarte porque eres bueno. Ayúdame a cantar y a deleitarme en ti hoy.

Su creación más preciada

Oh Señor, ¡cuánta variedad de cosas has creado!
Las hiciste todas con tu sabiduría;
la tierra está repleta de tus criaturas.
Allí está el océano, ancho e inmenso, rebosando de toda clase de vida, especies tanto grandes como pequeñas.
Salmos 104:24-25

¿Alguna vez has pensado para ti mismo: «Seguramente la creación glorifica a Dios mucho mejor que la humanidad»? A veces puede ser realmente difícil ver a la humanidad como hermosa. Nuestras vidas y nuestros corazones muestran rebelión contra un Dios santo y un amor egoísta en cada paso. ¿Miramos la gloria de una cadena montañosa, conociendo la fealdad de nuestros propios corazones? ¿Nos preguntamos si las colinas, los lagos, los árboles y los cielos saben gozarse en su Creador mejor que nosotros?

A pesar de nuestros corazones malvados y errantes, somos aquellos a quienes Dios ama. La humanidad ha capturado su corazón más que la gloria de sus demás creaciones. Respondamos a Dios en este día. A pesar de nuestras tendencias a adorar otras cosas, Él sigue persiguiéndonos. A pesar de la belleza del mundo natural, nos ha elegido como su posesión más preciada. Adoramos a un Dios impresionante, amigo.

Gracias, Señor, por considerarme hermoso y digno de estar contigo por la eternidad. Que responda a tu bondad para salvarme; que te adore solo a ti.

RENUNCIAR A MIS DERECHOS

¿Y qué si Dios, queriendo mostrar su ira y dar a conocer su poder, soportó con mucha paciencia a los que eran objeto de su castigo y estaban destinados a la destrucción? ¿Qué si lo hizo para dar a conocer sus gloriosas riquezas a los que eran objeto de su misericordia, y a quienes de antemano preparó para esa gloria?

ROMANOS 9:22-23 NV

La cruz que el cristiano carga es renunciar a todos sus derechos y no amargarse. El Señor te recuerda eso amablemente siempre que tus deseos comienzan a nublar tu visión. Él conoce los deseos de tu corazón, pero también sabe lo que será bueno para ti. Todo lo que hace por ti nace de su misericordia. Eres el objeto de su misericordia, no de su ira (Romanos 9:23), lo cual significa que, incluso las cosas que son dolorosas o parecen duras provienen de un corazón misericordioso y un deseo por tu bienestar. Él quiere bendecirte.

A medida que te acercas a un nuevo año, ¿te aferrarás firmemente a las cosas que consideras tus derechos? ¿O las entregarás a Dios, confiando en sus propósitos buenos para tu vida y recordando que eres objeto de su misericordia? ¿Elegirás no lamentar la vida a la que Él te ha llamado? Él es tu gran recompensa. Aférrate firmemente a Él.

Dios, perdóname por aferrarme firmemente a las cosas que quiero de tal modo que me amargo cuando tú las apartas. Que siempre esté agradecido, gozándome siempre en tu bondad y confiando en tus actos de misericordia.

EXTRAORDINARIO

Como dirigen los esclavos la mirada hacia la mano de su amo, como dirige la esclava la mirada hacia la mano de su ama, así dirigimos la mirada al SEÑOR nuestro Dios, hasta que tenga piedad de nosotros.

SALMOS 123:2 NVI

Puede que seas una persona común y corriente sin ningún talento especial, pero como Dios te ha escogido como hija o hijo amado, ahora tienes un llamado extraordinario y una herencia extraordinaria. Tu vida, incluso en los días más ordinarios, tiene destellos de lo extraordinario sin importar las circunstancias, debido a quién eres en Cristo. ¿Puedes verlo?

Será muy fácil que te pierdas las cosas asombrosas que Dios añade a tus días si tus ojos están enfocados en otra cosa que no sea Jesucristo. Tienes que estar mirando para verlo. ¿Qué cosas increíbles quiere mostrarte Él hoy? ¿Estás demasiado arraigado a este mundo como para ver los momentos de tu día que están cargados de asombro? Ora pidiendo una mente y un corazón libres de distracciones para que puedas ser testigo de todos los destellos de lo extraordinario que Dios tiene planeados para ti hoy.

Oh Señor, que tus palabras, tus declaraciones y tus promesas no pasen desapercibidas para mí hoy.

Mi identidad es «amado»

Pues estoy convencido de que ni la muerte ni la vida, ni los ángeles ni los demonios, ni lo presente ni lo por venir, ni los poderes, ni lo alto ni lo profundo, ni cosa alguna en toda la creación podrá apartarnos del amor que Dios nos ha manifestado en Cristo Jesús nuestro Señor.

Romanos 8:38-39 nvi

Saber quién eres en Cristo y cómo te ve Él te preparará para el éxito en todas las áreas de tu vida. Esto es cierto incluso en tus peores días. ¿Ofendiste hoy a un amigo? ¿Les gritaste a tus hijos? ¿Comenzaste una discusión solo para demostrar que tenías la razón?

Eres profundamente amado. Has sido perdonado totalmente y Dios está contento contigo. Te acepta sin reservas, y en Cristo estás completo. Conocerás a Dios de maneras que no lo habías hecho antes porque Él sale constantemente a tu encuentro, es lento para la ira y grande en misericordia, y anhela que sepas cómo te ve. Cuando tropiezas y caes, su amor es constante. En este día, camina confiado en esta identidad y permite que transforme la manera en que interactúas con las personas que te rodean.

Dios, me llena de humildad saber que tu amor por mí no falla, ni siquiera en mis peores momentos. Enséñame a caminar confiado sabiendo que tu amor nunca me será quitado.

FIJA TUS OJOS EN LA FIDELIDAD

Mira hacia delante y fija los ojos en lo que está frente a ti.
Traza un sendero recto para tus pies;
permanece en el camino seguro.
PROVERBIOS 4:25-26

Has llegado al final de otro año. Tal vez pasó volando, con una intensidad que nunca antes habías vivido, o quizá los días fueron largos y pesados. Sin embargo, el año ha terminado, el Señor caminó fielmente a tu lado y está preparado para hacerlo de nuevo. Mientras miras atrás a todo lo que ha ocurrido y te preparas para lo que llegará, recuerda estas cosas:

- Mantén totalmente intacta tu conexión con el Padre,
- Mantén los ojos enfocados en la meta hacia la cual te diriges,
- Recuerda que eres único y por eso Dios te va a usar,
- Cuando falles (y lo harás) levántate y sigue caminando, poniendo los ojos en el perdón y la misericordia de Dios, y…
- ¡Rinde tu voluntad a Jesús!

Dios, gracias por tu fidelidad para conmigo en este año. No ha pasado ni un solo día sin que tu amor me rodeara. Al entrar a este nuevo año, ayúdame a mantener los ojos fijos en ti y en las cosas que me estás llamando a hacer. ¡Te amor, Señor!